Rita Braches-Chyrek

Jörg Fischer

Handlungsmethoden der Sozialen Arbeit

Einführung in die Soziale Arbeit

Caroline Schmitt
Jörgen Schulze-Krüdener
Matthias D. Witte
(Hrsg.)

Band 3

Schneider Verlag
Hohengehren GmbH

Einführung in die Soziale Arbeit

Herausgegeben von Caroline Schmitt, Jörgen Schulze-Krüdener, Matthias D. Witte

*Alle Bände der Reihe durchlaufen vor Veröffentlichung ein unabhängiges **Peer-Review-Verfahren***

Leider ist es uns nicht gelungen, die Rechteinhaber aller Texte und Abbildungen zu ermitteln bzw. mit ihnen in Kontakt zu kommen.
Berechtigte Ansprüche werden selbstverständlich im Rahmen der üblichen Vereinbarungen abgegolten.

Umschlaggestaltung: Gabriele Majer, Aichwald

Gedruckt auf umweltfreundlichem Papier (chlor- und säurefrei hergestellt).

Bibliografische Information der Deutschen Nationalbibliothek

Die Deutsche Nationalbibliothek verzeichnet diese Publikation in der Deutschen Nationalbibliografie; detaillierte bibliografische Daten sind im Internet über ›http://dnb.dnb.de‹ abrufbar.

ISBN: 978-3-8340-1865-6

Schneider Verlag Hohengehren, Wilhelmstr. 13, D-73666 Baltmannsweiler

Homepage: www.paedagogik.de

© Schneider Verlag Hohengehren, 73666 Baltmannsweiler 2018
Printed in Germany – Druck: Appel und Klinger, Schneckenlohe

Inhaltsverzeichnis

Zur Bedeutung von Handlungsmethoden

RITA BRACHES-CHYREK UND JÖRG FISCHER
Zur Bedeutung von Handlungsmethoden für die Soziale Arbeit:
Eine Begründung 7

Stationen der Diskussion

MICHAEL BÖWER
Stationen der Diskussion: Eine historisch-systematische Betrachtung
von Handlungsmethoden der Sozialen Arbeit 15

Überblick und Steckbriefe ausgewählter
Handlungsmethoden

REGINA RÄTZ
Einzelfallhilfe 47

THORSTEN MÖLLER
Soziale Gruppenarbeit 77

WOLFGANG HINTE
Gemeinwesenarbeit 103

ANDREAS LAMPERT
Beratung in der Sozialen Arbeit 125

NADIA KUTSCHER / SALVADOR CAMPAYO
Handlungsmethoden in der digitalisierten Gesellschaft 153

Perspektiven

RITA BRACHES-CHYREK

Perspektiven für die Zukunft von Handlungsmethoden der Sozialen
Arbeit 173

Autor_innenverzeichnis 181

Rita Braches-Chyrek und Jörg Fischer

Zur Bedeutung von Handlungsmethoden für die Soziale Arbeit: Eine Begründung

Handlungsmethoden als Teil des fachlichen Alltagshandelns in der Sozialen Arbeit

Methodisches Handeln hat in der professionellen Sozialen Arbeit[1] eine lange Tradition. Im Kontext der Entwicklung und Etablierung der Profession und Disziplin Sozialer Arbeit wurde ein rechtliches und institutionalisiertes Handlungssystem sozialer Unterstützung und Hilfe geschaffen, deren Grundlage methodisches Wissen ist (Friedländer & Pfaffenberger, 1958 XV; Galuske & Müller, 2002, S. 588). Dieser Prozess ist von der wissenschaftlichen Auseinandersetzung mit theoretischen Ideengängen und berufsspezifischen methodischen Überlegungen zu den Grundlagen und Voraussetzungen konkreter Handlungskompetenzen in der Praxis geprägt. Ambivalente Auseinandersetzungen mit den Vorstellungen von Verwissenschaftlichung haben die Entwicklungsgänge methodischen Handelns in der Sozialen Arbeit vorangetrieben (Friedländer & Pfaffenberger, 1958 XV).

Sozialarbeiterisches Handeln in methodischer Hinsicht zu fassen gestaltet sich schwierig. Zum einen werden Debatten mit theoretischen und methodischen Fragestellungen nicht isoliert und autonom geführt, sondern sind Ausdruck der sozialpädagogischen Diskurse in den einzelnen Arbeitsfeldern. Viele der in der Praxis tatsächlich vorgenommenen Interventionen sind nach wie vor durch einen geringen Grad an Spezialisierung gekennzeichnet, was oftmals dazu führt, dass Sozialer Arbeit das Etikett einer Allzuständigkeit verliehen wird. Jedoch kristallisiert sich auf verschiedenen Ebenen heraus, wie bspw. auf der Ebene der Konstitution von Arbeits-

---

[1] Die Bezeichnung „Soziale Arbeit" umfasst sowohl die Studiengänge Sozialpädagogik als auch Sozialarbeit. Auch mit dem Begriff „Sozialarbeiter_innen" sind Professionelle der Sozialarbeit und der Sozialpädagogik gemeint.

feldern, der alltäglichen Intervention oder den organisationalen Rahmungen sozialarbeiterischen Handelns in den einzelnen Institutionen, dass teilweise sehr unterschiedliche Arbeitsfelder miteinander verbunden werden müssen. Beispiele hierfür lassen sich im Kontext von Beratungsangeboten, der Netzwerkarbeit oder im Sozialmanagement finden. Ziel einer ganzheitlichen Auffassung von methodischem Handeln ist es zum einen, sich den gesellschaftlichen und individuellen Notwendigkeiten und Anforderungen umfassend stellen zu können und zum anderen, den alltäglichen und institutionellen sozialarbeiterischen Interventionen einen basistheoretischen Rahmen zu geben. Jedes soziale Problem oder jeder Konflikt muss auf unterschiedlichen Ebenen bearbeitet werden und kann mit anderen (oft nicht vorhersehbaren oder ersichtlichen) Problemen und Konflikten, wie etwa dem Anspruch auf soziale Rechte und den gesellschaftlichen Realitäten, ursächlich verknüpft, wie auch durch unterschiedliche individuelle, institutionelle und gesellschaftliche Widersprüche begründet sein. Gleichzeitig werden immer wieder fehlende Möglichkeiten der Monopolisierung sozialarbeiterischen Handelns in wichtigen Tätigkeitsfeldern thematisiert, wie bspw. in den klassischen Arbeitskontexten der Kinder- und Jugendhilfe oder im Kontext unterschiedlicher Problembewertungen in Familien.

Fallbeispiel:

Eine Jugendamtsleitung schildert den Umgang mit Gefährdungssituationen im Kinderschutz folgendermaßen: „Der Sprung ist ja, ich kann ja nur eine Prognose dann abstellen, wenn ich dann sozusagen die Intervention A, B oder C mich entscheide und meinetwegen auch entscheide ich lasse das Kind da und setze da eine SPFH (Sozialpädagogische Familienhilfe) oder wen auch immer, der da drei Mal die Woche vorbeikommt. Wenn dann in den Tagen was passiert, wo die nicht kommt, oder auch eine Stunde später was passiert, wo die Fachkraft da war, dann fragt natürlich jeder: Was hat das Jugendamt gemacht? War das die richtige Entscheidung? Und da würde ich dann trotzdem sagen, wenn dann was passiert, das muss nicht heißen, dass die Entscheidung die falsche war. Ich muss nur zum einen eine gute Dokumentation haben, warum ich so und so entschieden habe und aber, ich sage mal den Blick in die Glaskugel nach vorne: was machen denn Eltern mit einem Versprechen, was sie geben? Wem kann ich glauben?" (Braches-Chyrek, 2018)

Auch wurden lange Zeit der Profession und Disziplin Sozialer Arbeit Status- und Imageprobleme zugeschrieben. Immer wieder wurden Debatten über eine Verortung der Wissenschaft Sozialer Arbeit innerhalb des Wissenschaftssystems angestoßen, wie auch über mögliche Unterschiede zwischen Sozialer Arbeit und Sozialpädagogik debattiert (Braches-Chyrek, 2012; Thole, 2012). Klar konturierte und professionell legitimierte Handlungsmethoden erweisen sich als hilfreich für sozialarbeiterische Interventionen. Fachkräfte der Sozialen Arbeit sollten über ein originäres, reflexiv erzeugtes und überprüftes Wissen verfügen, um die immer wieder differierenden Fälle in unterschiedlichen Situationen und gesellschaftlichen Kontexten bearbeiten zu können.

Gleichfalls ist die Methodendiskussion in der Sozialen Arbeit leitmotivisch davon geprägt, zu klären, in welcher Weise sozialarbeiterische Praxis an der Analyse und Bewältigung von Lebensgestaltungsaufgaben beteiligt sein kann. Strukturen, Funktionen und Aufgaben Sozialer Arbeit werden in den Blick genommen. Aus dieser engen Verflechtung von praxisbezogenen und professionswissenschaftlichen Analysen ergeben sich vielfältige und divergierende fachpolitische Auseinandersetzungen. Diese konzentrieren sich darin, dass nach wissenschaftlicher Erkenntnis gesucht wird, die es möglich macht, die Aufgaben der Praxis zu bewältigen. So konnte in den letzten Jahrzehnten eine enorme Entwicklung stattfinden. Die außerordentlichen Kompetenzen sozialarbeiterischen Handelns in Bezug auf die Bearbeitbarkeit von sozialen Problemen und Konflikten des alltäglichen Lebens und der kulturell vermittelten Lebenspraxis finden nicht nur in wissenschaftlichen, sondern auch in öffentlichen Diskursen breite Anerkennung. Eine kritisch-reflexive Rückbindung sozialarbeiterischer Interventionen auf die Bewältigung von Problemen der alltäglichen Lebensführung – vor Ort, d.h. im Alltag der Klient_innen – mit dem Ziel personen- und gegenstandsadäquat zu handeln, verdeutlicht die Komplexität von Problembearbeitung und Problemlösung. Die Auseinandersetzung mit Handlungskonzepten anderer Professionen, den Denk- und Handlungsmustern von Betroffenen wie auch Laien und damit eben auch mit Fragen nach wissenschaftlichem und professionellem Wissen und Können, eröffnet daher immer den Blick auf unterschiedliche Akzentuierungen methodischen Handelns.

Sozialpädagogische Interventionen sind demzufolge immer spezifische Formen der personenbezogenen sozialen Dienstleistungen. Sie wirken auf die Veränderung von Personen und / oder ihrer Sozialbeziehungen ein. Gleichzeitig findet sozialarbeiterisches Handeln immer im Kontext von bürokratischen Strukturen (bspw. der kommunalen Verwaltung, der Wohlfahrtsverbände und zunehmend auch privaten Trägern) mit geregelten Interaktions- und Kommunikationswegen, Organisationsverfahren und hierarchischen Entscheidungswegen statt. Die Interventionen werden als rechtlich kodifizierte Sozialleistungen im Rahmen sozialpolitischer

Vorgaben erbracht und dies nicht in gegenständlicher Form, sondern in Form einer Tätigkeit, die die Adressat_innen und ihr soziales Umfeld in den Blick nimmt. Deutlich wird dies im Zusammenhang mit dem immateriellen Charakter methodischen Handelns, da dieses nur im direkten Kontakt mit den Adressat_innen erbracht (Uno-actu-Prinzip) werden kann und der gleichzeitigen Anwesenheit der Adressat_innen und derer bedarf, die in der Profession tätig sind.

Sozialpädagogisches Handeln ist immer auf die Veränderung von Lebenslagen und -situationen, Arbeitsfeldern, sozialen Problemen und Konflikten ausgerichtet. Daher kann es auch nicht eine einzige und einheitliche Methode geben, die diesen Anforderungen gerecht wird. Es bedarf unterschiedlichster Methoden, um die jeweils signifikanten und komplexen Bezugsrahmen von Personen, Gruppen und Gemeinwesen bearbeiten zu können. Infolge dessen müssen Fachkräfte der Sozialen Arbeit über breite Methodenkenntnisse verfügen, die dann in entsprechenden Arbeitsfeldern spezifiziert und vertieft werden können. Gleichzeitig ist Soziale Arbeit gekennzeichnet durch ihre Nähe zum Alltag der Adressat_innen. Daher orientiert sich methodisches Handeln immer am Alltag der Adressat_innen, um der Vielfalt des Alltags und den differenten Alltagssituationen wie auch Lebensorten, Lebenslagen und Lebensweisen Rechnung zu tragen. Oftmals wird Soziale Arbeit erst dann nötig, wenn die Selbsthilfepotentiale der Klient_innen bzw. ihrer sozialen Netzwerke nicht mehr ausreichen, um die Alltagsprobleme angemessen bewältigen zu können. Methoden in der Sozialen Arbeit thematisieren daher zum einen die Möglichkeit der „Vermittlung von Bildungsinhalten auf der Mikro-Ebene konkreter Interaktion" (Galuske, 2013, S. 29)[2]. Gleichzeitig müssen diese aber auch immer im Kontext und in Abhängigkeit von Konflikt- und Problemlagen, Interventionszielen und gesellschaftlichen – insbesondere gesetzlich-rechtlichen, gesellschaftlich-strukturellen und institutionellen – Rahmungen betrachtet und diskutiert werden (ebd., S. 30).

Ein wesentlicher Aspekt in der Auseinandersetzung mit Methoden sind daher die Fragen nach dem „was", „wie", dem „warum" von Schwierigkeiten, Konflikten, Problemen und Herausforderungen, der Entstehung und Verfestigung, nach Möglichkeiten des Verstehens, nach Mitteln und Ressourcen, nach Verfahren, der Vermittlung, der Technik und der Umsetzung, um ein planvolles methodisches Vorgehen und sozialarbeiterische Intervention beginnen, planen und durchführen zu können. Dabei unter-

---

[2] In fast allen Beiträgen wird Bezug genommen zum Buch von Galuske „Methoden der Sozialen Arbeit. Eine Einführung". Die Autor_innen verwenden hier teils unterschiedliche Ausgaben des Buches, beziehen sich aber stets auf das gleiche Buch.

scheidet sich methodisches Handeln sehr deutlich vom intuitiven Handeln, da Ersteres in einen kalkulierbaren Prozess der Hilfe einmündet (ebd., S. 31). Mit unterschiedlicher Akzentuierung werden die Handlungsmethoden in der Sozialen Arbeit vom methodischen Dreischritt getragen:

- der Anwendung von Methoden,

- der Vergewisserung bisheriger Handlungsmöglichkeiten und

- der Entwicklung eines Plans, eines Handlungsschemas.

Dabei wird auf analytischer Ebene unterschieden zwischen Konzept, Methode, Verfahren und Technik. Hierbei bleibt zu bedenken, dass Methoden und ihre Verfahren wie auch Techniken immer eingebettet sind in zeitgeschichtliche und gesellschaftliche Rahmenbedingungen. Unabdingbar ist eine permanente Reflexion der Wirklichkeit, gleichzeitig die Rückschau auf bereits gegangene Wege in der Praxis (ebd., S. 34).

Weiterhin orientiert sich der Einsatz einer bestimmten Methode immer an einem Fall und dies kann sowohl eine einzelne Person, wie eine Gruppe oder auch ein Gemeinwesen bzw. ein Sozialraum sein. Zentral ist, dass vor dem Hintergrund der Analyse des Falls auch die jeweiligen Situationen und Orte der Lebenspraxen in den Blick genommen werden. In diesem Zusammenhang werden insbesondere alle möglichen Faktoren der Problem- bzw. Konfliktlagen analysiert, um im Kontext einer gesamten Betrachtung Möglichkeiten und Notwendigkeiten sozialarbeiterischer Interventionen ableiten zu können.

Es wird davon ausgegangen, dass der Grad, die Einheit und Geschlossenheit der methodischen Fallbearbeitung in der Sozialen Arbeit auch etwas über den Entwicklungsstand der Handlungsmethoden aussagt. Das bedeutet, dass alle vorfindbaren, behaupteten und festgestellten Unterschiede zwischen Methoden nach ihrem Umfang, ihrer Angemessenheit und ihrer (vielleicht festgestellten) theoretischen Unvereinbarkeit darauf schließen lassen können, ob Fragen nach dem Allgemeinen und Besonderen gründlich und intensiv durchgearbeitet und geklärt worden sind. Methodisches Denken setzt sich mit theoretischem wie auch praktischem Wissen innerhalb der jeweiligen Methode und im Kontext von disziplinären Diskursen auseinander. Dabei erscheint die Wahl der Methode oft selbstverständlich und vorgegeben. Jedoch offenbart sich gerade im Zusammenhang mit einer intensiven methodischen Auseinandersetzung, dass methodisches Denken und Handeln nicht als selbstverständlich angenommen werden kann, sondern immer einer Analyse und Reflexion unterworfen werden muss in Bezug auf ihre Fallangemessenheit wie auch individuelle und gesellschaftliche Wirksamkeit.

Über dieses Buch

Ziel dieses Sammelbandes ist es daher zum einen, in zentrale Überlegungen zu methodischem Handeln in der Sozialen Arbeit einzuführen, d.h. grundlegende Methoden in der Sozialen Arbeit darzustellen und Möglichkeiten zu eröffnen, sich mit einzelnen Methoden vertraut zu machen, um diese in konkreten Handlungssituationen anwenden zu können. Zum anderen wird aber auch der Blick auf die Strukturbedingungen methodischen Denkens und Handelns in der Sozialen Arbeit gelenkt, um zu klären, unter welchen Bedingungen sich methodische Interventionen in sozialpädagogischen Kontexten vollziehen. Demzufolge sind neueste Entwicklungen in der Methodendiskussion Gegenstand der Auseinandersetzungen, um diese im Studium oder in der Praxis zu diskutieren und zu reflektieren.

Aufbau dieses Buches

Entsprechend dieser Ideen ist der Sammelband in drei Bestandteile untergliedert. Im ersten Abschnitt nimmt *Michael Böwer* eine historisch-systematische Betrachtung der Vielfalt und Wandelbarkeit von Handlungsmethoden der Sozialen Arbeit vor. Er setzt Wissen, Haltung und Können miteinander in Bezug, um grundlegende Aspekte und Annahmen methodischen Handelns in der Sozialen Arbeit überblicken zu können und veranschaulicht zentrale Stationen der Methodendebatte. Neben dem Verständnis für die methodischen Traditionslinien Sozialer Arbeit entwickelt der Autor praktische Ansätze als Instrumente in einem eigenen reflexiven Werkzeugkoffer.

Im Hauptteil des Sammelbandes erhalten die Leser_innen einen Zugang zu ausgewählten Handlungsmethoden der Sozialen Arbeit, die symptomatisch für das Verhältnis der Profession und der Disziplin zum methodischen Handeln stehen. *Regina Rätz* nimmt den Einstieg mit der klassischen Methode der Einzelfallhilfe vor, indem sie diese als Kern der professionellen beruflichen Tätigkeit in der Sozialen Arbeit definiert und Grundzugänge methodischen Handelns in der Einzelfallhilfe beschreibt. *Thorsten Möller* schließt daran mit der Vorstellung der Gruppenarbeit als zweiten klassischen Zugang an. Anhand der unterschiedlichen historischen Entwicklungslinien in den USA und Europa vermag er die Einflüsse auf unser heutiges Verständnis von Gruppenarbeit zu erläutern und handlungsleitende Prinzipien für das Arbeiten mit der Gruppe im jetzigen Verständnis von Sozialer Arbeit vorzustellen. Mit der Gemeinwesenarbeit geht *Wolfgang Hinte* auf die dritte klassische Methode Sozialer Arbeit ein. Er analysiert das nicht immer widerspruchsfreie Verhältnis von Sozialer Arbeit und Gemeinwesenarbeit als Ausdruck der Verortung von Sozialer Arbeit in der Gesellschaft. Trotz quantitativ geringerer Bedeutung unterstreicht der Autor die Brücken zwischen dieser Methode und professionellen Fachkonzepten wie der Sozialraumorientierung oder dem Quartiersmanagement. Nach dem Ausloten der aktuellen Grenzen und Möglichkeiten der klassischen Methoden nimmt *Andreas Lampert* mit der Beratung Bezug auf eine Methode, ohne die Soziale Arbeit undenkbar wäre. Soziale Arbeit in modernen Gesellschaften benötigt eine Methode, die der Vielfalt an Handlungsoptionen Rechnung trägt, ohne gleich mit dem problemorientierten Begriff der Hilfe gleichgesetzt zu werden. Der Autor nimmt in seinen Ausführungen starken Bezug auf den Aspekt der Un- / Freiwilligkeit von Beratungskontexten in der Sozialen Arbeit und zeigt auf, welche Optionen innerhalb dieser Methode für den praktischen Alltag enthalten sind. Als abschließenden Zugang beziehen sich *Salvador Campayo* und *Nadia Kutscher* auf Handlungsmethoden in der digitalisierten Gesellschaft. Ziel des Beitrags ist es, die Auswirkungen einer zunehmend mediatisierten bzw. medienbezogenen Sozialen Arbeit auf das methodische Selbstverständnis und Handwerkszeug zu hinterfragen und konzeptionelle wie methodische Gestaltungsoptionen für sozialpädagogisches Handeln aufzuzeigen. Anschaulich lässt sich an diesem Beispiel der Zusammenhang von methodischen Zugängen und Gerechtigkeit anhand der ungleichen Nutzungsweisen und Teilhabeoptionen verdeutlichen.

Im Nachgang zu den Erläuterungen von einzelnen methodischen Ansätzen gibt *Rita Braches-Chyrek* einen Überblick über den aktuellen Stand der Diskussion und Perspektiven für die Zukunft von Handlungsmethoden der Sozialen Arbeit. Ableitungen und Schlussfolgerungen runden den Sammelband ab.

Besonderer Dank

Die beiden Herausgeber danken allen Autor_innen dieses Bandes für ihre fachlichen Beiträge und die ausgezeichnete Form der Zusammenarbeit. Ein ganz besonderer Dank richtet sich an Frau Julia Gottschalk, die mit einem hohen Maß an Ausdauer und Energie für die technische Bearbeitung der Beiträge gesorgt hat. Herzlich danken möchten wir auch dem Schneider-Verlag und den Herausgeber_innen der Buchreihe „Einführung in die Soziale Arbeit", bei denen wir uns jederzeit gut aufgehoben gefühlt haben.

Literatur

Braches-Chyrek, R. (2018). *Kindheit zwischen Recht und Schutz*. Opladen: Barbara Budrich

Braches-Chyrek, R. (2013). *Jane Addams, Mary Richmond und Alice Salomon: Professionalisierung und Disziplinbildung Sozialer Arbeit*. Opladen: Barbara Budrich.

Friedländer, W. A., & Pfaffenberger, H. (1966). *Grundbegriffe und Methoden der Sozialarbeit*. Neuwied und Berlin: Luchterhand.

Galuske, M., & Müller, C. W. (2002). Handlungsformen in der Sozialen Arbeit. Geschichte und Entwicklung. In W. Thole (Hrsg.), *Grundriss Soziale Arbeit. Ein einführendes Handbuch* (S. 485–508). Opladen: Leske + Budrich.

Galuske, M., Bock, K., & Fernandez Martinez, J. (2013). *Methoden der Sozialen Arbeit. Eine Einführung* (Grundlagentexte Sozialpädagogik / Sozialarbeit, 10. Aufl.). Weinheim: Beltz Juventa.

Thole, W. (Hrsg) (2012). *Grundriss Sozialer Arbeit*. Wiesbaden: VS.

MICHAEL BÖWER

Stationen der Diskussion: Eine historisch-systematische Betrachtung von Handlungsmethoden der Sozialen Arbeit

Stellen Sie sich vor, Ihr Studium läge schon hinter Ihnen und Sie hätten Medizin studiert. Einer Ihrer Patienten wird demnächst von Ihnen operiert. Er darf davon ausgehen, dass Sie wissen, was Sie tun und dass Sie alle zum Einsatz kommenden Instrumente auch im Notfall geschickt und kundig einsetzen werden. Als Assistenz_ärztin hätten Sie viele Male im OP assistiert, viel Wissen im (vor-) klinischen Studium angehäuft und schon im Anatomie- und Präparierkurs den Gebrauch des Skalpells geübt.

Aber wie sieht es bei den Methoden Sozialer Arbeit aus? Können unsere Klient_innen erwarten, dass Sie, die Sie heute Soziale Arbeit studieren, nach den Regeln der fachlichen Kunst handeln werden? Lassen wir nur für den Moment außen vor, dass dies auch von Strukturen und Organisationsbedingungen abhängig ist, die die Medizin und die Mediziner_innen in ganz ähnlicher Weise im Alltag unter Druck setzen – was sind überhaupt „die Regeln der fachlichen Kunst" in der Sozialen Arbeit?

In diesem Beitrag wird darauf Schritt für Schritt näher eingegangen: zunächst wird ein Überblick gegeben zu grundlegenden Aspekten und Annahmen methodischen Handelns in der Sozialen Arbeit. Dass dieses auf einer weit mehr als hundertjährigen Tradition beruht, wird mit dem Blick auf zentrale Stationen der Methodendebatte veranschaulicht. Am Schluss wird auf neuere integrierende Ansätze hingewiesen, die aufzeigen, wohin die Reise auch für Sie im Studium Sozialer Arbeit gehen könnte – ausgehend von den Traditionslinien des Nachdenkens über Methoden auf dem Weg zum eigenen reflexiven Werkzeugkoffer im sozialpädagogischen Handeln.

Methoden: was meint das überhaupt und was können sie für Soziale Arbeit bedeuten?

Wir beginnen unsere Reise in das Thema mit einer Fallgeschichte, die Michael Galuske (2011, 2013) in seiner Einführung zu *Methoden der Sozialen Arbeit* als Aufmacher bringt und auf die ich im Rahmen dieses Beitrags immer wieder einmal zurückkommen werde:

„Auf der Dienstbesprechung der Mitarbeiter_innen der Jugendwohnge-meinschaft wird über den ‚Neuen' gesprochen. Tim, 13 Jahre alt, mehrfach aufgefallen wegen Ladendiebstählen, wohnt nach Absprache mit der Mutter und dem Jugendamt seit vier Wochen in der Einrichtung und soll dort ‚erzieherische Hilfen' erhalten. Bislang konnte er allerdings noch nicht dazu bewegt werden, sich an den Gemeinschaftsdiensten und Gruppenveranstal-tungen zu beteiligen. Gestern hat Tims Klassenlehrerin zudem angerufen und mitgeteilt, dass er seit vier Tagen nicht mehr zum Unterricht erschienen ist. Anika, seine ‚Bezugssozialarbeiterin', hat bislang keinen rechten Draht zu Tim aufbauen können. Gestern hat er sie beim Frühstück einfach sitzen lassen, nachdem Sie versuchte, ihm ‚ins Gewissen zu reden'" (Galuske, 2013, S. 17).

In diesem Fall wird ein kommunikatives Geschehen und Handeln geschildert und Situationen und Prozesse werden verbunden mit biografischer Erfahrung und sozialen Problemen beschrieben: Ein Kind ist „mehrfach aufgefallen wegen Ladendiebstählen" und nun ist es zudem seit vier Tagen nicht mehr zum Unterricht erschienen". Es ist die Rede von einer „Absprache", an der offenbar die Einrichtung, in der das Kind nun „wohnt", dessen Mutter und das Jugendamt beteiligt waren. Von Tim, dem Kind *über* das hier geredet wird, erfahren wir nur sein Alter und dass er, obschon er dort „seit vier Wochen … erzieherische Hilfen erhalten" soll, zu bestimmten Formen von Gemeinschaft „bislang … allerdings noch nicht … bewegt werden konnte". Er hat eine „Bezugssozialarbeiterin" und diese – Anika – hat, was immer das heißen mag, „bislang keinen rechten Draht" zu Tim aufbauen können. Ihr Versuch, ihm „ins Gewissen zu Reden" hat „gestern" jedenfalls nicht bewirkt, dass er irgendwie einsichtsvoll reagiert oder gar sein Verhalten geändert hat – was auch immer das Ziel von Anika gewesen sein sollte –, sondern er hat sich dieser in vergleichsweise moderater und irgendwie auch konsequenter Art und Weise entzogen. Jedenfalls wird nun – wie genau und mit welchen Ergebnissen wird nicht ersichtlich – in der „Dienstbesprechung der Mitarbeiter_innen der Jugendwohngemeinschaft über den ‚Neuen' gesprochen".

Wenn wir *so und näher* an diese Fallgeschichte herangehen, setzen wir „Methoden" ein: Wir versuchen, die Beschreibungen und Beobachtungen zuerst einmal zu sichten, um sie dann näher zu sortieren und zu interpretieren – und tun dies auf der Basis von „Theorien", die wir an das Fallmaterial heranführen. Sie bilden, so hat es Burkhard Müller (1993 / 2009) treffend beschrieben, das Hinterkopf-Wissen, das eine Fallgeschichte zu einem sozialpädagogischen Fall macht: Wir können den „Fall Tim" als einen „Fall von Heimerziehung" (Müller, 2009, S. 43ff.) verstehen, was bestimmte Annahmen des „Fallverstehens" unter „bewusstem Perspektivenwechsel" (ebd., S. 21) zwischen allen Beteiligten und den Rahmenbedingungen enthält. So können wir die Jugendwohngemeinschaft (JWG) als sozialpädagogisch zu gestaltenden „sozialen Ort" (Winkler, 1988) und unter Reflexion der Hilfedynamik als „un-heimliches Heim" (Schindler, 1999) verstehen, in dem es deshalb auch einen besonderen „kasuistischen Raum" (Hörster, 1999) braucht. Wollen wir regelgeleitet im Rückgriff auf medizinisch-therapeutische Modelle in einer „multiperspektivischen sozialpädagogischen Anamnese, Diagnose, Intervention und Evaluation" (Müller, 2009, S. 78ff.) vorgehen, sehen wir uns unversehens auch mit anderen Theoriegebäuden z. B. der geisteswissenschaftlichen „Hermeneutik" (Dilthey, 1900), der sozialpädagogischen „Kasuistik" (Hörster, 2010) und der „Kolonisierung der Lebenswelt" (Habermas, 1985; s. u.) konfrontiert. Denn auf Basis der im Studium kennengelernten Theorien ist es möglich, die Beziehungsarbeit mit Tim als stets notwendige Ko-Produktion (Müller, 2009, S. 57ff.) zu begreifen. So lässt sich das Team von Mitarbeiter_innen und Anika im Kontakt mit Tim, seiner Mutter und der nicht weiter erkennbaren innewohnenden Adressat_innen als „soziale Subsysteme" mit Tendenzen zur Selbststabilisierung und Selbstreproduktion unter Bedingungen von „Autopoiesis" (Luhmann, 2008) erkennen, die sich eigenlogisch verhalten und nicht 1:1 verändert werden können. Gleichzeitig werden „Ressourcen" (Satir, 1994) von und für Tim ebenso sichtbar, wie programmbezogen identifizierte und konstruierte „soziale Probleme" (Groenemeyer, 2011). Mit dem Wissen von Theorien können wir Heimerziehung als „Dienstleistung" (Olk & Otto, 2003) verstehen, die Jugendwohngruppe und ihren Träger als „Organisation" unter dem Blick auf „Kultur" (Treptow, 2009) und „Sinnbildung" (Weick, 2000) etc. betrachten oder die Kommunikation von Anika und Tim nach Übertragungsprozessen beforschen. Wir können nach den Besonderheiten des „sozialpädagogischen Ortshandelns" (Winkler, 1988) bei Anika und ihren Kolleg_innen fragen: Wie sieht es mit Partizipation in der Gruppe aus, wie ist es um Tims Subjektstatus und um seine ihm (noch) fremde Situation im Alltag genau bestellt? Wir können nach den Wegen der „Erziehung in Gemeinschaft zu

Gemeinschaft" (Natorp, 1898 / 1974) suchen, Tims „soziale Rolle" mehrdimensional (Merton, 1949) hinterfragen und könnten verlangen, den Blick darauf zu richten, welche Schwierigkeiten Tim *hat* und nicht primär darauf, welche er, wem auch immer, *macht* (Nohl, 1926 / 1949). Und wir können die allzu knappen Informationen zu seiner „Biografie" und „Herkunftsfamilie" problematisieren und den „Hilfeauftrag" hinsichtlich des „erzieherischen Bedarfs" (Merchel, 1996) und von „Bedürfnissen" (Staub-Bernasconi, 2007) hinterfragen. Mehr wäre denkbar.

Die *erste Erkenntnis,* die wir ziehen können, ist: Wenn wir also von sozialpädagogischen Methoden sprechen, dann leiten und begleiten uns Annahmen, die auf vorhergehenden Erkenntnissen und theoretischen Entwürfen beruhen. Alles andere ist Alltags- bzw. Küchenpsychologie und Laienwissen, das nicht zuletzt auf Alltagstheorien beruht. Das ist dann auch der Grund, warum der berechtigte Wunsch von Studierenden und Berufsanfänger_innen, den Galuske (2013, S. 18) identifiziert, durch Methoden endlich ein Stück Praxis und praktisch verwertbare Kompetenzen zu erhalten, so allein fehlgehen muss und Anschlussgespräche auslöst: Wenn man selbst die Erfahrung macht, dass man auf die sorgsam auswendig gelernte Technik des Verbalisierens emotionaler Erlebnisinhalte („Sie müssen jetzt weinen …") auf der Suche nach der lehrbuchförmig korrekten Anschlussfrage nicht weiter weiß, dann wird deutlich, dass es tiefergehendes Denken und mit Handeln verknüpfter Haltung bedarf. Daher sprechen wir in heutiger Hochschulausbildung im Fach Soziale Arbeit von einem reflexiven, theoriegeleiteten Fallverstehen und gestalten theorien- und methodenbezogene Ausbildung wo möglich und sinnvoll fallreflexiv (illustrativ: Böwer & Hansjürgens, 2013). Hochuli Freund und Stotz (2015) haben dies wie folgt visualisiert (*Abbildung 1*):

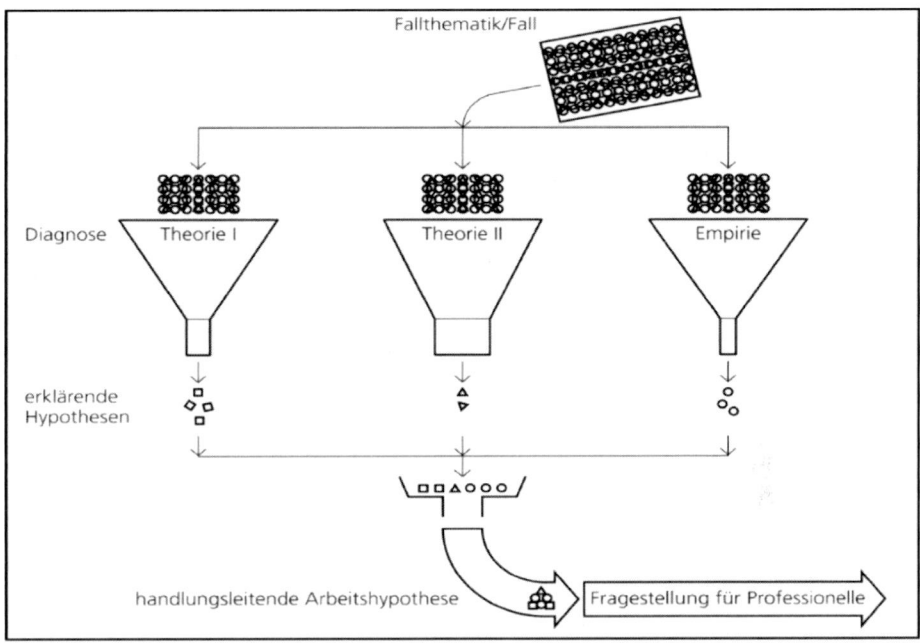

Abb. 1 Theoriegeleitetes Fallverstehen (Darst. n. Hochuli Freund und & Stotz, 2015, S. 224)

Ein angemessenes Methodenverständnis ergibt sich – so hat es Hiltrud von Spiegel (2013) beschrieben – aus der *Verknüpfung* von *Wissen, Können und Haltung (ebd., S. 82ff.; vgl. Abbildung 2)*. Und zweifellos: nötig sind *Wissens*bestände zur Beobachtung und Beschreibung, Erklärung und Begründung sozialer Phänomene und sozialpädagogischen Handelns. Als Studierende_r Sozialer Arbeit erfahren Sie mehr über soziale Ungleichheit, Sozialpolitik, Sozialrecht, sozialemotionale Entwicklung, Kultur, Sozialisation, psychische Erkrankung, Ethik, Gruppendynamik, Kindheit, Aneignung von Welt u. v. a. m. Aus diesem Wissen heraus werden nun institutionsbezogene und sozialpolitische *Konzepte*, damit korrespondierende hilfe-, erziehungs- und bildungsbezogene Rechtsnormen (Gesetze, Verordnungen, Verwaltungsakte) sowie professionelle Hilfeprogramme wie Heimerziehung abgeleitet: sie begründen und führen aus, was mit welchen guten Gründen, Überzeugungen und Erkenntnissen weshalb erreicht werden soll und womit. Sozialpädagogische Konzepte beschreiben den institutionellen Wirkungszusammenhang und enthalten Aussagen über Zielgruppen, Leitlinien, Arbeitsprinzipien und Aufgabenbeschreibungen (ebd., S. 101ff.; damit anschließend an Geißler & Hege, 2007, S. 13ff.).

Abb. 2 Lehr-Lernprozess auf dem Weg zu professionellem Handeln (Darst. d. V. anschl. an v. Spiegel, 2013, S. 82ff.).

Jeder Profi aber braucht Fähigkeiten, sein Wissen im Rahmen von Konzepten und Programmen anzuwenden (*Können*): dialogisch und wertschätzend zu kommunizieren, zu bündeln, abzugleichen, zu reflektieren und institutionell wie politisch zu argumentieren (v. Spiegel, 2013, S. 91ff.). Dies ist der sozialpädagogische und sozialwissenschaftliche Ort der Methode: aus dem altgriechischen kommend meint sie ein „Nachgehen, Verfolgen" auf einem Weg zu etwas hin – genauer: es geht ihr um einen „vorausgedachten Plan der Vorgehensweise" (Geißler & Hege, 2007, S. 22) und somit geht es in der Sozialen Arbeit unter dem *Begriff Methode* um Aspekte im Rahmen sozialarbeiterischer und sozialpädagogischer Konzepte, die „auf eine planvolle, nachvollziehbare und damit kontrollierbare Gestaltung von Hilfeprozessen abzielen und die dahingehend zu reflektieren und zu überprüfen sind, inwieweit sie dem Gegenstand, den gesellschaftlichen Rahmenbedingungen, den Interventionszielen, den Erfordernissen des Arbeitsfeldes, der Institutionen, der Situation sowie den beteiligten Personen gerecht werden" (Galuske, 2013, S. 35). Ein Methodenbegriff, der jenseits der bedürfnisfokussierenden Zielfrage („was braucht Tim?") ansetzt, nicht unterschiedliche Ziele, (eigene) Aufträge und kooperationsbezogene Zusammenhänge („Fall von, für, mit"; Müller, 2009) erkennt und ergo nicht auf fachliche Konzepte gegründet ist, steht – wie Galuske (2013, S. 28ff.) treffend zuspitzt – in der Gefahr, bloß sozialtechnologisch beliebige Technologien für beliebige Ziele zu kreieren.

Werden wir noch genauer, können wir innerhalb von Methoden spezifische *Techniken* identifizieren, mittels dieser insoweit erprobten und standardisierten Verhaltensmuster wir Kontakt aufnehmen, Material erheben und erfassen, planen, Gespräche führen und moderieren (näher: Krauß, 2008). Ein Fehlschlag aber ist vorprogrammiert, wenn man Techniken als bloßes Baukastenmodell für sich auswendiglernt (wie selbstkritisch oben illustriert) oder losgelöst von ihrem theoriegeleiteten Rahmen ausweist (Belardi, 2010, S. 153ff. zu Genogrammarbeit), ohne diese Techniken im Denkmodell (hier: systemischer Arbeit) zu verstehen, durch berufsbegleitende Weiterbildung und Fallsupervision zu verinnerlichen und als Teil Sozialer Arbeit zu begründen (Bauer & Weinhardt, 2014; sensibilisierend auf Gebrauch: Wendt, 2015). Im *Fallbeispiel* würde Anika mit Tim, dessen Mutter und Familienangehörigen z. B. versuchen, mittels der Technik der Genogrammarbeit als Teil der Methode systemischer Beratungsarbeit piktographisch (vgl. zur Veranschaulichung FHNW 2018) das aktuelle und frühere Familiensystem und die mehrgenerationalen Themen der Familie, Beziehungen und Konflikte näher zu erfassen und eine Eingrenzung des Hilfebedarfes des Systems vorzunehmen, vor dessen Hintergrund Tim gelernt hat, sich zu verhalten und sein Handeln als Bewältigungsversuch verstanden werden kann, mit dem er es geschafft hat, Aufmerksamkeit zu erzeugen. Dabei geht methodisches Handeln mit dem Genogramm über eine rein datierende Erfassungstechnik hinaus, da es in vielen Formen erster Gespräche (Kähler, 2009) einen Anknüpfungspunkt für biografisch orientierte Fallarbeit darstellt (Ritscher, 2007; Hargens, 2001; Wendt, 2015).

Neben dem wissensbasierten Handeln steht die *Haltung*: es braucht eine eigene biografische Selbstreflexion, eine reflektierte Identifikation mit dem beruflichen Auftrag und dem institutionellen Rahmen sowie eine Orientierung an einer beruflichen Ethik und spirituell-humanistischen Werten (näher: v. Spiegel, 2013, S. 61ff. u. 88ff.). Im *Fallbeispiel* werden solche Haltungen auf den ersten Blick nicht sichtbar – implizit aber wird sie sich in der Besprechungskultur und in Anikas Gespräch mit Tim wahrnehmen und erkennen lassen. Welchen Werten Anika und ihr Team in ihrer Einrichtung folgen, wird sich im Konzept der Einrichtung wahrscheinlich recht ausführlich nachzulesen finden, aber sehr real in der Kommunikation im Team, mit der Lehrerin, mit Tims Mutter, dem Herkunftsfamiliensystem und in der Gestaltung möglicher Eskalationen wahrnehmen lassen. Sieht man (anschließend an Nohl) Tim als Kind, das Schwierigkeiten hat – oder welche macht? Sieht man sich als ersatzweises oder familienaktivierendes System, das künstlich und (mit Winkler) für Tim erst einmal fremd ist? Von welchem Menschenbild geht man aus und sieht man sich als Professionelle dem Code of Ethics of Social Work (IFSW) verpflichtet, der u.a. gebietet, Tim und seine Mutter als Adressat_innen zu unterstützen, ihre Rechtsansprüche einzufordern, wenn das Jugendamt die Hilfe aus Kostengründen ablehnt?

Zwei weitere Zumutungen und Klärungen: Wenn im Folgenden nun von methodischem Handeln die Rede sein soll, dann deshalb, um zu unterstreichen, dass es *die eine* „Super-Methode", die für alle Fälle und Handlungsfelder hinlangt, *nicht* gibt und nicht geben kann, da so ein Anspruch der Vielfalt subjektiver Bedürfnisse und Alltage, auf die man in der Sozialen Arbeit trifft, sowie den Anforderungen von Lebenswelten und Lebenslagen nicht gerecht werden würde (insoweit auch: Kreft & Müller, 2010, S. 24). Methodisches Handeln Sozialer Arbeit umfasst daher insoweit die *situationsangemessene, kontextbezogene, aus Vorhandenem auswählende, strukturierende, vorläufige und kriteriengeleitete Bearbeitung von spezifisch sozialpädagogischen Aufgaben und Problemen durch einen Mix sozialpädagogischer Methoden und Techniken unter Einsatz der eigenen „Person als Werkzeug"* (v. Spiegel, 2013, S.93f.). Oder mit Ironie gesagt: Methodisches Handeln muss zum Phänomen passen und nicht umgekehrt!

Alles methodische Handeln hat zudem Prozesscharakter. D.h. es beruht auf stets mitlaufender Reflexion und ein professionelles Hilfesystem muss stets in die Lage versetzt sein, seine Wahrnehmung zu überprüfen, Wissen zu aktualisieren und insoweit überholte Einsichten über Bord zu werfen. Um dies sicherstellen zu können, benötigen sozialpädagogische Fachkräfte als Ausdruck ihrer professionellen Handlungskompetenz, wie Galuske (2013, S. 164ff.) systematisch veranschaulicht, *direkt interventionsbezogene Methoden* (die sich im Beispiel auf Tim, seine Mutter, das Jugendamt und die Gruppe als Adressat_innen bzw. Akteur_e beziehen) und gleichermaßen *fall-reflexive Methoden* (Supervision, Selbstevaluation, Falllabore / -werkstätten, fall-rekonstruktive Forschung etc.) bis hin zu *struktur- und organisationsbezogenen Methoden* (Sozial- / Jugendhilfeplanung, Sozialmanagement, Netzwerkarbeit, Praxis- / Forschung). Denn: wichtig ist immer auch, wie wir im Fall handeln können, was wir im Fall auch ausblenden und *nicht* wissen. Am *Fallbeispiel* verdeutlicht: als sozialpädagogische Fachkräfte wissen wir im Vornherein nicht sicher, inwieweit es uns überhaupt gelingen wird, Tim in seiner Umwelt und Biografie zu erreichen, ihn an diesem sozialen Ort und mittels des professionellen Settings »Jugendwohngruppe« und des sozialpädagogischen Programmes „Heimerziehung" auf einen positiven, entwicklungsförderlichen Weg zu bringen und auf diesem Wege Möglichkeiten an die Hand zu geben, ein „gelingenderes" (Thiersch, 2014) bzw. „gutes Leben" (Ziegler, 2011) zu führen. Jede auch noch so qualifizierte Fachkraft macht Fehler; professionelles Handeln ist in gesellschaftliche Prozesse und soziale Ungleichheiten, in Netzwerke und widerstreitende Interessen eingebunden. Aber auch akut haben wir Wissensmängel, die wir nicht ausblenden sollten: wie ist Tims Verhältnis zu seiner Mutter, zu seinem Vater, zu seinen Geschwistern, zum weiteren „Familiensystem", zu seinen „Peers"? Wer und was im Hinblick auf (in-) formelle und non-formale Bildungs- und Entwicklungserfahrungen war im Sinne auch von „Resilienzfaktoren" (Fröhlich-Gildhoff & Rönnau-Böse, 2015) für ihn biografisch bedeutsam? Was gelingt im „Alltag"? Wer hat „im System welchen Raum, wer keinen"? Was steht hinter dem „Symptomverhalten"? etc. Das alles löst sich am ehesten, wenn im Fall, in der Gruppe, in Netzwerken und Organisationen systematisch gearbeitet wird.

So haben sozialpädagogische Methoden mit Franz Hamburger (2011) ein zentrales Anliegen: sie sollen durch ihre Strukturiertheit helfen, die Unübersichtlichkeit im Fallzusammenhang zu reduzieren, planvoll vorzugehen und die Sorge der Fachkraft zu mindern, etwas falsch zu machen (ebd., S. 187ff.). Burkhard Müller (1991) hat es so ausgedrückt: Sozialpädagogisches Handeln ist Handeln unter Bedingungen von Unsicherheit. Es gilt daher, nichts weniger als die Bedingungen des Handelns zu gestalten. Ein allzu technologischer Charakter aber (Pfaffenberger, 1998) ist problematisch: Folgt man blind einem Instrumentarium von Regeln und technischen Handlungsanweisungen, signalisiert dies falsche Sicherheiten: Nur vorab schon Erwartetes wird auf kalkuliertes Maß reduziert – Unerwartetes hingegen kann ungebremst eskalieren (näher: Brückner & Böwer, 2015). Wie fatal dies verlaufen kann, zeigen Analysen organisationalen und fachlichen Scheiterns in Kinderschutzfällen (Böwer, 2012; Biesel & Wolff, 2014; Brandhorst, 2015). Daher geht es im methodischen Handeln in riskanten Fallverläufen in der Heimerziehung oder im Jugendamt eher darum, handlungsfähig zu bleiben und kontinuierlich die professionelle „Aufmerksamkeit auf Abläufe" (Böwer, 2012) im Fallgeschehen zu richten und im Fall der Fälle hindernde Werkzeuge zur Seite zu legen (näher: Böwer, 2008; Böwer & Kotthaus, 2018). So weisen hinreichend anspruchsvolle sozialpädagogische Methoden sinnvollerweise ein bestimmtes Maß an Struktur wie ein notwendiges Maß an Offenheit aus (Thiersch, 1993). Und so gehört es zur sozialpädagogischen Professionalität, in Einzelfall, Gruppe und Umwelt kompetent und reflexiv organisational zu handeln und selbst forschungsbezogen Erkenntnisse über (eigene) Praxis, organisationale Strukturbedingungen und soziale Phänomene zu gewinnen (zur sozialpädagogischen Forschung der Überblick von Schefold, 2014).

Last but not least, geht es darum, dass die investierten Methoden, Settings und Programme wirkungsvoll sind. Analysen zur Wirksamkeit von professionellem Handeln legen nahe, dass ein messbarer sog. „Social Return on Investment" (Halfar, 2013) durch sozialpädagogische Produktivität in Organisationen entsteht. Dabei steht der messbare subjektive Nutzen (Lebensqualitätsgewinn) der rein ökonomischen Kalkulation gegenüber. Nimmt man somit den Aspekt der subjektiven Perspektive der Adressat_innen als Bürger_innen und Kund_innen von sozialen Dienstleistungen in den Blick, wird der Einfluss einer positiven Bewertung von Hilfeangeboten deutlich. So konnten Albus, Greschke, Klingler, Messmer, Micheel, Otto und Polutta (2010) in ihrer Studie zu Wirkungsaspekten in der Kinder- und Jugendhilfe u.a. feststellen, dass sich die Länge einer Hilfe, der Beziehungsaspekt zwischen Fachkraft der Einrichtung und Adressat_innen und das Partizipationsempfinden der Adressat_innen positiv auf Befähigungs- und Verwirklichungschancen auswirkt. D.h. angewandt auf unser *Fallbeispiel*: Anika und ihr Team tun also gut daran, sich um Methoden und Wege der Partizipation und Beziehungsarbeit zu mühen, wenn sie Tims Wohlbefinden stärken wollen. Je stärker sie beteiligungsorientiert denken und je mehr sie allen (darin Tim) Mitbestimmung ermöglichen, desto größer die Chance, dass ihnen Vertrauen entgegengebracht und Beziehung gestärkt wird. Nebenbei: Der Grad ihrer Mitwirkungsmöglichkeiten im Träger wirkt sich auf ihre Organisationsverbundenheit aus, die positiv auf den Beziehungsaspekt wirkt (näher: Albus et al., 2010, S. 105ff.)

So haben wir – illustriert am „Fall Tim" – bereits einige zentrale Punkte und Diskurse erörtert, die in den letzten Jahrzehnten für die Methodendiskussion wichtig waren und sind. Als *zweite Erkenntnis* lässt sich daraus festhalten: Methoden brauchen ‚ein gerüttelt Maß' an Strukturierung wie Offenheit und sie sind immer eingebettet in Wirkzusammenhänge. Damit sie wirkungsvoll sein können, müssen sie beziehungsorientiert und partizipativ sein sowie im Hilfesetting einen greifbaren Nutzenwert für Adressat_innen haben. Und wir sehen, dass sich organisationale Aspekte auf die pädagogische Arbeit und die Wahrnehmung der Kinder und Jugendlichen auswirken. Für das Hilfearrangement (Tims JWG) gilt: dieses muss in seinen räumlichen, sachlichen und personellen Ressourcen geeignet sein, die wie immer auch näher verhandelten Probleme zu bearbeiten (Galuske, 2013, S. 17ff.).

An dieser Stelle kommen wir zurück zum Begriff der „Regeln der fachlichen Kunst". Wenn also methodisches Handeln in der Sozialen Arbeit heißt, dass es kein „Rezeptwissen" gibt, das von klaren Regeln ausgehen kann (à la „Tim wird gezielt von A nach B bewegt"), sondern es um ein komplexes professionelles Handeln geht, das sich in Unübersichtlichkeit und Unwägbarkeiten beweisen muss – ist es darin nicht doch dem Handlungskontext von Mediziner_innen im Operationssaal vergleichbar? Denn auch sie agieren unter komplexen, nicht hundertprozentig planbaren und nicht vorab simulierbaren Kontexten, die hohe Zuverlässigkeit einfordern und doch das Risiko beinhalten, einen (Be-)Handlungsfehler zu machen – d. h. also das Risiko, dass mit Unerwartetem kompetent umgegangen werden muss (Brückner & Böwer, 2015). Für Kinderschutzdiagnosen, Sozialpsychiatrischen Dienst, Akutstation und Hilfeplangespräch mag solches noch gelten, aber ist methodisches Handeln gerade in Sozialer Arbeit nicht oft von Banalitäten des Alltags geprägt, für die am Ende gar kein akademisches Methodenwissen gebraucht wird? So hat Burkhard Müller (1993) darauf aufmerksam gemacht, dass Sozialpädagog_innen ihr Geld für Tätigkeiten erhalten, die weit weniger Spezialist_innenhandeln sind und auf den ersten Blick von außen nur schwer als professionelles Handeln erkannt werden können. In unserem *Fallbeispiel* sind Anika und ihre Kolleg_innen im Schichtdienst, wenn es gut geht, Tims Ansprechpartner_innen für alltägliche Probleme. Sie kochen mit den Kids auf der Gruppe, achten auf den Medienkonsum, sprechen mit Lehrer_innen und Eltern und gehen anderntags mit ihnen an die Kletterwand. Dasselbe verpackt als Bezugsbetreuung, Kinder- und Jugendcoaching, Alltagsstrukturierung, Medienerziehung, Mediation, Netzwerkarbeit, Familientherapie und Erlebnispädagogik taugt sicher zum auch privat präsentablen Identitätsgewinn. Aber gerade in der Unübersichtlichkeit des Alltags „auf der Gruppe" braucht es – das wird jede_r, die / der eine Jugendwohngruppe mehr als einen Tag lang beobachtet, sagen können – unweigerlich zielgerichtetes, planvolles und abgestimmtes Handeln. Für Tim nämlich ist es auch ganz egal, ob man das, was man im methodischen Handeln der JWG tut, weil es sich so modern und up to date anhört, Jugendcoaching nennt – aber er hat ein aus sozialpädagogischer Theorie heraus begründetes Recht auf einen für ihn als „Subjekt" entwicklungsförderlichen „sozialen Ort" (Winkler, 1988) und einen „gelingenderen Alltag" (Thiersch, 2014). Und wo immer auch die Banalitäten des Alltags prägender Handlungsrahmen sind (was, nebenbei, auch Mediziner_innen wie Jurist_innen kennen, nur: Zähnerichten bzw. Aktenwälzen wird als komplexes Können nötiger Expert_innen, nicht mehr jedoch, wie früher, als Geschick herumziehender Heiler_innen bzw. der Treue lokaler Patrone rekapituliert) – was aber wäre das sozialpädagogische Können dialogisch-diagnostizierender fallverstehender Pädagogik des Alltags im Interesse unseres (tatsächlich) komplexen Jugendhilfefalles „Tim und seine Lebensumwelt"?

In dem Maße, als dass Supervision für Praktiker_innen nicht mehr „Psychozeugs" und Dokumentation nicht mehr „bloß lästiger Papierkram" ist, also Professionalität Raum griff – wuchs und wächst der Wunsch nach Methoden und bleibt zugleich die „Last der großen Hoffnungen" (Müller, 1991) – als die Suche nach etwas, das der „helfenden Beziehung" im Einzelfallkontext, in der Sozialen Arbeit mit Gruppen, in Nachbarschaften und Stadtteilen eine *handlungsleitende Orientierung* geben könnte und zwar möglichst in allen der vielen Arbeitsfelder. So haben Generationen vor Ihnen und uns darüber nachgedacht und gestritten, was die „Kunst des guten Fragen-Stellens" und der „Beziehungsarbeit" ausmacht und wie man Menschen in schwierigen Lebenslagen angemessen „unterstützen" und zu autonomer Lebenspraxis „befähigen" könnte. Gehen wir also deshalb nun auf eine Reise in die Historie der Methodendiskussion und lassen Sie uns beobachten, was sich wie herausbildete, welche Vorläufer es gab und welche Themen und fachlichen Standards guter Sozialer Arbeit bis heute durchscheinen.

Stationen der Methodendebatte: von der Armenpflege über die „klassischen Methoden" und die Methodenkritik zu sozialpädagogischer Diagnostik und Fallverstehen

Im Archiv des methodischen Handelns Sozialer Arbeit gibt es viele lange Reihen von Berichten, Daten, Büchern, Aktenschränken und Erfahrungsschätzen. Hätte man dort vor rund dreißig Jahren recherchiert, wäre der Bestand von zusammenfassenden Erörterungen, biografischem Material und aufgearbeiteter Verbandshistorie wesentlich überschaubarer gewesen. Was wir dort finden, können wir bewerten und systematisieren – so wie es Michael Galuske und C. W. Müller als Vertreter zweier Generationen von Methodenautor_innen im Jahr 2010 getan haben. Ihre Analyse ist, dass das Nachdenken über methodisches Handeln eine notwendige Eintrittskarte in die Pforte der (eigenen) Verberuflichung und Professionalisierung ist; mit Burkhard Müller (1993) sind sie „wie ein Code für berufliche Identität, mit dessen Hilfe sich Sozialpädagogen gegenseitig identifizieren und nach außen hin kommunizieren können, was ihr Geschäft ist" (ebd., S. 46). Intuitives Handeln wird an dieser Schwelle transformiert in planvolles und kalkulierbares Vorgehen (siehe auch: Abb. 1). Im *Fallbeispiel*: Tim, seine Mutter, die Jugendamtsfachkräfte, die Lehrerin, Anika und ihre Kolleg_innen bringen ihre eigenen biografischen Erfahrungen mit Jugendhilfe in die

Hilfe ein. Sie werden – wenn das, was dort passiert, gut gelingt – die Erfahrung machen, dass ein Hilfeplan, ein Elterngespräch und der Gruppenalltag bestimmten verlässlichen und förderlichen Strukturen folgt und dadurch partizipative Modelle und Beteiligungspraxis verinnerlichen (näher: Krause & Peters, 2014).

Das, was man in einer größeren Station auf unserer Reise durch die Methodengeschichte Sozialer Arbeit finden kann, lässt sich als Institutionalisierung von Hilfe, Erziehung und Bildung betrachten. Die Bilder, die Galuske und Müller (2010) aufmachen, jedenfalls sind solche *Ver-Ortungen in sich professionalisierenden Settings*. Von „festen Häusern" (ebd., S. 593) für Arme, Verbrecher_innen, Witwen und Waisen bis in die Mitte des 19. Jahrhunderts geht es im parallelen Übergang bis ins 20. Jahrhundert zum Setting der Gruppenpädagogik und zum Setting des Hausbesuchs im Rahmen der Familienfürsorge, die später als soziale Gruppenarbeit bzw. Einzelfallhilfe und als zweite bzw. erste „klassische Methode" der Sozialen Arbeit bezeichnet werden wird (so: Kreft & Müller, 2010) – tatsächlich aber nie mehr und weniger war – als ein professionelles *Setting*, in dem und auf das hin sich methodisches Handeln gestaltet. Und schließlich landen wir bei der Stadtteil- und Gemeinwesenarbeit, die an frühe Ansätze der Settlementbewegung im ausgehenden 19. Jahrhundert anschließt und als „dritte klassische Methode" heute zuweilen als Sozialraumarbeit identifiziert wird.

Folgen wir aber zunächst den Bücherregalen entlang zurück zu den Wurzeln der *Geschichte der Armenfürsorge in Deutschland*, die in dem dreibändigen Werk von Christoph Sachße und Florian Tennstedt (1980, 1988, 1992) entfaltet wird. Hier finden wir zahlreiche historische Belege einerseits zur zeitgenössischen Betrachtung und Wahrnehmung sozialer Notlagen, andererseits zu Hintergründen und Wegen der Initiierung von Fürsorge als (staatliche) Maßnahme zur Kommunalisierung, Rationalisierung, Bürokratisierung und Sozialdisziplinierung. So werden seit dem 15. Jahrhundert festere Kriterien herausgebildet, die Hilfebedarfe und Hilfeleistungen begründen und abgrenzbare insoweit befugte Bedürftige entstehen hierzulande (ebd., 1980, S. 31f.). Städtische Bettel- und Almosenordnungen sehen Institutionen vor, die das Vorliegen der Kriterien überprüfen und ihre Einhaltung gewährleisten (ebd., S. 33). Städtische Almosenämter als frühe Formen bürokratisch verfasster Sozialadministration mit hauptamtlichen Armenpfleger_innen und Aktenführung entstehen ebenso wie Konzepte der Arbeitserziehung, Arbeitsbeschaffung und öffentliche Erziehungsmaßnahmen für „Bettelkinder" (ebd., S. 35); später dann Zucht- und Arbeitshäuser für Bettler_innen, Verbrecher_innen, gebrechliche alte

Menschen, psychisch erkrankte Menschen, verarmte Witwen und Waisen (ebd., S. 113ff.). In großen Städten entstehen dann zum Ende des 18. Jahrhunderts Armenbezirke: so wird in Hamburg die ganze Stadt in Bezirke eingeteilt, im Bezirk tätige Armenpfleger suchen die Bedürftigen in ihren Häusern auf, erfassen deren Verhältnisse auf „Abhörungsbögen" (ebd., S. 126) und reichen diese mit Vorschlägen zur Abhilfe beim Armenvorsteher des Bezirkes ein; es folgt eine frühe Form der Fallberatung und ein Bericht gegenüber einem trägerübergreifenden Armenkollegium (ebd., S. 126f.). In der rasch wachsenden Fabrikstadt Elberfeld (heute ein Stadtteil von Wuppertal) wurde mit Einführung des sog. Elberfelder Systems, das sich in der Folge in viele deutsche Städte hin verbreiten würde, in arbeitsunfähige und arbeitsfähige Arme unterschieden, ehrenamtliche Hilfe und gemeindliche Arbeitsgelegenheit bereit gestellt, die Stadt in Bezirke aufgeteilt, eine Fallzahlobergrenze für Armenpfleger zur gründlichen Kontrolle und Bedürftigkeitsprüfung, das Prinzip der Entscheidung in Bezirksversammlungen sowie die turnusgemäße Überprüfung und notwendigerweise erörternde Begründung von Bedürftigkeit eingeführt (ebd., S. 216). Geriet dieses Konzept in großen Städten schnell an seine Grenzen, zentralisierte sein Nachfolger, das „Straßburger System" die Entscheidung über jeden Antrag auf Hilfe wieder im Armenamt und etablierte dazu amtliches Personal (ebd., S. 221). In den ersten Jugendämtern, die Anfang des 20. Jahrhunderts entstehen, sind es Ausschüsse, die über Hilfen entscheiden und im örtlichen Vormundschaftswesen entwickelt sich ein vergleichsweise differenzierendes Ermittlungs- und Berichtswesen bei Sorgerechtsentscheidungen (dazu: Richter, 2011).

Bevor wir weitergehen: Gibt es etwas, das das Handeln derer leitete, die solche Konzepte schreiben (ließen)? In der Tat: So ist zum einen schon in frühen Formen der Sorgearbeit ein ökonomisches Kalkül am Werk. In Elberfeld berichtet man stolz über hunderttausende Taler, die durch das neue Armenwesen erspart wurden (Sachße & Tennstedt, 1980, S. 218ff.). Arbeitsscheue sollen ohne Nachsicht abgewiesen werden, heißt es nicht nur dort (ebd.). Im „festen Haus" gilt es, anders als im Mittelalter, Armut durch Arbeit*erziehung* zu begegnen – wiewohl dies oft von Zuchthaus-, Korrektions- und Zwangscharakter großer Anstalten bestimmt war (C. W. Müller, 2013, S. 16ff.). Philanthropische und pietistisch-aufklärerische Initiativen und später die „Social-Pädagogik" Karl Magers (1844) liefern eine Kritik: sie betrachten den Menschen nicht individualisierend, sondern *in* seinem gesellschaftlichen Kontext, *in* durch Massenelend und Industrialisierung geprägter Umwelt. So weist Diesterweg (1851) in Kritik der Einflussnahme von Kirchen und Staat der Sozialpädagogik die Aufgabe zu, zu kritischen, mündigen und dem Gemeinwohl verpflichteten Staats-bürger_innen zu erziehen. Kritisch wird die Situation der Kinder in Wai-senhäusern bereits bei Salzmann (1783 / 87) betrachtet, was Diskussionen über alternative, kostensparendere Formen der Familien- und Verwand-tenpflege auslöst (Lambers, 2010, S. 79). Konzepte haben also immer wieder Konjunktur.

Schaut man nach Kernelementen, von denen her sich die Konzepte leiten lassen, wird deutlich: So verschieden die Analysen, Ansprüche und Kon-zepte auch sind, mit Einsetzen größer werdender Armut, Stadtflucht, städ-tischen Elendsquartieren, Einwanderung und Industrialisierung auch in Sorge um die Erosion des sozialen Gefüges (man sieht: an Sicherheiten klammerte man sich gestern wie heute) findet sich *erstens* die Idee wechsel-seitiger *Solidarität* und *Gemeinschaftlichkeit* wieder: In der Wohnstube mit Hausvaterschaft und Mutterliebe (Pestalozzi), im Rettungshaus und in der Brüder- und Schwesternschaft (Falk, Wichern), im Gesellenverein (Kol-ping), im Bildungsarrangement des Nachbarschaftshauses im Elendsquar-tier (H. u. S. Barnett) und im Einwanderungsland verbunden mit Frauen- und Friedensbewegung (Addams) sowie Frauen- und Mädchengruppen (Salomon, Wronski), in der Erlebnispädagogik (Hahn, Baden-Powell), in Kindergarten- (Fröbel) und Jugendbewegung (Natorp, Nohl). Das expli-zite Zugehen auf die Ursachen und die Verbesserung der *sozialen Lage* der Kinder, Jugendlichen und Erwachsenen stellt ein *zweites* Kernelement dar. Wollte die christlich-pietistische Rettungsbewegung in Deutschland die gesellschaftlichen Verhältnisse nicht selbst infrage stellen und entwirft statt dessen institutionelle Konzepte innerer Mission, entfaltet Ausbil-dungsaktivitäten und erste Standards für Übergänge aus der Heimerzie-hung, tritt auf der Seite der Settlementbewegung *drittens* Soziale Arbeit erstmals selbst *sozialwissenschaftlich* hervor: sie knüpft Kontakte zum universitären Feld, nutzt aus eigenem Selbstverständnis heraus sozialwis-senschaftliche Methoden und liefert bis in die 1930er Jahre auch in Deutschland wissenschaftliche Erkenntnisse zur sozialen Lage von Kin-dern, Familien, Frauen infolge von Industrialisierung, Einwanderung, Armut und Kriegsfolgen. Und sie nutzt empirische Methoden als Werk-zeug der Einzelfallhilfe – doch dazu gleich. Denn Soziale Arbeit agiert *vier-tens* in ihrem ortsbezogenen Setting sehr früh *politisch*. Die Settlements ver-stehen sich als Ort der Sozialreform und sozialpolitischen Diskussion, als offene Nachbarschaftszentren im Gemeinwesen und sie binden als Aus-druck ihres methodischen Handelns strategisch die gebildeten Schichten und Politik in ihre Bildungs- und Abendveranstaltungen ein (näher: Müller, 2013, S. 36ff.). So versteht sich auch der sich in einer gemäßigteren und einer radikaleren Linie anschließende Ansatz des *Community Organizing (CO)* bis heute als ein aktivierendes Handeln der Befähigung und Bestärkung der Menschen im Stadtteil. Hertha Kraus ist es, die in den 1920er-Jahren in Köln als vom damaligen Oberbürgermeister Konrad Adenauer berufene Leiterin des Wohlfahrtsamtes in den Wohnquartieren ansetzt (Müller, 2013, S. 199). Als die US-Amerikaner für das Nachkriegsdeutschland ein Konzept der Demokratisierung der deutschen Jugend (sog. Re-Education) suchen, sind es die ‚Methoden' Case Work, Social Group Work und Community Work, die in die Schulungsprogramme eingehen. Hertha Kraus ist es, die die Gemeinwesenarbeit 1951 als sog. dritte „klassische Methode" vorstellt (näher: ebd., S. 198ff.) – und mit ihr kehrte eine andere ins Exil gegangene Deutsche in der Nachkriegszeit für das Programm zurück: Gisela Konopka, inzwischen Professorin in Minneapolis, und wenig später ihr Stipendiat Heinrich Schiller waren es, die den Arbeitsansatz der „Sozialen Gruppenarbeit" hierzulande bekannt machten (näher: ebd., S. 120ff.). Dabei ist die Gruppe auch schon vor dem Nationalsozialismus als pädagogischer Ort etabliert. Dazu trug die Jugendbewegung und Reformpädagogik entscheidend bei: als Möglichkeit der Flucht aus dem kleinbürgerlichen Alltag, dem „Aneignungsdrill musealer Wissensbestände im deutschen Kaiserreich" (Galuske & Müller, 2010, S. 598) zieht es die junge Generation in die Natur und aufs Land in die (allerdings nicht zwangsläufig weltoffene) Gemeinschaft „Gleichgesinnter", um ihre Erziehung selbst in die Hand zu nehmen (ebd.). Die schwedische Pädagogin Ellen Key und mit ihr eine breite Schulreformbewegung liefert den Anstoß zur sog. Reformpädagogik: Selbständiges Denken und Freiheit für Lernende speist u. a. das Entstehen von Landerziehungsheimen (u. a. der Odenwaldschule), der auf Natur, Erfahrung, Verantwortung und Erlebnis im Gruppenkontext fokussierenden Erlebnispädagogik Kurt Hahns (1930, 1941) oder die Pfadfinderbewegung bei Robert Baden-Powell (1907) und William Heard Kilpatrick (1918) (näher: Hering & Münchmeier, 2014; Müller, 2013).

Setzen wir unsere Erkundungsreise fort mit dem Blick auf die historische Entwicklung der Erfassung und Ermittlung von Hilfebedarfen, deren Strukturen und methodischen Herangehensweisen. Dies findet sich bereits in der frühen Armenhilfe. Folgen wir dazu einen Moment lang Carl Wolfgang Müller, der dies in seinem Buch *Wie Helfen zum Beruf wurde* (2013, zuerst: 1981 u. 1988) sehr anschaulich gemacht hat. Ausgangspunkt ist die Idee der Bedarfsprüfung im Hausbesuch und des Einbezugs von familiären Unterstützungsressourcen, die der schottische Geistliche Thomas Chalmers in Kilmany und Glasgow zum Anfang des 19. Jahrhunderts entwickelte. In Baltimore / USA entwickelte Mary Richmond einige Jahrzehnte später das Modell des *„friendly visitings"* als Schulungs- und Ermittlungskonzept. Für Richmond gehört es zum nötigen Lehrplan für die *„friendly visitors"*, die Kunst zu erlernen, Bedarfe zu ermitteln, eine „tragfähige zwischenmenschliche Beziehung zwischen Hausbesucherin und Problemfamilie herzustellen und die (..) Familienmitglieder in Lebensfragen zu beraten" (Müller, 2013, S. 30). Richmonds Buch „Social Diagnosis" (1917), so spitzt es Müller (2013) zu, lese sich heute wie ein Lehrbuch für Kriminalkommissare: es wiegt den Sinn unterschiedlicher Informationsquellen ab, Formen von Bedarfsermittlung und Erhebungsbögen werden vorgestellt und diskutiert (ebd., 2013, S. 32). Aber es ist mehr als das: Richmond hält ihre Leser_innen an, nicht nur Informationen zu sammeln, die die vorgefassten punktuellen Eindrücke bestätigen; sie unterstreicht die Relevanz von Hypothesenbildung, Überprüfung der Daten und Interpretationen und betont die Bedeutung des Kontaktes zu allen Familienmitgliedern und deren Bereitschaft zur Mitwirkung (ebd., S. 33). Und Richmond ist es auch, die über die Behandlung (*treatment*) des Falles hinaus in ihrer letzten Schrift ein modernes Verständnis von sozialpädagogischem Handeln in sozialen Problemen entwirft: Es gehe in der professionellen Hilfe um Prozesse der Erfahrung und des Lernens mit dem Ziel, „die Persönlichkeit durch bewusst bewirkte, einzelfall-spezifische Anpassungsleistungen zwischen Menschen und sozialer Umwelt zu entwickeln" (Richmond, 1922, S. 98f. zit. n. Müller, 1988). Und Alice Salomon ist es, die dies wenige Jahre danach in den Lehrplan der ersten, von ihr gegründeten interkonfessionellen sozialen Frauenschule in Deutschland überführt, und sie formuliert es geradezu up to date: „Alle soziale Arbeit hat eine gemeinsame Richtlinie. Sie hat es mit Menschen zu tun, mit der wechselseitigen Anpassung von Menschen und Lebensumständen. Sie hat entweder Individuen zu fördern und zu beeinflussen, damit sie sich in ihrer Umwelt zurechtfinden und bewähren, oder sie hat die Lebensumstände, die Umwelt der Menschen so zu gestalten, dass der Einzelne zur freien Entfaltung, zur Erfüllung der in ihm ruhenden Möglichkeiten gelangen kann." (Salomon, 1927, S. 90).

Halten Sie durch: nur noch zwei kurze Stationen im vielfarbigen Archiv sind zu gehen – wir sind im letzten Viertel des 20. Jahrhunderts angekommen und „die Methoden" müssen sich nun zahlreicher Kritiker_innen erwehren. Anfang der 1970er-Jahre entstehen die Fachhochschulen (FH) und methodisches Handeln in der Sozialen Arbeit erlernte man hierzulande an der FH, z. T. an der Uni. Während im universitär etablierten US-amerikanischen Social Work schon früh Verknüpfungen von Social Case

Work, Social Groupwork und Community Organizing im Sinne des „Generic Social Work" (vgl. Baker, 1975; aufzeigend: Wieler, 2010) statt-fanden, blieben Einzelfallhilfe, Gruppenarbeit und Gemeinwesenarbeit als „Dreigestirn", je separat gelehrt, das Bild, das deutschen Studierenden bis weit in die 1980er-Jahre als Kern ihres Faches vermittelt wurde (näher: Müller, 2013). Dies kann nur auf den ersten Blick verwundern – hatte doch der deutsche Antisemitismus und Nationalismus, gipfelnd in der NS-Zeit, zahllose Vordenker_innen in Feldern der Fürsorge, wo nicht im Genozid zu Tode gebracht, vertrieben und so die z. B. von Alice Salomon aufgebau-ten internationalen Verbindungslinien gekappt (dazu Wieler, 1987; Wieler & Zeller, 1995). Andererseits standen typisch westeuropäische Selbstver-ständnisse der »geistigen Mütterlichkeit« und unmittelbaren Fürsorge der akademischen Szene, die Frauen bis in die Anfänge des 20. Jahrhunderts nur zum Gasthörerstudium zuließ, in summa distanziert gegenüber (dazu: Sachße & Tennstedt, 1988). In der Nachkriegszeit stand Europa durch Zer-störung und Flüchtlingszustrom vor gravierenden sozialgesellschaftlichen Herausforderungen, die durch wohlfahrtspflegerische Spezialisierungen aufgegriffen wurden. Die ‚windstillen' 1950er/60er-Jahre waren zunächst auf Reorganisation und Problembewältigung fokussiert. Mit einsetzen-dem wirtschaftlichem Aufschwung kamen dann neue Versorgungsleistun-gen und ein schrittweiser Wandel des Selbstverständnisses von Fürsorge, Jugendfürsorge und Wohlfahrtspflege hin zu Sozialhilfe, Jugendhilfe und Sozialarbeit zustande (Hering & Münchmeier, 2014). Hier passte es, sich zu fokussieren und das je Eigene herauszustellen. Noch dazu wurden Metho-den „politisch" (s. u.): Die Gemeinwesenarbeit bot sich angesichts lange desolater großstädtischer Wohnquartiere als politische Aktionsfläche und städteplanerisch-nachbarschaftlich wirksames Innovationsmodell an (Holubec, 2005; Hinte, 2010). Einzelfallhilfe und Gruppenarbeit hingegen sahen sich kritischen Einwänden insbesondere der Student_innenbewe-gung ausgesetzt: zu wenig gesellschaftstheoretisch fundiert seien diese angeblichen Methoden und allzu wenig werde ihr disziplinierender Charakter reflektiert. Soziale Probleme würden individualisiert und Adressat_innen der Einzelfallhilfe würden durch deren therapeutische Orientierung pathologisiert (näher: Müller, 2013, S. 236ff.). Luhmann und Schorr (1979) machten darauf aufmerksam, dass eine lineare Kausalität zwischen pädagogischer Technologie und Wirkung bei Zu-Erziehenden nicht gegeben ist (sog. „Technologiedefizit der Erziehung") und Jürgen Habermas entwarf die These fortschreitender „Kolonialisierung von Lebenswelt" (1985) – der zufolge die Systemwelt zusehends in die Lebens-welten der Subjekte eingriffe und diese rationalisiere; eine dem erklärten Ziel einer Wiederherstellung der Selbständigkeit der Klient_innen widersprechende „Therapeutokratie" (ebd. 1981, S. 533) entstehe. Und in der Tat: Psychotherapeutische Verfahren erfuhren zum Ende der 1970er-Jahre einen enormen Zulauf, was zur These der „Therapeutisierung der Sozialarbeit" (Hollstein & Meinhold, 1973; Meinhold, 1988) führte. Der darauf ansetzende sozialpädagogische Entwurf einer Alltags- bzw. Lebensweltorientierung (Thiersch, 1978 / 2014) prägte das langersehnte neue sozialpädagogische Kinder- und Jugendhilferecht und brachte u. a. mit der Sozialpädagogischen Familienhilfe und dem Hilfeplanverfahren neue methodische Ansätze in das Feld. Die insgesamt feststellbare weite Ausdifferenzierung unterschiedlicher Handlungsfelder aber ließ die Frage offen, was denn angemessene Verfahren für professionelles Handeln wären (Müller, 1991). So setzte eine Debatte zur sozialpädagogischen Professionalität und Handlungskompetenz ein, die den „Zugriff auf" und den mehr oder weniger „invasiven" Eingriff in die Lebenswelt" (Heiner, 2010) durch unterschiedliche Settings zu gestalten und feldspezifisch sensibel zu reflektieren suchte: So beleuchten Mollenhauer und Uhlendorff (1992) mit ihrem Band zu sozialpädagogischen Diagnosen den Kontext der erlebnispädagogischen Arbeit mit Jugendlichen in schwierigen Lebenslagen und markieren eine sozialpädagogische Diagnostik in zwei Punkten: der hermeneutisch-diagnostischen Interpretation von subjektiv gemeintem gegenüber objektivem Sinn und der theoriegeleiteten Auswertung mit Blick auf die immer subjektive Bedeutungszumessung des Jugendlichen, die jede Objektivität einer Diagnose fragil erscheinen lässt (Mollenhauer & Uhlendorff, 1992, S. 30ff.). Kurz illustriert an unserem Fallbeispiel: Es kommt darauf an, welchen Sinn Tim in der Hilfe sieht, welche Bedeutung er der Heimerziehung zumisst und zugleich, welche Themen Tims man seitens der Sozialpädagog_innen darin (und vielleicht auch: dahinter) sehen und sie auf bildende Tätigkeiten und Angebote beziehen kann, die Tims Lebensverhältnissen gerecht werden, für ihn subjektiven Sinn entfalten und ihn zur aktiven Auseinandersetzung mit „der Welt und mit sich" (ebd., S. 139) befähigen.

Weitere Diskurse schlossen sich mit der Idee und versuchsweisen Etablierung sozialräumlicher Ansätze an (Redaktion Widersprüche, 2015). Ein grundsätzlicher Diskurs entzündete sich zuletzt Anfang der 2000er Jahre an der Frage, inwieweit Soziale Arbeit aus ihrem Selbstverständnis heraus psychosoziale Diagnostik mit expertokratischem Befund betreiben könne bzw. inwieweit sie nicht eher aushandelnd-dialogisch orientiert um ein Fallverstehen bemüht sein müsse (näher: Schrapper, 2004; Beiträge zu Redaktion Widersprüche, 2003). Deutlich wurde unter dem Strich, dass methodisches Handeln weniger mit operativem „Rezeptwissen" als vielmehr mit einer situativen Deutungskompetenz und einer reflexiven Haltung auch in Bezug auf das eigene soziale Handeln zu tun hat (Hansbauer, 2016). Es braucht *sowohl* „fundierten Durchblick (=Diagnose)" *wie* „verständigungsbereite Aushandlung (=Dialog)" (Schrapper, 2004, S. 9) – denn es gelte stets: „Subjektive Sinnzusammenhänge zu verstehen", eine „schrittweise Annäherung an hypothetische Erkenntnisse" vorzunehmen, das Klienten- wie Helfersystem in den Blick zu nehmen und eine Vielfalt an Perspektiven zu entwickeln (Heiner & Schrapper, 2004, S. 210ff.).

In neuerer Zeit, da die angespannte Lage der öffentlichen Haushalte vermehrt nach Wirtschaftlichkeit, Wirksamkeit und effektiver Aufgabenerfüllung fragt, hat der Aspekt der planvollen, nachvollziehbaren und überprüfbaren Hilfedurchführung an Bedeutung gewonnen (Hansbauer, 2016, S. 991). Es reicht – um wieder an unser *Fallbeispiel* anzuschließen – also nicht mehr aus, dass Tim und vermutlich seiner Mutter im Rahmen eines modernen sozialen Dienstleistungsgeschehens geholfen wird. Eine Hilfe zur Erziehung heute soll – so fordern es mächtige Lobbygruppen und Organisationsberater_innen aus der Wissenschaftsszene – effektiv und effizient sein. Steht die Stadt kurz vor der Haushaltssicherung und macht der Kämmerer einseitig Druck auf die Jugendamtsleitung, muss die Fachkraft im Jugendamt alsbald gute Gründe für eine Fortführung der Hilfe finden – zumal ja Tim derzeit auch noch nicht so mitmacht, wie er soll. Also müssen Anika, ihre Kolleg_innen, ihr Träger und schlicht wir alle uns fragen lassen, wie viel kritische und subjektorientierte Professionalität geboten ist.

Denn im Kern der modernen Profession Sozialer Arbeit – da können wir nun nach den gemeinsamen Stationen in der Methodengeschichte mit Background-Wissen anschließen an die Institutionalisierung und Professionalisierung von Hilfe, Erziehung und Bildung und an Vordenker_innen wie Mager, Natorp, Nohl, Richmond, Salomon u. a. m. – steht ein „Person-in-Environment"-Fokus: Adressat_innen mit subjektiv zu rekonstruierenden Bedarfslagen und Bedürfnissen in ihrer sozialen Umwelt, Situation und Lebenslage. Diesem begegnen wir in Arbeitsformen, Settings und Sozialformen mit Einzelnen, Gruppen und in sozialen Räumen und Netzwerken mit je spezifischen Konzepten, ausdifferenzierten Methoden und Techniken des sozialpädagogischen Handelns und sozialpädagogischer Forschung (Galuske, 2013, S. 36f. u. 115ff.). Unser am internationalen Diskurs und an reflektierte spezifisch-eigene Traditionslinien rückgebundener Auftrag, soziale Gerechtigkeit und Verwirklichungschancen in den Blick zu nehmen, ist der Grund, warum es uns als Profession, als Träger und als Hilfeprogramm gibt. Genau das ist auch der Grund für sozialpädagogische Wirkungsmessung. Also müssen wir uns die Frage nach der notwendigen professionellen Reflexivität stellen – und zwar jenseits von allzu verkürzten Debatten, aktionistischem Handeln und nicht selten unterkomplexem Methodeninventar.

Traditionslinien weitergedacht: auf dem Weg zum reflexiven Werkzeugkoffer

Nun sind wir wieder die Treppen aus dem Archiv herauf ans Tageslicht getreten: Wo, so ist die Frage nach all dem, stehen wir heute in der Methodendebatte, wenn wir uns unserer Traditionen bewusstwerden und uns unseres Handwerks neu besinnen?

Fünf Vorschläge sind es, die, wenn ich richtig sehe, seit Anfang der 1990er-Jahre an die aufgezeigten Traditionslinien anknüpfen und mit dem Wissen von heute Sinn machen, sie für die weitere Reise in unseren reflexiven Werkzeugkoffer einzupacken – nicht, um sie zu „haben", sondern um mit ihnen handelnd Erfahrungen zu sammeln. Sie bilden ein „Set" von Möglichkeiten und Erkenntnissen zu methodischem Handeln in der Sozialen Arbeit in einem Kontinuum von Zeit, Weg und Perspektive *(Abbildung 3)*.

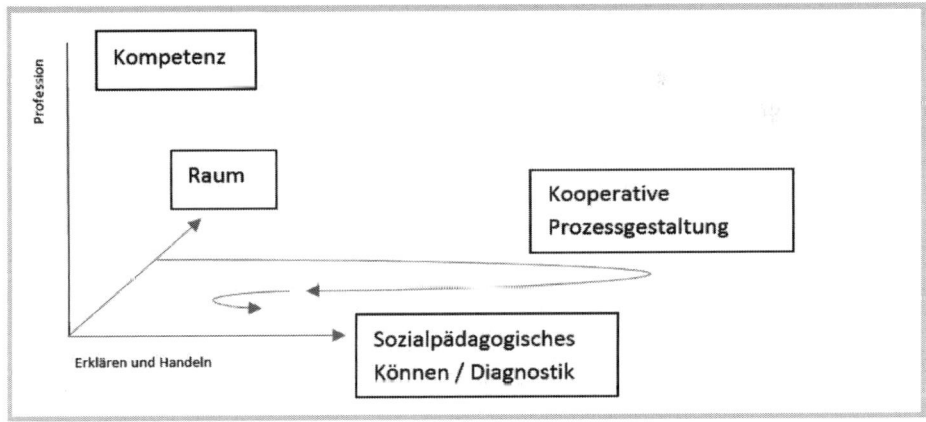

Abb. 3. »Set« der neueren Diskussion um methodisches Handeln in der Sozialen Arbeit, eigene Darst. d.V.; für einen Überblick siehe auch: Redaktion Sozialmagazin H. 9/10, 2016)

(1) Da ist zum einen der Fokus auf das *sozialpädagogische Können*, den Burkhard Müller (1993/2009; zusf.: 2011) eingenommen hat. Er beschreibt methodisches Handeln in der Sozialen Arbeit als einen „multiperspektivischen" Prozess des Fallverstehens und fängt dabei das genuin sozial-

pädagogische Moment der professionellen Herausforderung ein, nie über vollständiges Wissen zu verfügen und somit in Ungewissheit agieren können zu müssen. Er betont die Bedeutung des Erfassens der Genese des Falls, von kritischen Lebensereignissen und Bedürfnissen (sozialpädagogische Anamnese), das „Auseinander-Erkennen" von Problemen, Zusammenhängen, Konzepten und Zieloptionen (sozialpädagogische Diagnose), des „Dazwischen-Treten" durch professionelle Hilfen (sozialpädagogische Intervention) und dessen reflektierender Bewertung (sozialpädagogische Evaluation). Je spezifisch veranschaulicht an Fallgeschichten entwirft Müller dazu „Arbeitsregeln", mittels derer wir – im Schritt der Anamnese an unserem Fall verdeutlicht – Tim und sein Umfeld als „Fall wie einen unbekannten Menschen kennen" lernen, wir die Details zunächst umsichtig wahrnehmen, sensibel mit Hintergrundwissen umgehen, den eigenen Zugang zum Fall reflektieren, Wissen und Nichtwissen erfragen und unterschiedliche Sichtweisen und Fallebenen nebeneinander stellen (ebd., 2009, S. 109ff.; siehe bei ähnlich reflexiv-dialogischer Anwendung auch: die Manuale und „Arbeitshilfen" von v. Spiegel, 2013). So fokussiert Müller mit seinem Blick ein „Arbeitsbündnis" des Aushandelns und des Fragenstellens im „Dschungel der Komplexitäten" (ebd., S. 196) und will mit seinem Buch zum sozialpädagogischen Können gerade auch für „studierende Anfänger" eine „Aussichtsplattform" bereitstellen, von der aus „Wege zur gewachsenen Professionalität" durch eine Reihe von „Wegmarkierungen" (ebd.) aufgezeigt werden, um Anregungen und Hilfsmittel für die sozialpädagogische Praxis zu liefern und diese ihrer Selbstkontrolle zugänglich zu machen, um „im Gehen zu lernen" (ebd., S. 163 u. 196). In unserem *Fallbeispiel* sind Anika und ihr Team auf der Suche nach einem Zugang zu Tim. Je nachdem, ob sie den Fall Tim als *einen von vielen* Erfahrungen oder *wie* einen unbekannten Menschen wahrnehmen, sich um ein Auseinander-Erkennen von Symptomverhalten (sich-entziehen, …) und Lebenslage (fremd, …) bemühen, eine Multiperspektive einnehmen und die Details und ihr Nicht-Wissen nach Arbeitsregeln schrittweise erschließen – wird es ihnen gelingen, in den Untiefen und Ungewissheiten des Dschungels des Alltags zu handeln. Ein „Arbeitsbündnis" von Anika und Tim und weiteren Fallakteur_innen ist nötig, sodass Wegmarkierungen helfen können, damit „Erziehen gelingt!" (Winkler, 1988).

(2) Ein zweites Feld macht ein *raumbezogener Blick* auf, der in der Fachliteratur in zum Teil sehr unterschiedlicher Weise eingenommen wurde und wird. So haben Ulrich Deinet, Richard Krisch, Christian Reutlinger und Christian Spatscheck seit 2009 in der Online-Zeitschrift „sozialraum.de" verdeutlicht, dass der soziale Raum in vielfältiger Weise als Bezugspunkt

für sozialpädagogisches Handeln dient. Hinte, Litges und Springer (1999) hatten zuvor anschließend an die Gemeinwesenarbeit Gründe dazu aufgezeigt, den Blick vom Fall hin zum Feld zu wenden, während Früchtel, Budde und Cyprian (2007) anschaulich Ansatzpunkte bis hin zu Interventionsformen offerieren – um nur einige wesentliche Vertreter_innen der sog. Sozialraumorientierung zu nennen. Rückgebunden in feldtheoretische, sozialökologische, aneignungstheoretische und sozialpädagogische Ansätze u. a. in sozialräumlicher Jugendarbeit werden derzeit eine Vielfalt von Methoden und Techniken vorgestellt, die sowohl auf der Seite der Partizipation der Adressat_innen, wie vor dem Hintergrund einer stärker auf ökonomische Kriterien fokussierten Budgetsteuerung anschlussfähig sind (vgl. für eine kritische Bestandsaufnahme DBSH, 2010). So ist der Blick auf den sozialen Raum in unserem Fall Tim in der Lage, gänzlich neue Blickwinkel zu eröffnen – schon gesehen auf die noch näher zu reflektierende Gruppensituation wissen wir rein gar nichts über Tims Umfeld, in dem er lebt, aus dem er kommt, in dem er aufgewachsen ist und mit dem er verbunden ist. Wie sieht der Alltag von Tim „in" und neben der Gruppe überhaupt aus? Wie wird mit neuen Medien und virtuellen Welten umgegangen? Wir wissen nichts Weiteres vom Umfeld der Jugendwohngruppe, wo im Stadtteil sich die Kids aufhalten, die dort leben – wie sie ihn „durchleben, erleben und umleben" (Muchow & Muchow, 1935), wie sie sich reale und virtuelle Räume aneignen (Deinet & Reutlinger, 2014). Hier kommt uns Wissen aus der Kindheitsforschung (Mey, 2003) zugute. Mittels dieses Blickes auf Alltag und Aneignung im Feld und Raum ermöglicht eine raumbezogen-kooperative Diagnostik im *Fallbeispiel* Tim den Einbezug seines Umfeldes – z. B. von Peers, Nachbarn, Lehrer_innen etc. in den Fall und ggf. auch in eine Family Group Conference als einer spezifischen sozialpädagogischen Methode (näher: Hansbauer, Hansen, Müller & v. Spiegel, 2009).

(3) *Kein Fall ohne Feld* und keine Profession Soziale Arbeit ohne *differenzierte soziale Diagnostik* – so kann mit Peter Pantuček (2008, 2009) auf einen dritten verknüpfenden Ansatz verwiesen werden, der die Entwicklung der Profession im Systemkontext von Exklusion / Inklusion mit in den Blick nimmt. Pantuček (2008), der von den Ansätzen Mary Richmonds, Alice Salomons und Ilse Arlts ausgeht, sieht eine sozialwissenschaftlich ausgewiesene Soziale Arbeit gefordert, ihre Diagnostik gesellschaftlich auszuweisen, eine präzise Analyse und Weiterentwicklung ihrer Verfahren der Fallbearbeitung vorzunehmen. Er wirbt dafür, sich ihren Mikrostrukturen und dem dahinterstehenden Fallverständnis zuzuwenden, in dem stets und ständig Fallgeschichte(n) und Fallkontext als dynamische innere

und äußere Räume und Zeiten reflektiert werde (ebd., 2008). Andererseits zeigt er durch systematische Darstellung und eigenen Entwurf spezifischer Materialien und Verfahren Wege zu einer inklusiven Diagnostik auf (ebd., 2009). Gegenstand der Diagnostik ist nicht der Klient, sondern die Erfassung seiner Lebenssituation vor dem Hintergrund sozialer Exklusion und Inklusion; der Klient ist als Person-in-ihrer-Umwelt als zentrale Referenz anzusehen und aktiv im Prozess der Diagnosestellung zu beteiligen. Soziale Diagnostik reichert, so Pantuček (2009), zur Datenerfassung Wissen über den Fall (Komplexität) an und muss diese sodann gleichwohl auf ein gewisses Maß reduzieren, um handhabbare Lösungen anzuschließen. Pantuček plädiert dafür, stets alle Dimensionen eines Falles – materielle, soziale, körperliche, alltagsbezogene, problem(lösungs-) bezogene – im Blick zu behalten und nicht auf bloße Feldorientierung statt Fallorientierung zuzuspitzen, denn dies blende sodann möglicherweise „jeweils Aspekte aus, die für ein gelingendes Leben und für eine gelingende Erfassung des Falles unverzichtbar sind" (ebd., 2008, S. 36f.). So kommen – im „Fall Tim" – biografische Daten und Verläufe, die ökonomische Lage der Herkunftsfamilie, gesundheitliche Faktoren, soziale Netzwerke und bisherige Lösungsversuche systematisch in den Blick; dazu helfen Anika und ihren Kolleg_innen zahlreiche flexibel und ad hoc einsetzbare Arbeitshilfen und zugleich bietet sich eine sozialpädagogischen Kriterien gerecht werdende Klassifikationsgrundlage Sozialer Arbeit, die Anika und ihren Kolleg_innen in der Arbeit der JWG extern gestellten Befunden von Psycholog_innen und Mediziner_innen nach ICF, ICD bzw. DSM gegenüberstellen und für eine kooperative Prozessgestaltung (siehe näher unten in Pkt. 5) in Anschlag bringen können.

(4) Gewissermaßen als Klammer kann Maja Heiners (2010) Betrachtung von Handlungskompetenzen und Handlungstypen Sozialer Arbeit dienen. Denn Heiner macht uns darauf aufmerksam, dass methodisches Handeln abhängig ist vom Kontext, in dem es erfolgt. So lassen sich für methodisches Handeln sechs Strukturmerkmale festhalten, die in der Vielfalt der Praxisfelder und Arbeitsaufträge je zu anderen Handlungsanforderungen führen und damit unterschiedliche Kompetenzen von uns Fachkräften erfordern. Relevant ist der Zeitaspekt, die Dauer der Kooperation, die Lebenswelt- und Alltagsnähe, der Grad der Formalisierung, das Problemspektrum und das Maß der Vernetzung der Hilfe (vgl. Heiner, 2010, S. 612ff.).

Ausgehend vom doppelten Auftrag der Profession, sowohl zur Veränderung der Lebensbedingungen als auch der Lebensweise beizutragen, müssten angehende und berufstätige Fachkräfte auf der Ebene des Falles, der sozialen Systeme und der eigenen Person kompetent sein. Heiner betont die Bedeutung der Person der Fachkraft für eine gelingende Interaktion mit Klient_innen und Kooperationspartner_innen (ebd., S. 619). Daraus ergeben sich drei prozessbezogene Kompetenzmuster, die in unterschiedlicher Weise kombiniert werden und unterschiedliches Wissen und Können verlangen:

- Analyse- und Planungskompetenz,
- Interaktions- und Kommunikationskompetenz sowie
- Reflexions- und Evaluationskompetenz (ebd., S. 619ff.).

Wichtig scheinen gegenwärtig zwei Aspekte: Zum einen der Hinweis auf die nicht unwesentliche Fußnote Heiners zur „Organisationskompetenz": Diese geht mit der bei Heiner zentralen „Interaktions- und Kommunikationskompetenz" (ebd., S. 620) einher: in der dialogischen Problembearbeitung unter interner wie externer Kooperation in Teams bei schwierigen Fallverläufen (Ader, 2006) bzw. in sozialen Unterstützungsnetzwerken (Otto, 2011). Für den Fall Tim ist dies ganz wesentlich: Sicher kann Anika versuchen, alles selbst für sich in die Hand zu nehmen. Sehr wahrscheinlich aber wird es ihr erst als „Reflectiv Practitioner" (Schön, 1983) gelingen, durch fallbegleitende Teamarbeit, Supervision und Weiterbildung einen Draht zu Tim zu finden. Im Schichtdienst und angesichts paralleler Betreuungen in der Wohngruppe kann sie von gemeinsam im Team geteilten Kompetenzmustern sehr wesentlich profitieren. Nimmt sie zudem – und dies ist dann andererseits ebenso Teil professioneller Kompetenz – Selbstevaluation und eigene Praxisforschung wahr, erfährt ihr Team Entwicklung von extern, lässt sich ihr Träger organisational beraten, werden schwierige Fälle in Fallwerkstätten betrachtet (Redaktion Sozialmagazin, 2015) und wird Heimerziehung wissenschaftlich untersucht (etwa: Müller & Schwabe, 2006) – dann sind die nötigen Grundlagen für organisationales Lernen, kollegiale Achtsamkeit und Zuverlässigkeit gelegt, die helfen, handlungsfähig zu bleiben, auch wenn der Fall Tim durch Fehler der Diagnose und durch Kindeswohlgefährdung eskalieren sollte (näher: Böwer, 2012).

(5) Was sollten deshalb angehende Sozialpädagog_innen wissen, können und haltungsbezogen mitbringen, wenn sie demnächst auf ihre Adressat_innen und auf Nachbarprofessionen treffen – und sei es bei einem komplexen Fall in einer Klinik oder eben in der Jugendwohngruppe? Das beschreiben die Schweizer Kolleg_innen Ursula Hochuli Freund und ihr Kollege Walter Stotz (2015). Diese legen nichts Geringeres als ein innovatives methodenintegratives Lehrbuch vor, in dessen Zentrum das Modell und die Annahme steht, dass methodisches Handeln in der Sozialen Arbeit

sich als methodisch strukturiertes Vorgehen einer „kooperativen Prozessgestaltung" entfalte. Dies gründe auf einer Praxis, die, so Hochuli Freund
und Stotz, unterschiedliche Begriffe wie Erziehungs- und Förderplanung,
Hilfeplanung, Beratungsprozess, Interventionsplanung oder Assessment
für solch ein strukturiertes Vorgehen verwende, ohne damit aber bislang
den gesamten Unterstützungsprozess zu erfassen (ebd., S. 133). Kooperative Prozessgestaltung als Rahmen bezeichnet „Prozesse, die sowohl intra-
und interprofessionell als auch gemeinsam mit einer Klientin oder einer
Klientengruppe im Hinblick auf definierte Ziele geplant, umgesetzt und
ausgewertet werden" (ebd.). Insoweit also geht es um ein weites Spektrum
von Prozessen der Bildung, Kooperation, Aushandlung, Verständigung,
Unterstützung, Vernetzung und politischen Einflussnahme. Als Grundlage dafür werden etablierte Ansätze systematisiert und in ein Prozessmo-
dell integriert. Worauf nun kommt es dabei an? Im Modell werden sieben
Prozessschritte in zwei grundlegenden Phasen unterschieden. Zur *analytischen Phase* gehören die Prozessschritte der Situationserfassung, der Analyse, der Diagnose und der Evaluation. Zur *Handlungsphase* gehören die
Prozessschritte der Zielsetzung, der Interventionsplanung und Interventi-
onsdurchführung (ebd.: 135). Dabei wird der analytischen Phase des Erfassens, Analysierens, Verstehens und Auswertens eine besondere Bedeutung zugemessen – ausgehend von dem Grundverständnis Sozialer
Arbeit, das jede_r Klient_in „individuell in ihrer Persönlichkeit wie in
ihrer spezifischen Lebenssituation und Lebenslage wahrgenommen und
verstanden werden müsse" (ebd.). Jedwede professionelle Herangehensweise – so Hochuli Freund und Stotz – bestehe stets darin, eine Situation
„im Hinblick auf alle relevanten Aspekte" zunächst „genau zu erfassen"
und „anstehende Themen und Probleme (…) unter Bezug auf theoretisches
und empirisches Wissen (…) zu verstehen und zu erklären" (ebd., S. 135f.).
So gelte es, vor jeglichem Handeln das Bemühen der Adressat_innen um
Lebensbewältigung anzuerkennen und mit ihnen gemeinsam zu versuchen, ihre Situation genauer zu verstehen und dieses Wissen mit ihnen zu
teilen und zu diskutieren, sodass „sinnvolle und adäquate Interventionen
entwickelt und realisiert werden können" (ebd., S. 136). Das Zentrale an
dem Modell ist das zirkuläre Kooperationsverständnis, das wir aus dem
systemischen Denken kennen: es geht um ein Handeln auf der Ebene der
Adressat_innen und ihrer Bezugssysteme und auf der Ebene von Professionellen in einem Prozess, der stets wieder von Neuem beginnen kann,
immer dann, wenn in einem Prozessschritt Unklarheiten, neue Erkenntnisse und Herausforderungen auftreten (ebd., S. 137).

Blickt man auf aktuelle Entwicklungen in der Sozialen Arbeit – Wettbewerbsdruck, Effizienzdenken, Reform des Jugendhilferechts –, steht vielfach in Frage, ob biografischer Eigensinn unserer Klient_innen und deren Selbstdeutungen künftig in partizipative Hilfeplanung oder in expertokratische „Bedarfsermittlung" (so hieß es schon einmal vor fast einhundert Jahren bei Richmond!) einmündet und ob unsere Adressat_innen auf ein ganzheitliches diagnostisches Fallverstehen (Heiner & Schrapper, 2004; Heiner, 2010) treffen, wie es dem „State of the Art" Sozialer Arbeit (s.a.: Redaktion Sozialmagazin, 2016) entspricht.

Als derzeit Studierende und künftige Fachkräfte jedenfalls haben SIE, die Sie diesen Beitrag lesen, es in der Hand, sich ihres reflexiven Werkzeugkoffers zu bedienen und auf Ihr „Set" kooperativ-verstehender Diagnostik zurückzugreifen, die kompetentes Handeln ermöglicht und keine Kooperation mit anderen Professionen scheuen muss, gerade wenn künftig einseitige Expertokratie wieder mehr en vogue sein sollte und, wie mancherorts befürchtet, sozialtechnologisch „erwünschtes Verhalten überprüfbar und kostengenau und -günstig erzeugt werden soll" (Galuske, 2013, S. 382). Denn (erst) ausgestattet mit dem nötigen reflexiven sozialpädagogischen Handwerkszeug und theoriegeleiteten Blick kann man gespannt darauf sein, was in unserem *Fallbeispiel* die weitere sozialpädagogische Arbeit mit Adressat_innen wie Tim im Hilfesystem sichtbar werden lässt, wie dies Tim, seine Familie, seine Peers und andere Akteur_innen Situationen und Prozesse je beschreiben, welche Anregungen Heimerziehung Tim bei der Auseinandersetzung mit der Welt und sich selbst liefert – und welche Erkenntnisse Heimerziehung gewinnt, wenn sie Tim und andere junge Menschen als Expert_innen für ihre Lebenssituation und Erfahrungsträger ernst nimmt. Ganz sicher jedenfalls treffen Sie alsbald auf einen Fall, der Sie, vielleicht ähnlich wie unser „Fall Tim" oder auch ganz anders gelagert, als Kolleg_in herausfordern wird. Ihnen viel Erfolg auf Ihrem Weg in das professionelle methodische Handeln!

Literatur

Ader, S. (2006). *Was leitet den Blick? Wahrnehmung, Deutung und Intervention in der Jugendhilfe.* Weinheim: Juventa.

Albus, S., Greschke, H., Klingler, B., Messmer, H.. Micheel, H.-G., Otto, H.-U., & Polutta, A. (2010). *Wirkungsorientierte Jugendhilfe: Abschlussbericht der Evaluation des Bundesmodellprogramms „Qualifizierung der Hilfen zur Erziehung durch wirkungsorientierte Ausgestaltung der Leistungs-, Entgelt- und Qualitätsvereinbarungen nach §§ 78a ff SGB VIII".* Münster.

Baker, J. (1975). Towards Generic Social Work Practise. *British Journal of Social Work*, 5 (2), 193–215.

Bauer, P., & Weinhardt, M. (2014). *Perspektiven sozialpädagogischer Beratung.* Weinheim: Juventa.

Becker-Lenz, R. (2015). *Bedrohte Professionalität. Einschränkungen und aktuelle Herausforderungen für die Soziale Arbeit.* Wiesbaden: VS.

Belardi, N. (2010). Genogrammarbeit. In D. Kreft, & C. W. Müller (Hrsg.), *Methodenlehre in der Sozialen Arbeit* (S. 153–155). München: Ernst-Reinhardt.

Biesel, K., & Wolff, R. (2014). *Aus Kinderschutzfehlern lernen. Eine dialogisch-systemische Rekonstruktion des Falles Lea-Sophie.* Bielefeld: transcript.

Böwer, M. (2008). ASD – „drop your tools"? Feuerwehrhandeln im ASD und Möglichkeiten seiner organisationalen Bewältigung. *Sozialmagazin*, 33 (12), 44–53.

Böwer, M. (2012). *Kindeswohlschutz organisieren. Jugendämter auf dem Weg zu Zuverlässigen Organisationen.* Weinheim: Juventa.
und professionell handeln lernen. Am Beispiel Kinderschutz und Suchthilfe. *Sozialmagazin*, 38 (11–12), 22–31.

Böwer, M., & Kotthaus, J. (2018). Praxisbuch Kinderschutz. Professionelle Herausforderungen bewältigen. Weinheim: Juventa.

Brandhorst, F. (2015). *Kinderschutz und Öffentlichkeit. Der „Fall Kevin" als Sensation und Politikum.* Weinheim: Juventa.

Brückner, F., & Böwer, M. (2015). Das „MindSet Achtsames Organisieren". Ein Methodenkoffer für das Einüben von Achtsamkeit im Kinderschutz und in der Hilfepraxis der Kinder- und Jugendhilfe des Rauhen Hauses in Hamburg. *Sozialmagazin*, 40 (5–6), 14–25.

Deinet, U., & Reutlinger, C. (2014). *Tätigkeit – Aneignung – Bildung. Positionierungen zwischen Virtualität und Gegenständlichkeit.* Wiesbaden: VS.

Deutscher Berufsverband für Soziale Arbeit, DBSH (2010): *Der kostensparende Sozialraum? Berufs- und fachpolitische Perspektiven des Sozialraumansatzes in der Sozialen Arbeit.* Berlin: schibri

Dilthey, W. (1900). *Die Entstehung der Hermeneutik.* Tübingen: J. C. B. Mohr.

Erhardt, A. (2010). *Methoden der sozialen Arbeit.* Schwalbach: Wochenschau.

Fachhochschule Nordwestschweiz, FHNW (2018). *Analyse.* In: http://www.soziale-diagnostik.ch/methoden-und-instrumente/kooperative-prozessgestaltung/analyse (22.03.2018)

Fröhlich-Gildhoff, K., & Rönnau-Böse, M. (2015). *Resilienz.* 4. Aufl. München und Basel

Früchtel, F., Budde, W., & Cyprian, G. (2007). *Sozialer Raum und Soziale Arbeit – Fieldbook: Methoden und Techniken.* Wiesbaden: VS.

Galuske, M. (2011). *Methoden der Sozialen Arbeit. Eine Einführung* (9. Auflage). Weinheim: Juventa.

Galuske, M. (2013). *Methoden der Sozialen Arbeit. Eine Einführung.* Bearbeitet von Karin Bock und Jessica Fernandez Martinez. (10. Auflage). Weinheim: Juventa.

Galuske, M., & Müller, C. W. (2010). Handlungsformen in der Sozialen Arbeit – Geschichte und Entwicklung. In W. Thole (Hrsg.), *Grundriss Soziale Arbeit* (3. Auflage) (S. 587–610). Wiesbaden: VS.

Galuske, M., & Thole, W. (2008). *Vom Fall zum Management. Neue Methoden der Sozialen Arbeit.* Wiesbaden: VS.

Geißler, K., & Hege, M. (2007). *Konzepte sozialpädagogischen Handelns. Ein Leitfaden für soziale Berufe* (11. Auflage). Weinheim: Juventa.

Groenemeyer, A. (2011). *Soziale Probleme.* In H.-U. Otto, & H. Thiersch (Hrsg.), Handbuch Soziale Arbeit (S. 1390–1405). München: Ernst Reinhardt.

Habermas, J. (1981). *Theorie des kommunikativen Handelns.* Frankfurt / Main: Suhrkamp.

Habermas, J. (1985). *Die neue Unübersichtlichkeit.* Frankfurt / Main: Suhrkamp.

Halfar, B. (2014). Die Wirkung Sozialer Arbeit ist messbar. *Neue Caritas,* 114 (7), 9–13.

Hamburger, F. (2011). *Einführung in die Sozialpädagogik* (3. Auflage). Stuttgart: Kohlhammer.

Hansbauer, P. (2016). Methoden der Kinder- und Jugendhilfe. In W. Schröer, N. Struck, & M. Wolff (Hrsg.), Handbuch Kinder- und Jugendhilfe (2. Auflage) (S. 986–1003). Weinheim: Juventa.

Hansbauer, P., Hensen, G., Müller, K., & v. Spiegel, H. (2009). *Familiengruppenkonferenz. Eine Einführung.* Weinheim: Juventa.

Hargens, J. (2001). *Aller Anfang ist ein Anfang. Gestaltungsmöglichkeiten hilfreicher systemischer Gespräche* (4. Auflage). Göttingen: Vandenhoeck & Ruprecht.

Heiner, M. (1988). *Selbstevaluation in der sozialen Arbeit.* Freiburg i. Breisgau: Lambertus.

Heiner, M. (2010). *Kompetent handeln in der sozialen Arbeit.* München: Ernst Reinhardt.

Heiner, M., Meinhold, M., von Spiegel, H., & Staub-Bernasconi, S. (1994). *Methodisches Handeln in der Sozialen Arbeit.* Freiburg i. Breisgau: Lambertus.

Heiner, M., & Schrapper, C. (2004). Diagnostisches Fallverstehen in der Sozialen Arbeit. Ein Rahmenkonzept. In C. Schrapper (Hrsg), *Sozialpädagogische Diagnostik und Fallverstehen in der Jugendhilfe* (S. 201–222). Weinheim: Juventa.

Hering, S., & Münchmeier, R. (2014). *Geschichte der Sozialen Arbeit. Eine Einführung* (5. Auflage). Weinheim: Juventa.

Hinte, W., Litges, G., & Springer, W. (1999). *Vom Fall zum Feld: Soziale Räume statt Verwaltungsbezirke.* Reihe Soziale Dienste. Sonderband 12. Berlin: edition sigma.

Hinte, W. (2010). *Von der Gemeinwesenarbeit zum sozialräumlichen Handeln.* In D. Kreft, & C. W. Müller (Hrsg.), *Methodenlehre in der Sozialen Arbeit* (S. 77–87). Weinheim: Juventa,

Hochuli Freund, U., & Stotz, W. (2015). *Kooperative Prozessgestaltung in der Sozialen Arbeit. Ein methodenintegratives Lehrbuch* (3. Auflage). Stuttgart: Kohlhammer.

Hörster, R. (1999). Sozialpädagogische Integration heute. In R. Treptow, & R. Hörster (Hrsg.), *Sozialpädagogische Integration* (S. 123–143). Weinheim: Juventa.

Hörster, R. (2010). Sozialpädagogische Kasuistik. In W. Thole (Hrsg.), *Grundriss Soziale Arbeit* (S. 677–686). Wiesbaden: VS.

Hollstein, W., & Meinhold, M. (1973). *Sozialarbeit unter kapitalistischen Produktionsbedingungen.* Frankfurt a. Main: Fischer.

Holubec, B. (2005). *Gemeinwesenarbeit als Arbeitsprinzip.* Abgerufen von http://www.stadtteilarbeit.de/themen/theorie-stadtteilarbeit/lp-stadtteilarbeit.html?id=84-gwa-arbeitsprinzip-lp am 4. August 2016.

International Federation of Social Workers, IFSW (2012). *Statement of Ethical Principles*. Abgerufen von http://ifsw.org/policies/statement-of-ethical-principles/ am 4. August 2016.

Kähler, H. D. (2009). *Erstgespräche in der sozialen Einzelhilfe* (4. Auflage). Freiburg im Breisgau: Lambertus.

Krause, H.-U., & Peters, F. (2014). *Grundwissen Erzieherische Hilfen. Ausgangsfragen, Schlüsselthemen, Herausforderungen* (4. Auflage). Weinheim: Juventa.

Krauß, E. J. (2008). Methoden in der Sozialen Arbeit – Stellenwert, Überblick, Entwicklungstendenzen. In M. Galuske, & W. Thole (Hrsg.), *Vom Fall zum Management* (S. 119–132). Wiesbaden: VS.

Kreft, D., & Müller, C. W. (2010). *Methodenlehre in der Sozialen Arbeit*. München: Ernst Reinhardt.

Lambers, H. (2010). *Wie aus Helfen Soziale Arbeit wurde. Die Geschichte der Sozialen Arbeit*. Bad Heilbrunn: Klinkhardt.

Luhmann, N. (2008). *Soziologische Aufklärung 6. Die Soziologie und der Mensch* (3. Auflage). Wiesbaden: Opladen.

Luhmann, N., & Schorr, K. E. (1979). *Reflexionsprobleme im Erziehungssystem*. Frankfurt a. Main: Suhrkamp.

Meinhold, M. (1988). Intervention in der Sozialarbeit. In G. Hörmann, & F. Nestmann (Hrsg.), *Handbuch der psychosozialen Intervention*. Opladen: VS.

Merchel, J. (1996). Befristete Hilfe oder Hilfe auf Dauer: Sozialarbeiter als Architekten von Lebensläufen? – Anforderungen an die Gestaltung von Entscheidungsfindung und Hilfeplanung. *Zentralblatt für Jugendrecht*, 83 (6), 218–223.

Merton, R. K. (1949). *Social Theory and Social Structure*. New York: Free Press.

Mey, G. (2003). *Zugänge zur kindlichen Perspektive. Methoden der Kindheitsforschung*. Forschungsbericht aus der Abteilung Psychologie im Institut für Sozialwissenschaften der Technischen Universität Berlin, Nr. 2003–1. Berlin.

Michel-Schwartze, B. (2016). *Der Zugang zum Fall. Beobachtungen, Deutungen, Interventionsansätze*. Wiesbaden: VS.

Mollenhauer, K., & Uhlendorff, U. (1992). *Sozialpädagogische Diagnosen. Über Jugendliche in schwierigen Lebenslagen*. Weinheim: Juventa.

Muchow, M., & Muchow, H. (1935). *Der Lebensraum des Großstadtkindes*. Hamburg.

Müller, B. (1991). *Die Last der großen Hoffnungen. Methodisches Handeln und Selbstkontrolle in sozialen Berufen*. Weinheim: Juventa.

Müller, B. (1993). *Sozialpädagogisches Können. Ein Lehrbuch zur multiperspektivischen Fallarbeit*. Freiburg im Breisgau: Lambertus.

Müller, B. (2009). *Sozialpädagogisches Können. Ein Lehrbuch zur multiperspektivischen Fallarbeit* (6. Auflage). Freiburg im Breisgau: Lambertus.

Müller, B. (2011). *Methoden in der Sozialpädagogik*. In: Enzyklopädie Erziehungswissenschaft Online. Weinheim: Beltz Juventa.

Müller, B., & Schwabe, M. (2006). *Pädagogik mit schwierigen Jugendlichen*. Weinheim: Juventa.

Müller, C. W. (1994). Blicke zurück nach vorn. *Sozialmagazin*, 19(6), 12–24.

Müller, C. W. (2013). *Wie Helfen zum Beruf wurde. Eine Methodengeschichte der Sozialen Arbeit* (6. Auflage). Weinheim: Juventa [Erstauflage Bd. I 1981, Bd. II 1988].

Natorp, P. (1898 / 1974). *Sozialpädagogik. Theorie der Willensbildung auf der Grundlage der Gemeinschaft* (Reprint der 6. Auflage von 1924 unter der Bearbeitung von R. Pippert). Paderborn: Schöningh.

Nohl, H. (1926 / 1949). Die Einheit der Pädagogischen Bewegung. In Ders. (Hrsg.), *Pädagogik aus dreißig Jahren* (S. 21–27). Frankfurt / Main: Schulte-Bulmke [ursprünglich in *Die Erziehung*, 1, 57–61].

Olk, T., & Otto, H.-U. (2003). *Soziale Arbeit als Dienstleistung*. München: Luchterhand.

Otto, U. (2011). Soziale Netzwerke. In H. Thiersch, & H.-U. Otto (Hrsg.), *Handbuch Soziale Arbeit* (S. 1376–1389). München: Luchterhand.

Pantuček, P. (2008). Kein Fall ohne Feld. Raum und Zeit: Überlegungen zu den Dimensionen des Sozialen. *Sozialmagazin*, 32 (12), 28–37.

Pantuček, P. (2009). *Soziale Diagnostik. Verfahren für die Praxis Sozialer Arbeit* (2. Auflage). Wien: Böhlau.

Pfaffenberger, H. (1998). Professionelle sozialpädagogische Handlungskompetenz. Ein Schlüsselbegriff der Weiterentwicklung der Sozialarbeit / Sozialpädagogik zur Profession und zur Disziplin. *Rundbrief Gilde Soziale Arbeit*, 1, 7–24.

Redaktion der Zeitschrift Sozialmagazin (2015). „Um die ‚blinden Flecken' sichtbar werden zu lassen". Ein Gespräch mit Britta Claassen-Hornig und Stefan Heinitz zur Methode und zu Erfahrungen mit Fallwerkstätten in schwierigen Hilfeverläufen und im Kinderschutz. *Sozialmagazin*, 39 (5–6), 26–35.

Redaktion der Zeitschrift Sozialmagazin (2016). Nach den Regeln der Kunst? Methoden und Handlungsverfahren. *Sozialmagazin*, 40 (9–10).

Redaktion der Zeitschrift Widersprüche (2003). Neo-Diagnostik? Modernisierung klinischer Professionalität. *Widersprüche*, 88.

Redaktion der Zeitschrift Widersprüche (2015). Sozialraum ist die Antwort – was war nochmals die Frage? *Widersprüche*, 135.

Richmond, M. (1922). *What is Social Case Work?* New York: Russell Sage Foundation.

Richter, J. (2011). *„Gute Kinder schlechter Eltern". Familienleben, Jugendfürsorge und Sorgerechtsentzug in Hamburg 1884–1914*. Wiesbaden: VS.

Ritscher, W. (2007). *Soziale Arbeit: Systemisch. Ein Konzept und seine Anwendungen*. Göttingen: Vandenhoeck & Rupprecht.

Sachße, C., & Tennstedt, F. (1980). *Geschichte der Armenfürsorge in Deutschland. Band 1: vom Spätmittelalter bis zum 1. Weltkrieg*. Stuttgart: Kohlhammer.

Sachße, C., & Tennstedt, F. (1988). *Geschichte der Armenfürsorge in Deutschland. Band 2: Fürsorge und Wohlfahrtspflege 1871-1929*. Stuttgart: Kohlhammer.

Salomon, A. (1927). *Ausbildung zum sozialen Beruf*. Berlin: Carl Heymanns Verlag.

Satir, V. (1994). *Kommunikation – Selbstwert – Kongruenz. Konzepte und Perspektiven familientherapeutischer Praxis* (9. Auflage). Paderborn: Junfermann.

Schefold, W. (2014). Sozialpädagogische Forschung. Stand und Perspektiven. In W. Thole (Hrsg.), *Grundriss Soziale Arbeit* (4. Auflage) (S. 1123–1144). Wiesbaden: VS.

Schindler, H. (1999). *Das Unheimliche Heim. Von der Familie ins Heim und zurück!?! Familientherapeutische und systemische Ideen für die Heimerziehung* (2. Auflage). Dortmund: verlag modernes lernen.

Schön, D. A. (1983). *The Reflective Pracitioner. How Professionals Think in Action*. New York: Basic Books.

Schrapper, C. (2004). *Sozialpädagogische Diagnostik und Fallverstehen in der Jugendhilfe. Anforderungen, Konzepte, Perspektiven*. Weinheim: Juventa.

Spiegel, H. v. (2013). *Methodisches Handeln in der Sozialen Arbeit. Grundlagen und Arbeitshilfen für die Praxis* (5. Auflage). Stuttgart: Ernst Reinhardt.

Staub-Bernasconi, S. (2007). *Soziale Arbeit als Handlungswissenschaft. Systemtheoretische Grundlagen und professionelle Praxis. Ein Lehrbuch*. Bern: Haupt.

Thiersch, H. (1993). Strukturierte Offenheit. Zur Methodenfrage einer lebensweltorientierten Sozialen Arbeit. In T. Rauschenbach, F. Ortmann, & M. E. Karsten (Hrsg.), *Der sozialpädagogische Blick. Lebensweltorientierte Methoden in der Sozialen Arbeit* (S. 11–28). Weinheim: Juventa.

Thiersch, H. (2014). *Lebensweltorientierte Soziale Arbeit. Aufgaben der Praxis im sozialen Wandel* (9. Auflage). Weinheim: Juventa.

Treptow, R. (2009). Kultur der Sozialen Arbeit und Erinnerungskultur. In S. Neumann, & P. Sandermann (Hrsg.), *Die kulturellen Bedingungen der Bildung und die Bildungsbedingungen der Kultur* (S. 27–43). Wiesbaden: VS.

Weick, K. E. (2000). *Making Sense of the Organization*. New York: Wiley-Blackwell.

Wendt, P.-U. (2015). *Lehrbuch Methoden der sozialen Arbeit*. Weinheim: Juventa.

Wieler, J. (1987). *Er-Innerung eines zerstörten Lebensabends. Alice Salomon während der NS-Zeit (1933–1937) und im Exil (1937–1948)*. Darmstadt: Lingbach.

Wieler, J. (2010). Von der Vielfalt zur Mitte. Generic Social Work – ein einheitliches Praxismodell als Beitrag zur Identitätsfindung und berufspolitischer Positionierung. In DBSH (2010): *Der kostensparende Sozialraum?* Berufs- und fachpolitische Perspektiven des Sozialraumansatzes in der Sozialen Arbeit (S. 27–48). Berlin: schibri.

Wieler, J., & Zeller, S. (1995) *Emigrierte Sozialarbeit. Portraits vertriebener SozialarbeiterInnen*. Freiburg im Breisgau: Lambertus.

Winkler, M. (1988). *Eine Theorie der Sozialpädagogik*. Freiburg im Breisgau: Lambertus.

REGINA RÄTZ

Einzelfallhilfe

Einzelfallhilfe

„Alle Fürsorge besteht darin, daß man entweder einem Menschen hilft, sich in der gegebenen Umwelt einzuordnen, zu behaupten, zurecht zu finden – oder daß man seine Umwelt so umgestaltet, verändert, beeinflusst, daß er sich darin bewähren, seine Kräfte entfalten kann. Persönlichkeitsentwicklung durch bewußte Anpassung des Menschen an seine Umwelt – oder der Umwelt an die besonderen Bedürfnisse und Kräfte des betreffenden Menschen" (Salomon, 2004, S. 308).

Die Entwicklung der Sozialen Arbeit [1] zu einer professionellen beruflichen Tätigkeit ist von Beginn an unmittelbar mit einer Auseinandersetzung um die Einzelfallhilfe verbunden. So war es Alice Salomon mit ihrem 1926 erschienenen Buch „Soziale Diagnose" (2004) ein Anliegen, das sozialarbeiterische Handeln mit Einzelfällen auf einer wissenschaftlich fundierten Basis zu begründen. In ihren Ausführungen bezog sie sich auf ihre US-amerikanische Kollegin Mary Richmond, die 1917 die „Social Diagnosis" und 1922 ein Buch mit dem Titel „What is social case work?" veröffentlichte (eine Zusammenfassung dieser Anfänge der Einzelfallhilfe bei Reichmann, 2012, S. 15ff.). Alice Salomon formulierte bereits damals etwas für die Soziale Arbeit bis heute Wesentliches, das im vorangestellten Zitat zum Ausdruck kommt: Ein unverwechselbares Kennzeichen Sozialer Arbeit und insbesondere der Einzelfallhilfe ist die Auseinandersetzung mit den Wechselwirkungen von Person und Umwelt. Diese gilt es zu beachten und im beruflichen Auftrag zu berücksichtigen (Neuffer, 2011, S. 21). Es geht also nicht einseitig nur um die Unterstützung der Entwicklung einer Person oder nur um die Gestaltung bzw. Veränderung der

---

[1] Soziale Arbeit umfasst in diesem Beitrag die Begriffe Sozialarbeit und Sozialpädagogik, welche unter Berücksichtigung der unterschiedlichen historischen Entwicklungslinien und aktuellen Ausprägungen kongruent verwendet werden. Dies betrifft auch die Attribute sozialarbeiterisch bzw. sozialpädagogisch.

Umwelt – eine konträre Auseinandersetzung in der Einzelfallhilfe, die teilweise bis heute geführt wird –, sondern jeweils um die Berücksichtigung beider Aspekte.

Die Einzelfallhilfe, die zeitweise auch als Einzelhilfe oder Case Work bezeichnet wurde (Galuske, 2011, S. 76), entwickelte sich ab den 1950er-Jahren neben der Gruppen- und der Gemeinwesenarbeit zu einer der grundlegenden Methoden der Sozialen Arbeit. Diese definierte sich über die professionelle sozialarbeiterische Tätigkeit mit einzelnen Menschen u.a. unter Einbeziehung ihrer Familien zur Überwindung individueller und / oder sozialer Problemlagen und geriet in den 1970er-Jahren unter dem Einfluss der damaligen Student_innenbewegung aufgrund der ‚Behandlung‘ Einzelner anstelle der Überwindung gesellschaftlicher Ursachen von sozialer Ungleichheit deutlich in die Kritik. Im Kontrast dazu etablierte sich in der Praxis die Soziale Arbeit mit Einzelfällen und erhielt mit der Einführung subjektiver Rechtsansprüche auf individuelle sozialpädagogische Leistungen bspw. im Kinder- und Jugendhilfegesetz (KJHG / SGB VIII) Anfang der 1990er-Jahre eine gesetzliche Grundlage. Seitdem entwickelten sich ausdifferenzierte Formen der Einzelfallhilfe im professionellen Kontext, die in ambulanten wie auch (teil)stationären Formen realisiert werden. So findet sich Einzelfallhilfe bspw. in der Sozialpädagogischen Familienhilfe sowie der Ambulanten Einzelbetreuung (Reichmann, 2012), ebenso im Betreuten Wohnen sowie der Heimerziehung von Kindern und Jugendlichen und in Beratungsstellen. Die Einzelfallhilfe prägt aktuell in zahlreichen Arbeitsfeldern Sozialer Arbeit die berufliche Tätigkeit von Fachkräften. Dabei kann nicht von ‚der‘ Einzelfallhilfe, also einer einheitlichen Form, ausgegangen werden (Galuske, 2011, S. 79). Sehr unterschiedliche Konzepte, Arbeitsformen, Begründungen sind unter diesem Begriff zu finden. Diese können in einem historischen Zugang – einer Methodengeschichte der Einzelfallhilfe als Realgeschichte – gelesen werden, der die professionellen Entwicklungen in den Zusammenhang mit den jeweiligen gesellschaftlichen Thematisierungen und damit verbundenen fachlichen Auseinandersetzungen stellt (Müller, C.W., 1997, S. 67ff.). Oder sie können im Versuch der Gegenstandsbeschreibung bei aller Unterschiedlichkeit der verschiedenen Konzepte systematisiert werden (Galuske, 2011, S. 79ff.).

In diesem Beitrag wird die Einzelfallhilfe allerdings aus einer aktuellen fachlichen Perspektive erschlossen, die eine begriffliche Auseinandersetzung einschließt. Die jüngeren Entwicklungen werden durch eine Erweiterung des Verständnisses von einem ‚Fall‘ im Kontext der Sozialen Arbeit, von einem Diskurs des Begriffs der ‚Hilfe‘ sowie von einem Zuwachs an methodischen Zugängen begleitet. Das Anliegen besteht im Folgenden nicht darin, den Diskurs in seiner Gänze abzubilden, sondern einen ersten fundierten Einstieg in das methodische Handeln der Einzelfallhilfe zu ermöglichen.

Fall und Fallarbeit

Bereits die Definition eines ‚Falls' gehört zu den professionellen Tätigkeiten von Fachkräften Sozialer Arbeit (Müller, B., 2012). Ein ‚Fall' kann einzelne Menschen oder auch eine Familie, soziale Gruppe, Organisation oder ein Gemeinwesen umfassen (Gildemeister & Robert, 1997, S. 32). Die professionelle Definition eines ‚Falls' orientiert sich an der Analyse komplexer Lebens- und Problemkonstellationen der Adressat_innen[2], an der Vergewisserung von Aufgaben und Rollen des fachlichen Handelns innerhalb von Institutionen sowie der Legitimation der beruflichen Tätigkeit u. a. gegenüber der Gesellschaft. Eine ‚Falldefinition' bedeutet eine Reduktion komplexer Lebenslagen. Sie ist orientiert auf die Aufgabenstellung Sozialer Arbeit und demnach auch eine Konstruktionsleistung, die u. a. dazu dient, fachliches Handeln zu begründen. Im Zuge der Professionalisierung und Akademisierung der Sozialen Arbeit stellt sich hierbei die Anforderung, die Begründung der ‚Falldefinition' und die ‚Fallanalyse' (Schütze, 1993) auf einer wissenschaftlichen Grundlage vorzunehmen.

Vor diesem Hintergrund haben sich in den vergangenen Jahren methodische Weiterentwicklungen etabliert, die sich an qualitativen empirischen Verfahren der ‚Fallanalyse' und des ‚Fallverstehens' orientieren (u. a. Schütze, 1993; Braun, Graßhoff & Schweppe, 2011; Griesehop, Rätz & Völter, 2012; Jakob & Wensierski, 1997). Diese Verfahren unterliegen einem mehrperspektivischen Vorgehen bei der Interpretation von Daten und Informationen, beziehen unterschiedliche Sichtweisen ein und überprüfen Aussagen (Hypothesen) im Erkenntnisprozess. Die Komplexität der Lebenswelten wird im Einzelfall analysiert, um zu verstehen, worin die eigentlichen Problemlagen bestehen und welche Handlungsschritte geeignet sind, diese nachhaltig zu bewältigen. Weiterhin wird von der sozialen sowie gesellschaftlichen Einbettung individueller und / oder sozialer Problemlagen ausgegangen. In jedem ‚Fall' ist auch allgemeines Wissen enthalten (Bude, 1988). Fachkräfte der Sozialen Arbeit werden häufig früh-

---

[2] Mit Bezug auf eine lebensweltorientierte Soziale Arbeit werden in diesem Beitrag die Menschen, welche sozialarbeiterische Hilfen und Leistungen in Anspruch nehmen, als Adressat_innen bezeichnet. In den Publikationen zur Einzelfallhilfe werden sie mit Bezug auf therapeutische Paradigmen häufig als Klientel benannt.

zeitig konfrontiert mit gesellschaftlichen Veränderungen, die unmittelbare Auswirkungen auf die Lebenssituation der davon betroffenen Menschen haben, und sehen sich neuen fachlichen Herausforderungen gegenüber, bevor Politik, Medien und Wissenschaft sich dieser Themen annehmen. Dabei geht es u. a. darum, als Antworten auf veränderte Lebenslagen neue und passende Angebote und Leistungen Sozialer Arbeit zu initiieren und zu etablieren. Gesellschaftlicher Wandel zeigt sich also bereits in Einzelfällen, bspw. in Veränderungen von Stadtteilen, biografischen Prozessen, lebens- und familiengeschichtlichen Wandlungen und im Bewältigungshandeln. So können auf der Basis von Fallstudien allgemeine theoretische Aussagen z. B. über gesellschaftliche Ungleichheiten, Auswirkungen globaler Wandlungsprozesse, Flexibilisierung und Entgrenzung von Arbeitsverhältnissen, Segregationen, Migrationsprozesse oder Krisenereignisse getroffen werden (ebd.).

Im Gegensatz dazu wurde in den vergangenen Jahren zudem ein Verständnis von ‚Fall' im Kontext Sozialer Arbeit begründet, das sich ausschließlich auf die Vermittlung der Person oder einer Familie in bestehende soziale Dienstleistungen konzentriert. Der ‚Fall' wird dabei so konstruiert, dass eine Steuerung in die aktuell verfügbaren Ressourcen der Betroffenen, ihre sozialen Netzwerke sowie die vorhandenen professionellen Dienstleistungen möglich wird. Dabei soll so wenig wie möglich die komplexe Lebenswelt der Adressat_innen Gegenstand der Hilfe werden (Neuffer, 2009, S. 19). Der ‚Fall' wird dabei nicht interpretiert, sondern auf eine Sachorientierung (Wendt, 1988, S. 22) hin reduziert und gemanagt. Dieser Ansatz der ‚Falldefinition' findet eine Entsprechung in Verfahren des Fall- bzw. Casemanagements vor dem Hintergrund sozialer Dienstleistungstheorien (Wendt, 1995).

Burkhard Müller (2012) hat in seinem vielbeachteten Buch „Sozialpädagogisches Können. Ein Lehrbuch zur multiperspektivischen Fallarbeit" diese unterschiedlichen Denkansätze integriert. Dabei geht es darum, den ‚Fall' zu verstehen und professionell zu managen. Dieser Zugang gibt eine Orientierung für fachliches Handeln in der Einzelfallhilfe und soll hier ausschnittweise vorgestellt werden.

Müller (ebd., S. 38ff.) beschreibt drei Dimensionen professioneller Fallarbeit: den „Fall von", den „Fall für" und den „Fall mit" (ebd.). Die Dimension „Fall von" umfasst die Frage: Um was für einen Fall handelt es sich? Dies verweist auf die Notwendigkeit von Fachwissen und professioneller Expertise (Bezugsrahmen: Expert_innenmodell). Das Fachwissen wird auf einen konkreten ‚Fall' bezogen (deduktiv) bzw. der ‚Fall' in seiner eigenen Strukturlogik analysiert (abduktiv) und dann mit dem Fachwissen verknüpft (induktiv). Diese Analyse begründet das konkrete, auf den Einzelfall bezogene professionelle Handeln.

Die Dimension „Fall für" verweist auf die Kontextabhängigkeit professioneller Fallarbeit (Bezugsrahmen: Netzwerk-, Ressourcenarbeit). Es wird die Frage gestellt: Für wen ist der Fall ein Fall? Dabei geht es um die Einschätzung durch Fachkräfte Sozialer Arbeit, was andere Instanzen, Professionen oder Unterstützungssysteme im betreffenden Fall leisten können. Bei diesem Wissen handelt es sich um Verweisungswissen über das Handeln anderer Professionen bspw. von Ärzt_innen, Jurist_innen, Beratungsstellen oder auch Selbsthilfegruppen, Einrichtungen im Stadtteil. Es geht darum, dass Fachkräfte Sozialer Arbeit nicht über Expert_innenwissen anderer Professionen verfügen, sondern um dieses wissen.

Die Dimension des „Fall mit" stellt heraus, dass der ‚Fall' mit den Betroffenen bearbeitet werden muss (Bezugsrahmen: Beziehungsarbeit). Er verweist auf die Notwendigkeit der Herstellung verlässlicher und vertrauensvoller Arbeitsbeziehungen, auf die Kompetenz, Gespräche zu führen und professionelle Beziehungen in der entsprechenden Nähe und Distanz zu realisieren, die Perspektiven der Betroffenen anzuhören, nachzuvollziehen und realistische Schritte in der Umsetzung von Vorhaben und Zielen zu vereinbaren. Es geht dabei auch um einen anständigen menschlichen Umgang mit jedem Menschen in der Fallarbeit. Der „Fall mit" bezieht sich demnach auf den direkten Umgang mit Adressat_innen und das ko-produktive Handeln im Hilfeprozess.

Müller schlägt weiterhin vor, im Prozess der Erarbeitung der fachlichen Einschätzung (Diagnose) stets zu fragen: „Wer hat welches Problem?" (ebd., S. 117), da die Problemdefinitionen unterschiedlich sind, wenn Vertreter_innen von Institutionen diese formulieren oder die Betroffenen selbst.

Sein konkretes Vorgehen in der Fallarbeit folgt dem klassischen methodischen Dreischritt (ebd., S. 68ff., 100ff.; s.a. Ausführungen weiter unten): (1) *Anamnese* (Beschreibung von Phänomenen, Sammlung von Vorinformationen sowie Wiedererinnerung von vergessenen Zusammenhängen und zunächst Nicht-Erinnertem); (2) *Diagnose* (Problem- und Ursachenklärung, Auseinander- bzw. Durch-und-Durch-Erkennen mit Fokus auf die Frage: Was ist zu tun?); (3) *Intervention* (professionelle Angebote, Hilfen, Dienstleistungen im Sinne eines Dazwischen-Kommens bzw. -Tretens zwischen Klient_innen und ihre Probleme). Als einen vierten Schritt ergänzt er (4) *Evaluation* als Auswertung oder Bewertung der Fallarbeit. Dieses Vorgehen ist nicht als Aufeinanderfolge einzelner Schritte zu verstehen, sondern als zirkulärer Prozess der Fallarbeit (ebd., S. 76).

Besonders hilfreich und Orientierung gebend für die professionelle Tätigkeit sind die Arbeitsregeln, die Müller für die einzelnen Schritte ausführt.

Arbeitsregeln für die Anamnese (Müller, B., 2012, S. 109ff.; Zusammenstellung Biesel, 2016):

1. Lerne einen Fall wie einen unbekannten Menschen kennen.
2. Nimm den Fall umsichtig und gewissenhaft wahr.
3. Gehe sensibel mit Hintergrundwissen um und hüte dich vor voreiligen Schlüssen.
4. Frage dich, welchen Zugang du zum Fall hast und stelle selbstverständliche Annahmen in Frage.
5. Stelle dir immer wieder Fragen zum Fall (z. B.: Was weiß ich genau und was nicht? Woher und von wem weiß ich das? Wie kam es zu dem, was ich weiß? Welche Geschichte gibt es noch dazu, welche ist denkbar?).
6. Stelle unterschiedliche Sichtweisen und Ebenen des Falls nebeneinander.
7. Sei dir darüber bewusst, dass die Anamnese nie vollständig ist und immer wieder von Neuem beginnt.

Arbeitsregeln für die soziale Diagnostik (Müller, B., 2012, S. 124ff.; Zusammenstellung Biesel, 2016):

1. Kläre, was für die am Fall beteiligten Personen das jeweilige Problem ist.
2. Kläre, was für dich selbst das Problem ist.
3. Denke daran, dass Diagnosen vertrauensvolle Arbeitsbeziehungen erfordern, die auf Kontakt, Dialog und Verständigung beruhen.
4. Kläre, welche Rechte und Pflichten du im Fall hast, was deine Aufgabe und Funktion ist und welche Erwartungen du erfüllen bzw. nicht erfüllen kannst.
5. Kläre, wer über welche Mittel zur Lösung des Problems verfügt.
6. Überprüfe die möglichen Mittel auf unerwünschte Nebeneffekte (Prinzip der am wenigsten schädlichen Lösung).
7. Prüfe, ob es dringendere Sachen gibt, als sich der Problemlösung zu widmen.
8. Kläre, wer für den Fall weiterführend zuständig ist.
9. Kläre, welche Schritte und Ziele aus eigener Initiative und welche nur durch andere erreicht werden können.

Arbeitsregeln für die Intervention (Müller, B., 2012, S. 147; Zusammenstellung Biesel, 2016, Anpassung R. R.):

1. Der Schutz von Betroffenen bspw. von in ihrem Wohl gefährdeten Kindern und Jugendlichen hat Vorrang, sollte aber nicht zu unbegründeten und überstürzten Interventionen führen. Die Legitimation von Eingriffen muss sich an strengen Kriterien messen lassen.

2. Sofern Eingriffe bspw. im Interesse von in ihrem Wohl gefährdeten Kindern und Jugendlichen angezeigt sind, dürfen diese nicht die Würde und Autonomie der davon Betroffenen in Frage stellen.

3. Denkbar legitime Eingriffe dienen der Abwehr unmittelbar drohender Gefahren.

4. Eingriffe sollten stets wohl überlegt und kriteriengestützt vorgenommen werden. Sie sollten nach Möglichkeit den Eingriffsanteil ihrer Intervention so klein wie möglich halten und auf den Prinzipien der Freiwilligkeit, Verhältnismäßigkeit und Subsidiarität beruhen.

5. Sofern unabweisbare Eingriffe bspw. zum Schutz des Kindes erforderlich sind, sollten folgende reflexive Fragen einer Beantwortung zugeführt werden, um den Eingriff zu begrenzen: Was ist zu tun? Was ist am vordringlichsten? Was schafft Entlastungen? Was schafft Gelegenheiten für gemeinsames Handeln?

Durch die formulierten Arbeitsregeln wird deutlich, wie wichtig es in der Einzelfallhilfe generell ist, die professionellen Handlungen und Einschätzungen im Arbeitsprozess beständig zu reflektieren, zu relativieren und ethisch zu begründen.

Der Ansatz der Multiperspektivischen Fallarbeit ist prozessorientiert angelegt. Es werden neben der Sozialen Arbeit mehrere Fachperspektiven, wie z. B. Medizin, Justiz, Polizei, Schule sowie die Sichtweisen der Betroffenen in die Fallarbeit einbezogen. Der ‚Fall' wird mit dem oben beschriebenen Vorgehen strukturiert bearbeitet. Die Fachkräfte Sozialer Arbeit werden als Akteur_innen verstanden, die erkunden, diagnostizieren, intervenieren und evaluieren. Durch ihr Verständnis und ihre Konstruktionen prägen sie den ‚Fall'. Durch den multiperspektivischen Zugang kann allerdings bei jedem Arbeitsschritt eine Öffnung der Sichtweisen auf den ‚Fall' realisiert werden.

Hilfe und Leistung im Dialog der Beteiligten

Der Begriff der ‚Hilfe' ist zentral in der Sozialen Arbeit. Im Fachdiskurs besteht inzwischen Einigkeit darüber, dass ‚Hilfe' nicht einseitig durch fachliches Handeln realisiert werden kann (vgl. „Fall mit" im vorherigen Abschnitt). Neben der professionellen ‚Fallanalyse' und dem ‚Fallverstehen' gilt es, die Perspektive der Adressat_innen auf ihre Lebenssituation sowie Lebens- und Problemlagen nachzuvollziehen und Beteiligung in der Auswahl der Hilfen und im Hilfeprozess zu realisieren. Hierzu gehört, ihre vielseitigen Stärken und Ressourcen zu erkennen und zu fördern, der Eigensinnigkeit ihrer Problembewältigung zu folgen und Unterstützungen, die eine Passung zwischen Lebenswelten und Hilfesystem leisten, zu initiieren. Professionelles Handeln bedeutet demnach, mit den Adressat_innen in einem gemeinsamen Prozess zu agieren. So zeigen diverse wissenschaftliche Studien auf, dass Hilfeprozesse dann gelingen, wenn Adressat_innen sie selbst handelnd ausgestalten können und in ihren eigenen Denk- und Handlungslogiken erreicht werden (Überblick Wolf, 2007). Diese Erkenntnis ist bedeutsam, da die Einzelfallhilfe – wie auch andere Bereiche Sozialer Arbeit in Deutschland – in einer Tradition fürsorgerischen Handelns steht, das u.a. dadurch gekennzeichnet ist, anstelle der Adressat_innen zu deren Wohl zu handeln und ihnen gegenüber autoritäre Formen zur Durchsetzung von Expert_innenwissen anzuwenden. Zu Letzterem gehört auch, wenn mit der Begründung einer sog. mangelnden Mitwirkung die Hilfe beendet wird ohne Berücksichtigung der Adressat_inneninteressen und ohne begründeten Verstehensrahmen für das jeweilige Handeln. Dieses Vorgehen wurde vielfach kritisiert, führte es doch in der Vergangenheit zu Unrecht und Menschenrechtsverletzungen. Dies belegen bspw. die Publikationen über den Umgang damaliger Jugendamtsfürsorger_innen sowie Heimbetreuer_innen mit Kindern und Jugendlichen, die in den 1950er- bis 70er-Jahren in Heimen untergebracht wurden (Wensierski, 2006). Die „Stimme der Adressaten" (Bitzan, Bolay & Thiersch, 2006) systematisch in den Hilfeprozess einzubeziehen, ist ein Ergebnis fachlicher Auseinandersetzungen, die einem menschenwürdigen, demokratischen und beteiligungsorientierten Verständnis Sozialer Arbeit folgen und konsequent den Subjektstatus von Menschen auch unter sehr schwierigen und komplizierten Lebensbedingungen fordern. Dieser Ansatz schließt nicht aus, dass Menschen in extremen Krisensituationen temporär ihre Handlungsfähigkeit verlieren können und sie auf die konkrete Unterstützung durch das Professionssystem angewiesen sind. Es gilt jedoch als Ziel auch solcher Kriseninterventionen, dass die betroffenen Menschen ihre Handlungsfähigkeit wiederherstellen und über die Belange ihres Lebens selbst entscheiden können. Die eigentliche Hilfe gestaltet sich in einem Prozess, der neben der Herstellung materieller Lebensgrundlagen wie Haushaltseinkommen oder angemessener Wohnung von wechselseitigen Interaktionen zwischen den Adressat_innen und der Fachkraft strukturiert wird. Unter einem demokratischen Grundverständnis wird dieser dialogisch gestaltet, wobei Dialog die intensive Auseinandersetzung miteinander umfasst (Krause & Rätz, 2015). Hierzu gehört das Gespräch inkl. des selbststrukturierten Erzählens der Adressat_innen (z. B. Völzke, 2005; Rosenthal, Köttig, Witte & Blezinger, 2006; Griese & Griesehop, 2007), das empathisches Zuhören der Fachkräfte erfordert, wechselseitige Verstehensprozesse ermöglicht und Reflexionen auf beiden Seiten entstehen lässt. Daran schließt sich ein wechselseitiger Austausch über das Dargebotene an, auch in der Unterschiedlichkeit der Sichtweisen und Einschätzungen sowie in Verabredungen über konkrete Vorhaben und Ziele. Dies kann ggf. auch die Einschätzung beinhalten, dass sozialarbeiterische Unterstützung in diesem ‚Fall‘ nicht angezeigt ist. Ein solches dialogisches Vorgehen schließt u. a. eine offene und die Personen grundsätzlich wertschätzende Auseinandersetzung trotz Unterschiedlichkeit ein und berücksichtigt Aspekte von Gender, Queer, Inklusion sowie Migration / Flucht, ohne sie zu Merkmalen der Betroffenen zu erheben. Es umfasst auch eine Eindeutigkeit in der Rolle als Fachkraft der Sozialen Arbeit, wie bei der Notwendigkeit von Interventionen bspw. bei Kindeswohlgefährdung oder in psychischen Krisensituationen. Dialog ist nicht mit Harmonie zu verwechseln. Ein wesentliches Anliegen sozialarbeiterischer und sozialpädagogischer Hilfen ist das Initiieren von Lernprozessen, die auf Lernen durch Erfahrung und Denken (im Sinne von Dewey, z. B. 1916 / 1993) basieren. Die Hilfeprozesse finden im Alltag der Adressat_innen statt, der häufig unübersichtlich ist. Es geht darum, Alltagshandeln zu ergründen und verstehen, zu ordnen und strukturieren. Ein zentrales Anliegen der Einzelfallhilfe besteht darin, dass der Alltag nach der Hilfe besser bewältigt werden kann als zuvor. Oder, wie es Thiersch (1986) in der Begründung einer lebensweltorientierten Sozialen Arbeit formuliert hat, einen „gelingenderen Alltag" (S. 38) zu erreichen.

In der Fachdiskussion wird eine Auseinandersetzung darüber geführt, ob der Dialog zwischen Adressat_innen und Fachkräften Sozialer Arbeit eine Diagnose durch Letztere ersetzt bzw. ob Diagnosen auf der Basis dialogischer Prozesse im Sinne partizipativer Verständigungsprozesse erstellt werden können (Kunstreich, Langhanky, Lindenberg & May, 2004; Heiner & Schrapper, 2010; zusammenfassend Galuske, 2011, S. 215ff.; auch Heiner, 2004). Dieser Diskurs ist Ausdruck der unauflösbaren Widersprüche und

Ambivalenzen, die Bestandteile beruflichen Handelns in der Sozialen Arbeit sind und deren bekanntester wohl der zwischen ‚Hilfe' und ‚Kontrolle' ist. Der strukturelle Widerspruch zeigt sich hier darin, dass zum einen die Fachkräfte Sozialer Arbeit mit ihrem Expert_innenwissen gefordert sind, über die Gewährung und Fortsetzung von Hilfen zu entscheiden und die Hilfeleistung gegenüber der eigenen Institution, aber auch gegenüber der Gesellschaft, zu begründen und zu legitimieren. Dies kann nur auf Grundlage überprüfbaren fachlichen Wissensbestandes über den ‚Fall' erfolgen. Zum anderen agieren Fachkräfte Sozialer Arbeit beständig in Bereichen des Nichtwissens und der Unsicherheit über Wissensbestände, die den ‚Fall' strukturieren und bisher nicht in den Blick fachlicher Expertise geraten sind. Auf diesen Aspekt machten bereits Luhmann und Schorr (1982) aufmerksam. Sie argumentieren aus einer systemtheoretischen Perspektive, dass es für soziale Systeme keine Kausalgesetzlichkeiten mit einfachen Ursachen und Wirkungslogiken gibt. Somit kann es auch keine technischen Antworten z. B. auf individuelle und soziale Problemkonstellationen geben. Mit anderen Worten: Es gibt keine evidenten Hilfeformen und -arrangements, die beim Vorliegen derselben sichtbaren Phänomene angewendet werden können. Jeder ‚Fall' muss aus sich selbst heraus verstanden werden, und auch beim Auftreten ähnlicher sichtbarer Phänomene, die als Anlässe für Hilfen eingeschätzt werden, kann die innere Fallstruktur und damit der Hilfebedarf ein gänzlich anderer sein. Zu dieser Einschätzung gelangten auch Wissenschaftler_innen mit anderen theoretischen Paradigmen, z. B. phänomenologischen, interaktionistischen oder hermeneutischen (Schütze, 1992, 2000; Miethe, Fischer, Giebeler, Goblirsch & Riemann, 2007; Kraimer, 2010). Diese Tatsache wird auch als „Technologiedefizit" bezeichnet (Luhmann & Schorr, 1982, S. 19). Dies bedeutet: Menschen funktionieren nicht wie Maschinen. Sie können auch nicht ‚repariert' werden, wenn sie ‚kaputt' sind. Die fachliche Antwort auf diese Erkenntnis lautete Kommunikation, Beteiligung und Dialog mit den Betroffenen sowie Austausch von Fachkräften in Teams, Reflexion in Supervisionen sowie Einschätzung mehrerer Fachkräfte beim ‚Fallverstehen'.

Trotz dieses Wissens gibt es Bestrebungen, Abläufe innerhalb der Sozialen Arbeit zu technisieren. Hierzu gehören vereinfachte Einschätzungen über Hilfebedarfe durch standardisierte Verfahren mit einer kausalen Ableitung von den auf dieser Basis ermittelten Maßnahmen zur Behebung individueller und sozialer Probleme. Vor allem vor dem Hintergrund der sog. Kostenkonsolidierung – dem Bestreben, die in den letzten Jahrzehnten beständig angestiegenen monetären Ausgaben für Einzelfallhilfen zu beherrschen – werden Fachkräften innerhalb der öffentlichen Träger sozialer Dienstleistungen solche kausalen Verfahren zur Steuerung von Hilfeprozessen vermehrt abverlangt. Heiner (zit. nach Galuske, 2011, S. 221 ff.) unterscheidet vor dem Hintergrund dieses Diskurses und der in der Praxis Sozialer Arbeit etablierten unterschiedlichen Verfahren systematisch folgerichtig zwischen klassifikatorischen und rekonstruktiven Diagnosen.

Die Gefahr einer einseitig ermittelten Fachexpertise besteht allerdings darin, Herrschaftsverhältnisse und Machtasymmetrien auszublenden und dadurch Fehlurteile mit gravierenden Folgen für Betroffene zu treffen. Oder anders gesagt: Die Machtposition, die Fachkräfte eben durch ihre Entscheidungsrolle und Tätigkeit innerhalb von Institutionen gegenüber den Adressat_innen innehaben, kann zu Herrschaftsausübung sowie einseitiger Diagnose verleiten und damit die Sichtweisen Betroffener vernachlässigen oder ganz ausblenden. Auf diesen problematischen Sachverhalt weisen mehrere Autor_innen hin, u.a. mit der Begründung, dass es in der Sozialen Arbeit aufgrund der Komplexität der Lebenslagen eben nicht möglich ist, ‚objektive Diagnosen‘ über hilfsbedürftige Zustände zu treffen, ohne dabei die Selbstbestimmung der Adressat_innen zu verletzen (Überblick Galuske, 2011, S. 220 ff.).

Aber auch die Auseinandersetzung mit dem Begriff der ‚Hilfe‘ ist innerhalb der Wissenschaft und Praxis Sozialer Arbeit vor diesem Hintergrund längst nicht abgeschlossen. So wird in der Begriffsbegründung die auch in einer historischen Betrachtung problematische Abhängigkeit der Adressat_innen von den Fachkräften und vom Hilfesystem kritisiert (s.o.). Demgegenüber gibt es Bestrebungen, den Begriff der ‚Hilfe‘ durch den der ‚Leistung‘ zu ersetzen und damit einen Charakter Sozialer Arbeit zu etablieren, die sich ausschließlich als soziale Dienstleistung gegenüber den Adressat_innen versteht (Böllert, 2012). Aber auch aus einer theoretischen Perspektive, die Soziale Arbeit als Dienstleistung begreift, geht es darum, die Adressat_innen als Partner_innen einzubeziehen (z.B. Schaarschuch, 2000). Unter dienstleistungstheoretischem Paradigma heißt dies dann Ko-Produktion. Dieser Begriff folgt dem Verständnis, dass personenbezogene Dienstleistungen als personengebundene Arbeitsleistung der Produzent_innen (hier der Fachkräfte Sozialer Arbeit) nicht einseitig von diesen erbracht werden können, sondern das Mithandeln der Kund_innen (hier die Adressat_innen) benötigen, um das gewünschte Ergebnis der Dienstleistung zu erreichen. An diesem letzten Satz wird das Einfließen einer Sprache in die Soziale Arbeit deutlich, die sich an Wirtschafts- und Managementvokabular orientiert. Diese Veränderung, auch der Fachsprache, ist verstehbar mit gesellschaftlichen Wandlungsprozessen, die allgemein mit dem Begriff der Ökonomisierung erfasst werden. Diese betreffen die Soziale Arbeit bereits in ihrem professionellen Kern.

Grundzugänge methodischen Handelns der Einzelfallhilfe

Methoden Sozialer Arbeit haben den Anspruch, regelgeleitete strukturierte Verfahren in der Fallbearbeitung zu etablieren. An dieser Stelle soll ein Hinweis eingefügt werden, auf den Neuffer (2011) aufmerksam macht: „Während im deutschen Sprachgebrauch ‚Methode', Weg und Mittel zum Ziel meint, beinhaltet der Begriff ‚methods' in den USA weitaus mehr: Grundprinzipien und Haltungen, Werte und Normen, die sich in einer Berufsethik kristallisieren. In der ersten Rezeptionsphase wurde die Tatsache, dass die Methode Soziale Einzelhilfe auf einem unterschiedlichen sozio-kulturellen wie institutionellen Zusammenhang beruht, nicht als mögliches Übertragungsproblem erkannt" (ebd., S. 7).

Seit Beginn der 1990er-Jahre wurden in Deutschland zahlreiche methodische Verfahren für die Einzelfallhilfe in der Sozialen Arbeit entwickelt. Auch hierbei waren weniger Grundprinzipien, Haltungen, Werte, Normen und Prämissen einer Berufsethik das Anliegen der Methodenentwicklung als vielmehr Bestrebungen, über abgesicherte Verfahren das fachliche Handeln sowie Entscheidungen der Fachkräfte zu begründen. Es wurden sehr unterschiedliche Methoden in die berufliche Praxis eingeführt, je nach Kommune, Institution, Arbeitsaufgabe, fachlichen Ansprüchen etc. Für Studierende und Berufseinsteiger_innen bleibt es schwer, einen Überblick über die heterogene Methodenlandschaft zu erhalten oder sogar Orientierung zu finden.

Vor dem Hintergrund der bisherigen Ausführung und der Berücksichtigung der aufgezeigten Diskurse können in einer allgemeinen Systematisierung zwei Grundzugänge methodischen Handelns in der Einzelfallhilfe unterschieden werden: verstehend-prozesshafte und strategisch-lösungsorientierte Zugänge (Rätz & Bernsdorf, 2010). Diese strukturieren in jeweils anderer Arbeitsweise das Verstehen und Bearbeiten des ‚Falls'.

(a) *Verstehend-prozesshafte Zugänge* zeichnen sich aus durch interpretatives Herangehen an Lebenswelten sowie individuelle und / oder soziale Problemlagen, die Anlässe der Einzelfallhilfe sind. Es werden systematisch und regelgeleitet die den ‚Fall' konstituierenden Erlebnisse, Erfahrungen und Ereignisse nachvollzogen. Das Verstehen der Entstehung von Problemsituationen, der Lebensthemen der Adressat_innen, der bisherigen

Bewältigungs- und Lösungsstrategien, der Stärken und Ressourcen steht dabei im Zentrum der Interpretation. Ein besonderes Augenmerk wird auf die sozialen Handlungen der Adressat_innen – und weniger auf Erklärungen und Begründungen – gerichtet. Denn in den sozialen Handlungen realisiert sich der Kontakt zur Umwelt, zu anderen Menschen, innerhalb von Institutionen, und diese tragen zum Gelingen oder Scheitern von Anforderungen und zur Bewältigung von Krisen bei. Verstehend-prozesshafte Zugänge arbeiten methodisch mit mehrperspektivischen Interpretationen, in der Wissenschaft als abduktiv-hermeneutische Erkenntnisverfahren bezeichnet. Abduktiv meint, zu sichtbaren Phänomenen möglichst mehrere Hypothesen zu bilden, die das Wahrgenommene (hypothetisch) erklären könnten. Diese Hypothesen werden im Fortgang des Hilfegeschehens anhand von Beobachtungen, Daten, Informationen, Handlungen etc. überprüft und dabei entweder bestätigt oder verworfen. Hermeneutik meint zum einen das Sinnverstehen bspw. von gesprochenen Aussagen der Adressat_innen, zum anderen das Verstehen von Strukturen von (wiederkehrenden) Handlungen in sozialen Interaktionen, in (sozial)räumlichen Kontexten, in der Lebensgeschichte oder innerhalb von Generationen. Ein besonderes Anliegen besteht in der Rekonstruktion der subjektiven Sicht der Adressat_innen auf die lebensgeschichtlichen Aufschichtungen, die gegenwärtigen Konstruktionen der eigenen Lebenswelt und in der Herausarbeitung subjektiver und / oder kollektiver Stärken, persönlicher, familiärer und sozialer Ressourcen, sozialer Beziehungen und Bedingungen der sozialräumlichen Umgebung. Auch hier wird u. a. danach gefragt, welche sozialen Handlungen den Adressat_innen perspektivisch möglich sind, um Lebenssituationen zu verbessern, aber auch, welche sozialen Handlungsmöglichkeiten auf der Basis bisher erlernter Handlungsmuster gänzlich ausgeschlossen werden müssen. Zu den verstehend-prozesshaften Zugängen gehören bspw. die biografische Einzelfallhilfe (Griesehop et al., 2012), sozialpädagogische Diagnosen (Mollenhauer & Uhlendorff, 1992, 1995; Uhlendorff, 1997) sowie sozialpädagogische Familiendiagnosen (Cinkl & Krause, 2014) oder die kollegiale Beratung (Ader, 2006). Auch systemische Ansätze z. B. in der Familienberatung lassen sich hier verorten. Strukturiert wird das Vorgehen durch folgende methodische Grundschritte: Anlass der Einzelfallhilfe sind individuelle und / oder soziale *Probleme*. In einem ersten Schritt wird aus einer lebensgeschichtlichen Perspektive nach der *Entstehung* oder *Geschichte* dieser Probleme gefragt oder auch nach subjektiven Sichtweisen der Adressat_innen auf die Probleme, mit einem Augenmerk für die eigentlichen Themen, die sie beschäftigen. Es folgt ein erkenntnisgeleiteter Zugang, um das Problem zu *verstehen*, v. a. unter der Perspektive der Handlungsmöglichkeiten sowie -grenzen. Dies schließt die Erkenntnis zunächst verborgener (latenter) Sinn- und/oder Handlungsstrukturen ein, die sich für den Fall als konstituierend erweisen. Nach Abschluss dieses detaillierten Verstehensprozesses werden *Vorhaben, Lösungsmöglichkeiten und Ziele* mit den Betroffenen erarbeitet und vereinbart, schließlich Schritte zur *Umsetzung* verabredet (Rätz & Bernsdorf, 2010). „Ein verstehender Zugang zeichnet sich dadurch aus, dass Hypothesenoffen [sic] interpretiert und gehandelt wird. Die Phänomene werden unter Einbeziehung einer hohen Komplexität der Ereignisse und Zusammenhänge in den Blick genommen. Die Ergebnisse des Fallverstehens bleiben hypothetisch, so dass sie beim Bekannt werden [sic] neuer Ereignisse oder Erscheinungen einer erneuten Analyse unterzogen und demnach Vorhaben und Ziele modifiziert werden können. Es handelt sich fortwährend um einen zirkulären Verstehensprozess" (ebd., S. 16). Dieses Vorgehen unterscheidet nach Subsumtionslogik (Subsumtionsmodell) – d. h., die Erkenntnisse werden vorhandenen oder neu gebildeten Kategorien zugeordnet – und rekonstruktivem Verstehen (Fallrekonstruktionsmodell) – d. h., die Interpretation erfolgt konsequent sequenziell am Handlungsverlauf orientiert, und die Struktur / Regelhaftigkeit der sozialen Interaktion wird erschlossen (Hörster, 2001, S. 918).

(b) *Strategisch-lösungsorientierte Zugänge* beziehen hingegen ausschließlich die Interpretation gegenwärtiger Phänomene in das methodische Handeln ein. Es findet kein tiefgründiger Verstehensprozess statt, der auch verborgene (latente) Sinn- und Handlungsstrukturen erschließt. Methodisch erfolgt eine Reduktion der komplexen Lebens- und Problemsituation durch vorab festgelegte Kategorien bei der Erfassung der Lebenslage. Strategisch-lösungsorientierte Zugänge gehen von vorhandenen und aktivierbaren Eigenkräften sowie persönlichen und sozialen Ressourcen der Adressat_innen aus und messen deren Erschließung eine hohe Priorität bei. Partizipation wird dahingehend verstanden, diese Kräfte und Ressourcen direkt mit den Adressat_innen zu erschließen. Das vernetzte Handeln zwischen unterschiedlichen sozialen Diensten sowie die Einbeziehung informeller Unterstützungssysteme aus der Lebenswelt der Adressat_innen sind wesentlicher Bestandteil dieses Vorgehens. Das methodische Vorgehen soll im Ergebnis effektiv und effizient sein. Zu diesen Verfahren gehören u. a. das Case Management (z. B. Neuffer, 2009) sowie Handlungsmethoden der Sozialraumorientierung (Hinte, 2007). Eine Reflexion professionellen Handelns findet bei diesen Ansätzen v. a. mit Blick auf perspektivische Interventionen statt. Angewendet wird das strategisch-lösungsorientierte methodische Verfahren in folgenden Grundschritten: Individuelle und/oder soziale *Probleme* werden systematisiert (z. B. in Kategorien, Klassifikationssystemen, mittels standardisierter Fragebögen, auch IT-gestützt). Auf dieser Grundlage erfolgt die Festlegung von *Lösungen und Zielen*. In einem dritten Schritt werden die Schritte zur *Umsetzung* abgeleitet (Operationalisierung), die schließlich verbindlich vereinbart und im Fortgang einer Überprüfung bedürfen. Diese Schritte werden, so der Anspruch, unter Einbeziehung der Adressat_innen realisiert. Bei diesem sehr klaren und systematischen Herangehen stehen die Entwicklung umsetzbarer Ziele, die Zielerreichung und deren Kontrolle im Fokus. Problematisch bei diesem Zugang könnte sein, dass Ziele zügig festgelegt und komplexe Entstehungszusammenhänge sowie Lebensumstände kaum in die Zielfindung miteinbezogen werden. Die Reduktion komplexer Lebens- und Problemsituationen anhand vordefinierter Kriterien birgt die Gefahr, an den eigentlichen Themen, Bedürfnissen und Lernmöglichkeiten der Adressat_innen vorbeizugehen, sodass die Hilfe schließlich ihre intendierte Wirkung verfehlt. Eine Erweiterung erfährt dieses methodische Vorgehen durch systemische Ansätze, die mit der Verknüpfung mehrerer Konstruktionen aus verschiedenen Perspektiven sowie mit offener Hypothesenbildung arbeiten (Kleve, Haye, Hampe-Grosser & Müller, M., 2008).

Paradoxien professionellen Handelns und institutionelle Eingebundenheit der Einzelfallhilfe

Einzelfallhilfe wird in unterschiedlichen institutionellen Kontexten Sozialer Arbeit realisiert. In der Vergangenheit gab es zwar Formen selbstständiger sozialarbeiterischer Tätigkeit bspw. in der Familienhilfe und der Einzelbetreuung von Kindern und Jugendlichen. Doch unterlagen auch diese Tätigkeiten dem Auftrag durch die jeweils zuständigen Jugend- oder Sozialämter. So bilden Institutionen neben Gesetzen und häufig auch Verwaltungsvorschriften einen wesentlichen Rahmen für professionelle Soziale Arbeit. Entscheidend für die fachlichen Handlungsmöglichkeiten in der Einzelfallhilfe ist, welche Kultur die jeweiligen Institutionen innerhalb ihrer Organisationsstruktur entwickeln. Im Rahmen Sozialer Arbeit haben sich verschiedene Organisationskulturen etabliert, die in verschiedener Weise entweder stärker beteiligungsorientiert (demokratisch-partizipativ mit eindeutiger verlässlicher Rahmung) oder normativ-verregelt (Rätz, 2016, S. 54ff.) agieren. Es ist zu beobachten, dass verstehend-prozesshafte Zugänge methodischen Handelns in der Einzelfallhilfe sich eher in beteiligungsorientierten Organisationen entfalten. Dies schließt strategisch-lösungsorientiertes Handeln nicht aus, das in komplexen Alltagssituationen oder in der akuten Bewältigung von Krisensituationen zweifelsohne situativ erforderlich ist. Ein grundlegend beteiligungsorientierter Rahmen der Institution begünstigt jedoch eine offene Grundhaltung, das Einlassen auf komplexe Verstehenszusammenhänge und das Interesse bspw. für das Nachvollziehen von lebens- und familiengeschichtlichen Ereignissen, Biografie- und Genogrammarbeit oder das Erstellen sozialpädagogischer Diagnosen.

Die institutionelle Eingebundenheit professionellen Handelns ist durch Paradoxien, also unauflösbare strukturelle Widersprüche, geprägt. Fachkräfte in der jeweiligen Organisation müssen diese unter Berücksichtigung der konkreten Arbeitsaufgabe reflektieren und mit ihnen umzugehen lernen. Dies ist eine Voraussetzung dafür, die komplexen Anforderungen an das berufliche Handeln bewältigen und Fehler vermeiden bzw. erkennen zu können, sowohl in Bezug auf die Fachkraft selbst als auch auf ihr fachliches und ethisch verantwortliches Handeln gegenüber den Adressat_innen.

Schütze (1992, 1996, 2000) arbeitete mit Verweis auf die institutionelle Eingebundenheit professionellen Handelns dessen allgemeine Paradoxien heraus. Als allgemeine Handlungsanforderung formuliert er: „Der Sozialarbeiter muß wie jeder andere Professionelle aus unterschiedlichen Quellen stammendes allgemeines Fachwissen auf konkret situierte, empirisch vorkommende Fälle anwenden; hierbei gibt es fortlaufend Erkennungs- und Entscheidungsschwierigkeiten" (Schütze, 1992, S. 148). In seinem 1996 erschienenen Beitrag beschäftigt er sich mit den besonderen Schwierigkeiten professionellen Handelns in organisatorischen und hoheitsstaatlichen Kontroll- und Staatskontexten von Berufen anhand der Sozialen Arbeit, z. B. in Jugend-, Sozial- und Gesundheitsämtern. Verstärkte Effektivitätskriterien sowie Orientierungs- und Handlungsdruck führen Schütze zufolge zu einem Dilemma zwischen professionellem Handeln und hoheitlicher Aufgabenwahrnehmung, verstärkte Technologisierung und Durchorganisation der Arbeitsprozesse führt zugleich zur Abnahme der Handlungsmacht der Profession. Die genannten institutionellen Anforderungen verhindern also eher ein fachlich begründetes Handeln bspw. für die Einschätzung einer möglichen Kindeswohlgefährdung oder das Erkennen eines psychotischen Schubes. Dieser Paradoxie müssen sich die Fachkräfte im beruflichen Alltag stellen.

Schütze (2000) benennt 15 wesentliche Paradoxien der Fallarbeit, von denen hier einige exemplarisch benannt werden sollen:

- „Allgemeine Typenkategorien und Situierung" (ebd., S. 78): Erste Informationen über Lebenssituation und Lebens- und Familiengeschichte sowie äußere Erscheinungen (Phänomen) werden vorschnell für eine Typisierung, Kategorisierung und Etikettierung des Einzelfalls verwendet und prägen den weiteren Hilfeverlauf. Da sie auf einer eher oberflächlichen und schnellen Analyse basieren, können sie jedoch an der eigentlichen Problemlage der Adressat_innen vorbeigehen. Dies kann auch zu Stigmatisierungen der Adressat_innen führen, wenn Hilfebemühungen ins Leere gehen.

- „Prognosen über soziale und biographische Prozesse der Fall- bzw. Projektentfaltung auf schwankender empirischer Basis" (ebd.): Diese Paradoxie umfasst, dass die Fachkräfte Prognosen über perspektivische Entwicklungen von Menschen in Krisen und prekären Lebenssituationen treffen müssen, obwohl – „entsprechend den Vagheiten des sozialen Lebens" (ebd., S. 49) – das umfassende empirische Wissen über deren tatsächliche Lebenslage fehlt. Dies birgt die Gefahr der Vereinfachung und damit der Verfehlung von fachlichen Einschätzungen.

- „Geduldiges Zuwarten vs. sofortige Intervention" (ebd., S. 78): Einerseits ist es sinnvoll abzuwarten, wie die Adressat_innen selbst mit den Problemen umgehen, welche Kräfte entfaltet, Ressourcen aktiviert und Lösungsmöglichkeiten entwickelt werden. Eine zu frühe Intervention würde dieser Entwicklung eher schaden. Andererseits bedarf es Zeit, um vorhandene Potenziale zu erkennen und zu aktivieren. Im zu langen Abwarten kann dann wiederum eine Gefahr bestehen. Wird eine dringend notwendige Intervention zeitlich verpasst, können u. a. Menschen zu Schaden kommen oder sich Krisensituationen manifestieren.

- „Das Mehrwissen des Professionellen und die Bedrohlichkeit dieses Mehrwissens für den Klienten einerseits und die Untergrabung der Vertrauensgrundlagen zwischen Klient und Professionellen durch das Verschweigen des Mehrwissens andererseits" (ebd.): Die Professionellen verfügen über Fachwissen und breite Erfahrungen mit individuellen und / oder sozialen Problemlagen. Die Adressat_innen erwarten u. a. die Vermittlung dieses Mehrwissens, wenn sie professionelle Hilfe in Anspruch nehmen. Einerseits geht es darum, das fallspezifische Wissen und daraus resultierende Handlungen zur Verbesserung der Lebenssituation gemeinsam mit den Adressat_innen zu generieren. Andererseits werden durch eine vorschnelle Wissensvermittlung das Eigenpotenzial der Adressat_innen sowie deren Aktivitäten blockiert. Hinzu kommt, dass die Fachkräfte während der Fallanalyse Problemwissen erworben haben, dessen Benennung allerdings für die Adressat_innen auch bedrohlich sein und die Lebenssituation zusätzlich belasten kann. Die Paradoxie meint, dass Problemwissen durch die Professionellen vorenthalten wird und sich die Adressat_innen dann als passives Objekt dieses Wissens erleben.

„Das pädagogische Grunddilemma besteht darin, daß in allen spezifischen Lehr- und Lernsituationen des professionellen Handelns – d. h. in all denjenigen Situationen, in denen es um die Stärkung der Selbstfindungs-, Selbstbearbeitungs-, Selbsthilfe- und Selbstheilungskompetenzen der Klientin geht – die Klientin einerseits durch das exemplarische Vormachen der professionellen Akteurin darüber ins Bild gesetzt werden muß, wie eine bestimmte Problembearbeitung bzw. Aufgabenstellung angegangen zu werden vermag, daß aber andererseits zugleich dieses Vormachen Gefahr läuft, die eigenen Handlungs- und Bearbeitungskompetenzen der Klientin brachliegen zu lassen, zu unterfordern und bei mehrfachem Wiederholen dieses Vormachens sogar zu lähmen" (Schütze, 2000, S. 71).

Adressat_innen, so Schütze (ebd.), denen schrittweise die eigene Handlungsfähigkeit verloren ging (diesen Prozess bezeichnet er als „Verlaufskurve", ebd.; zur Begriffsklärung Griese, 2015) und deren Alltag auch durch Mutlosigkeit zur Veränderung gekennzeichnet ist, lassen sich sehr schwer für Lernprozesse motivieren, die auf Verbesserungen durch eigenes Handeln gerichtet sind. In der Begegnung von Adressat_innen und Fachkräften Sozialer Arbeit sieht Schütze (1994) daher eine gewisse wechselseitige Fremdheit:

„Die Lebens- und Sinnwelten der Adressaten sind den Professionellen tendenziell fremd, während umgekehrt die Fachsprache, die Lebens- und Berufswelt sowie die Sinnbezüge der Professionellen den Adressaten Sozialer Arbeit fremd sind. Hinzu kommt, dass selbst die Problemsituation, die Ausgangspunkt der Hilfe ist, in der Regel erst nach und nach in ihrer Bedeutung entschlüsselt werden kann. Auch diese ist – so Schütze – allen Beteiligten tendenziell fremd. Fremd in mehrfachem Sinne: unbekannt, ungewohnt und sie wird oft auch von den Adressatinnen selbst als sich nicht zugehörig empfunden" (Griesehop et al., 2012, S. 20 f.; zum Fremdheitsbegriff Völter, Soares, Gobira & Küster, 2011, S. 189 f.).

Fachkräfte der Sozialen Arbeit werden aufgrund der eigenen Arbeitsbedingungen und -strukturen sowie der Machtbeziehungen in Bezug auf andere in den Fall involvierte Professionen oft genug dazu verleitet oder gezwungen, die Problemlagen der Adressat_innen zu vereinfachen (Griesehop et al., 2012, S. 21). Dies wird bspw. in den o. g. Paradoxien deutlich.

Professionelle Selbstreflexion

Das Wissen um die strukturellen Paradoxien, die die Bedingungen in der Einzelfallhilfe prägen, trägt bei zur Notwendigkeit, professionelles Handeln zu reflektieren. Bezüglich der Dynamiken des Hilfesystems und innerhalb der Fachkräfte macht Schrapper (2004) deutlich, dass Themen und Konflikte, die im Hilfesystem offen oder versteckt verhandelt und ausgetragen werden, Einfluss auf die Falldefinition und Zusammenarbeit mit Adressat_innen haben und daher beständig reflektiert werden müssen. Dabei sei auch ein selbstkritischer Blick der Professionellen wichtig, ohne den Stellvertreter_innenkonflikte, Gegenübertragungen und Spiegelungen vom Hilfe- auf das Klientelsystem nicht erkannt werden. Erst dieser Reflexionsschritt ermögliche, den eigentlichen ‚Fall' zu verstehen und zu bearbeiten. Darauf aufbauend folgerte Ader (2004, 2006) in einer empirischen Studie, dass institutionelle Rahmungen – und damit auch Arbeitsbedingungen und Handlungsmöglichkeiten Professioneller – das Fallverstehen sozialpädagogischer Fachkräfte beeinflussen. Mit dem Ziel, Fehleinschätzungen durch diese Dynamiken zu vermeiden, plädiert sie für ein kollegiales Fallverstehen. Das kollegiale Fallverstehen ist ein methodisch angeleitetes, bewusst multiperspektivisches angelegtes Verfahren, das unter Kolleg_innen, also in der Gruppe, realisiert wird. Es bietet eine praktikable methodische Anleitung zur Selbstreflexion in (auch interdisziplinären) Teams.

Der klassische Dreischritt der 1920er-Jahre

Bereits bei der Vorstellung der „Multiperspektivischen Fallarbeit" (s.o.) nach Müller (Müller, B., 2012) wurde das klassische Phasenmodell des sog. methodischen Dreischritts erwähnt, wie ihn Salomon (2004) in Anlehnung an Richmond (1917; 1971) im deutschen Sprachraum für die Soziale Arbeit einführte: *Anamnese, Diagnose* und *Behandlung (später· Intervention)*. Beiden Sozialarbeiterinnen ging es damals um eine wissenschaftliche Fundierung Sozialer Arbeit am Beispiel der Fallarbeit, basierend auf den anerkannten Erkenntnisverfahren der damaligen Zeit, um professionelles Handeln zu begründen und die Anerkennung des Berufs voranzubringen. Sie orientierten sich mit ihrer Systematik am Vorgehen in der Medizin. Der klassische Ansatz der Einzelfallhilfe soll nun in seiner historischen Entstehung vorgestellt werden (die zusammenfassenden Ausführungen entstammen weitgehend dem Lehrbuch „Biografische Einzelfallhilfe", Griesehop et al., 2012, S. 12ff.).

- „In der ersten Phase, der Fallstudie oder Anamnese, geht es um die Sammlung relevanter Daten, Fakten und Hintergründe, die zur Bewertung des Falles notwendig sind" (Galuske, 2011, S. 86f.). Dabei verstand Richmond (1917, 1971) unter „Fall" und „Fallarbeit" (social case work) weniger den Einzelnen als die soziale Situation (social situation) oder den Anlass der Hilfe (problem) und das darauf bezogene, systematisierte fallbezogene Handeln. Anamnese bedeutet insofern im klassischen Verständnis die breit angelegte Sammlung von Informationen, um zu einem angemessenen Fallverständnis zu gelangen. Die Erhebung von Informationen zu Problemlage, Lebenssituation, Lebensgeschichte, sozialem Umfeld und Milieu, sozialem Netzwerk, Ressourcen und kulturellem Orientierungsrahmen ist unerlässlich. Dazu gehört die Sammlung von Informationen über soziale Auffälligkeiten / Einschränkungen, die im Kontext des Fallverstehens relevant sind, sowie über die Geschichte des Falls, die Erfahrungen mit dem Fall, dessen Verbindungen mit Institutionen. Diese Informationssammlung geschieht bspw. über Beobachtungen, Gespräche, Fremderzählungen, kritisches Studium der Akten, Fragebögen oder Erfassung der bisherigen Hilfegeschichte mit all ihren Fehlern (s. auch Riemann & Schütze, 2009, 2011).

- „Die zweite Phase, die soziale Diagnose, kann man als eine Art zusammenfassender und verdichtender Deutung der gesammelten Befunde bezeichnen" (Galuske, 2011, S. 87). Salomon (1928) meinte mit „sozialer Diagnose" mehr als die Addition der ermittelten Informationen: Der / die Sozialarbeiter_in „muss die Beobachtungen über Tatsachen und Symptome und die erhaltenen Aussagen prüfen und vergleichen, bewerten und Schlüsse daraus ziehen. Erst dadurch kann er ein möglichst genaues, zutreffendes Gesamtbild der sozialen Schwierigkeiten eines Menschen und seiner Familie herstellen, das ihm ermöglicht, einen Plan für die Abhilfe zu fassen. Das ist die soziale Diagnose" (S. 26f.). Richmond verstand unter Diagnose die mehrschichtige, mehrperspektivische, kulturanalytische, biografisch einfühlsame und szenisch interpretative, wissenschaftlich-empirische Untersuchung und Deutung der Lebenssituation der Klient_innen. Dabei betonte sie die Notwendigkeit einer besonderen Sensibilität für die Bedeutung von Schlüsselsymbolen, wie z. B. auffälligen Metaphern im Sprachgebrauch der Adressat_innen, ungewöhnlichen Beziehungskonstellationen in der Familie, leiblichen Symbolen (Schütze, 1994, S. 197).

- Die dritte Phase wird als Phase der Intervention beschrieben. Es gibt unterschiedliche Interventionsansätze, doch „im Kern lassen sich die Instrumente der Behandlung auf zwei Elemente reduzieren: die helfende Beziehung und in ihr das Gespräch" (Galuske, 2011, S. 87). Richmond hielt hinsichtlich gelungener Interventionen insbesondere folgende Ansätze für hilfreich: Beratung, Herstellung eines Arbeitskontextes, Erarbeitung eines gemeinsamen Behandlungsplans, Wiederherstellung der Gesundheit und des körperlichen Erscheinungsbildes, Erlernen von Haushaltsroutinen, biografische Arbeit, Bildung und Aktivierung des sozialen Umfelds (s. auch Riemann & Schütze, 2009, 2011).

Richmond und Salomon ging es in den grundlagentheoretischen Arbeiten zur methodisch kontrollierten Fallarbeit darum, ein empirisch fundiertes Wissen vorzulegen, das lehr- und lernbar sein sollte. Das Modell des Dreischritts sollte Orientierung geben, die Autorinnen verstanden ihn jedoch nicht als abzuarbeitende Abfolge: In der Fallarbeit sollten die Schritte an den Prozess der Hilfegestaltung angepasst, d.h. u.U. auch in anderer Reihenfolge oder wiederholt umgesetzt werden.

Weiterentwicklungen, Diskurse der 1950er- bis 2010er-Jahre

Mit dem methodischen Dreischritt gelang es Richmond und Salomon, den Hilfeprozess in einzelne definierte Handlungsschritte einzuteilen und ihn damit handhabbarer, übersichtlicher und intersubjektiv nachprüfbar zu gestalten. Das professionelle sozialarbeiterische Handeln wurde auf der Grundlage des damaligen anerkannten theoretischen Wissens aus verschiedenen Gebieten (Psychologie, Soziologie, Ökonomie) verstanden, das mittels genauer Beobachtung der sich darstellenden Phänomene des Einzelfalls auf diesen angewendet wurde (deduktives Vorgehen). Zu einer Verengung des Blicks der Einzelfallhilfe auf einzelne Personen trug wesentlich die Fokussierung professioneller Handlung auf die soziale Diagnose bei.

Eine Weiterentwicklung der Einzelfallhilfe fand in Deutschland erst – in mehreren Etappen – nach dem Zweiten Weltkrieg statt (einschlägig Kamphuis, 1973; Roberts & Nee, 1974). In den 1950er- und 1960er-Jahren wurden US-amerikanische Konzepte der Einzelfallhilfe oder des Case Work, wie sie dort genannt wurde, in Deutschland in der Fachwelt interessiert aufgenommen und durch wechselseitigen Fachaustausch gelehrt und gelernt (Müller, C.W., 1997, S. 67ff.; Neuffer, 2011, S. 4ff.). In Deutschland entwickelte sich jedoch ein anderer Ansatz der Einzelfallhilfe als in den Vereinigten Staaten, wie Galuske (2011, S. 80ff.) herausarbeitet: Einzelfallhilfe lokalisierte hierzulande in der Regel die zu bearbeitenden Probleme bei einzelnen Personen, Veränderungsabsichten Sozialer Arbeit bezogen sich primär auf Individuen und deren Anpassung an äußere Bedingungen der sie umgebenden sozialen Umwelt. Im Hilfeprozess wurde v.a. die „helfende Beziehung" (ebd., S. 82) zwischen Adressat_in und Sozialarbeiter_in als ausschlaggebend für das Gelingen der sozialarbeiterischen Interventionen angesehen.

Im Kontext der sozialen Bewegungen geriet mit der Methodenkritik der 1970er-Jahre die Einzelfallhilfe mit diesem Ansatz unter Legitimierungsdruck, die Individualisierung sozialer Problemlagen und die damit verbundene Bereitschaft zur Pathologisierung der Subjekte wurde hinterfragt (Galuske & Müller, C.W., 2002, S. 500 ff.). Das professionelle Selbstverständnis wurde durch einen gesellschaftskritischen Blick und Vorstellungen zur Aktivierung der Adressat_innen geprägt. Es ging darum, deren individuelle und kollektive Lebenssituation durch die Veränderung der Gesellschaft zu verbessern.

In den 1980er-Jahren erfolgte mit der Hinwendung zu psychoanalytischen Verfahren eine deutliche Veränderung der Einzelfallhilfe, die teilweise als therapeutisch verstanden wurde. Die Probleme der Adressat_innen in der Bewältigung des Alltages gerieten aus dem Blick der Fachkräfte, der sich stärker auf die seelische Verfassung, die Aufarbeitung familiärer Dynamiken und biografischer Erlebnisse fokussierte. Aber auch die Fachkräfte gingen in vertiefende Selbstreflexionsprozesse sowie in eine intensive Auseinandersetzung mit der eigenen Person und der Beziehung zu den Adressat_innen. Der ‚Fall' wurde überwiegend aus einer psychoanalytischen theoretischen Perspektive heraus analysiert (induktiv). Verfahren der Supervision setzen sich als Reflexionsformen durch.

Ende der 1980er- bis Anfang der 1990er-Jahre etablierten sich in der Einzelfallhilfe systemische Arbeitsweisen, die „Lebensweltorientierung" (Thiersch, 1986) wurde zum zentralen Paradigma Sozialer Arbeit und fokussierte u.a. auf die Veränderungen des organisationellen Kontextes, um mit den Hilfeangeboten den Lebenssituationen der Adressat_innen besser zu entsprechen (BT-Dr S. 11 / 6576, 1990; Thiersch, 1995). Für die methodische Entwicklung bedeutete dies eine Abwendung von stark regelgeleiteten deduktiven Verfahren der Erkenntnisgewinnung mit kausaler Ableitung der sozialpädagogischen bzw. sozialarbeiterischen Interventionen. Stattdessen ging es um die Wahrnehmung der komplexen Lebenswelten der Adressat_innen, ihrer individuellen und sozialen Probleme in ihrer gesellschaftlichen Eingebundenheit sowie um Interventionsmöglichkeiten innerhalb sozialstaatlicher Institutionen (Thiersch, 1986). Auf der Grundlage phänomenologischer und hermeneutischer

Erkenntnisverfahren wurde von einer „strukturierten Offenheit als Handlungsmuster" (Thiersch, 1993) gesprochen. Es etablierten sich offene, nicht oder wenig standardisierte Herangehensweisen an die Alltagswahrnehmung und -bewältigung der Adressat_innen. Einzelfallhilfe fand nun auch in aufsuchenden Formen mitten in der Lebenswelt der Adressat_innen statt. Diese Veränderungen forderten ein situatives professionelles Handeln von den Fachkräften, u. a. unter dem Aspekt des Verstehens von ‚Einzelfällen' in ihren jeweiligen Lebenswelten. Die Komplexität sozialer Realitäten und die Suche nach Ressourcen, Unterstützungs- und Aktivierungsmöglichkeiten wurden zur fachlichen Prämisse. In diesem Zusammenhang wurden strukturelle Widersprüche, Ungewissheiten und Paradoxien beruflichen Handelns (s. o.) zum Gegenstand des fachlichen Diskurses (Gildemeister, 1996). Als zentrales Problem wurde das Theorie-Praxis-Verhältnis diskutiert, bezüglich der Wissensbasis einer spezifisch sozialpädagogischen Kompetenz, „im Spannungsfeld von allgemeiner Wissensapplikation und Fallverstehen" (Dewe & Otto, 2001, S. 1400). Zusammengefasst kann formuliert werden, dass professionelles Handeln und Methodenentwicklung mit den Aspekten Wissen und Können unter einer empirischen Perspektive betrachtet wurde (Schweppe, 2003).

Seit den 1990er-Jahren hat zudem eine Vielzahl neuer methodischer Verfahren Einzug in das sozialarbeiterische Handeln gehalten. Diese schließen an die kurz skizzierten Fachdiskurse in Wissenschaft und Praxis jener Zeit an. Es wurde jedoch, u. a. in kritischer Würdigung, auch Bezug auf die klassischen Ansätze der Einzelfallhilfe hergestellt, die in den 1970er- und 80er-Jahren fast in Vergessenheit geraten waren. Bei diesen Verfahren wird ein Fallverstehen etabliert, das an den vielfältigen Lebenswelten der Adressat_innen, den komplexen Verarbeitungsweisen und einer kritischen Reflexion der institutionalisierten Hilfekontexte Sozialer Arbeit orientiert ist. Ein Beispiel dafür ist die „Multiperspektivische Fallarbeit" nach Burkhard Müller (2012), die in diesem Beitrag vorgestellt wurde.

Eine weitere differenzierte Reflexion professionellen Handelns erfolgte mit der Thematisierung des Wechselverhältnisses zwischen Person und Organisation / Institution im Kontext Sozialer Arbeit. So wird der Frage nachgegangen, wie die organisationellen Rahmenbedingungen das fachliche Handeln bedingen und beeinflussen. Aus der Perspektive der „lernenden Organisation" (Senge, 1990 / 2008) wird auch diese Bedingtheit nicht als kausal, sondern als wechselseitige Interaktionen und Einflussnahmen beschrieben: prozesshaft, beständig dynamisch in Bewegung und somit von den Akteur_innen gestaltbar. Mit einem systemtheoretischen Zugang zum Verstehen dieser Prozesse (Kleve & Wirth, 2009) erhält das kommunikative Geschehen besondere Bedeutung, dass eine hohe Komplexität und Unübersichtlichkeit anerkennt. Nicht zuletzt soll an das o. g. „Technologiedefizit" (Luhmann & Schorr, 1982, S. 19) erinnert werden.

Umso erstaunlicher erscheint vor diesem Wissensbestand ein Trend der letzten Jahre zu neuen Verfahren der Technisierung und kausalen professionellen Handlungsanleitungen in den Methoden der Einzelfallhilfe. Diese Prozesse erfolgten vor dem Hintergrund gesellschaftlicher Entwicklungen der sog. Ökonomisierung (s. o.). Das Handeln der Fachkräfte Sozialer Arbeit wird unter dieser Prämisse an Zielerreichung und Ergebnis der Hilfen ‚gemessen', gemeint sind die geplanten Veränderungen in der Lebenswelt der Adressat_innen. Diese Entwicklungen verkennen allerdings die komplexe Eingebundenheit, Prozesshaftigkeit und Vielschichtigkeit professionellen Handelns (s. o.) und die damit einhergehenden Möglichkeiten und Grenzen in der Methodenanwendung.

So wird aus der Wissenschaft entsprechend grundlagentheoretisch argumentiert: „Entsprechend der immer wieder neu entstehenden Problemlagen im Zuge gesellschaftlichen Wandels, entsprechend der ganzheitlichen, der subjekt-, lebenswelt- und alltagsorientierten Aufgabenstellung Sozialer Arbeit und der gesellschaftlichen, biografischen und professionellen Konstruktionsleistungen, die damit verbunden sind, bedarf es eines methodisch komplexeren Zugangs zum Verstehen des Einzelfalls" (Griesehop et al., 2012, S. 15).

Aktuelle und zukünftige fachliche Herausforderungen in der Einzelfallhilfe

Abschließend ist festzuhalten, dass sich die Einzelfallhilfe in ihren methodischen Entwicklungen und fachlichen Herausforderungen in der Paradoxie zwischen dem Annehmen von *Komplexitäten sowie Ungewissheiten* und der *Vereinfachung* bewegt und weiter bewegen wird. Die *Komplexitäten und Ungewissheiten* des ‚Falls' und der ‚Fallarbeit' ergeben sich aus der Dynamik einer individualisierten und pluralisierten Gesellschaft sowie einer globalisierten Welt mit vielfältigen Wandlungsprozessen. Die *Vereinfachung* wird u. a. innerhalb von administrativen Strukturen, der Logik von Verwaltungshandeln, insbesondere im hoheits-staatlichen Kontext eingefordert. Die Entscheidung über die Annahme von Komplexitäten und Ungewissheiten einerseits oder die Vereinfachung andererseits werden sich in der konkreten Sozialen Arbeit mit dem ‚Fall' wie auch im Kontext der Organisation, in dem Einzelfallhilfe realisiert wird, äußern. Es wird wahrscheinlich auch perspektivisch beide Richtungen geben. Anspruchsvolles fachliches Handeln verortet sich im komplexen Fallverstehen und weiß um die situative Reduktion mit einer konkreten Fokussierung auf das zu Erreichende. Hierbei gilt es auch, Fragen von Ethik und Verantwortung zu stellen, zu beantworten sowie Machtasymmetrien zu reflektieren.

Die klassischen Methoden (Einzelfallhilfe, Gruppenarbeit, Gemeinwesenarbeit) bilden zunehmend nicht mehr die Unterscheidung methodischen Handelns Sozialer Arbeit. Sie werden vielmehr in der Praxis Sozialer Arbeit miteinander kombiniert oder auch aufeinander aufbauend konstruiert.[3] So wird Einzelfallhilfe u.a. im Zusammenhang mit gruppen- und infrastrukturbezogenen Angeboten in Sozialräumen betrachtet. Hierbei wird an manchen Orten auch ein Vor- oder Nachrang einzelfallbezogener Hilfen resp. Leistungen vor struktur- bzw. gruppenbezogenen Angeboten definiert. Die hier für die Einzelfallhilfe vorgestellten Grundzugänge methodischen Handelns finden sich allerdings auch in anderen methodischen Ansätzen Sozialer Arbeit wieder, denn die Definition des ‚Falls‘ kann einzelne Personen, Familien, soziale Gruppen, Organisationen und Gemeinwesen umfassen (s.o.).

Literatur

Ader, S. (2004). Strukturiertes kollegiales Fallverstehen als Verfahren sozialpädagogischer Analyse und Deutung. In M. Heiner (Hrsg.), *Diagnostik und Diagnosen in der Sozialen Arbeit. Ein Überblick* (S. 317–331). Berlin: Deutscher Verein.

Ader, S. (2006). *Was leitet den Blick? Wahrnehmung, Deutung und Intervention in der Jugendhilfe.* Weinheim: Juventa.

Biesel, K. (2016). *Professionelle Fallarbeit im Kindesschutz. Anforderungen, Dimensionen und Voraussetzungen.* Unveröffentlichter Foliensatz zum „Zertifikatskurs Dialogisch-Systemische Kindesschutzarbeit".

Bitzan, M., Bolay, E., & Thiersch, H. (2006). Die Stimme der AdressatInnen. Biographische Zugänge in den Ambivalenzen der Jugendhilfe. In M. Bitzan, E. Bolay, & H. Thiersch (Hrsg.), *Die Stimme der Adressaten* (S. 257–288). Weinheim: Juventa.

Böllert, K. (2012). Von der sozialdisziplinierenden Intervention zur partizipativen Dienstleistung. In W. Thole (Hrsg.), *Grundriss Soziale Arbeit* (4., unveränd. Aufl.) (S. 625–633). Wiesbaden: VS (letzte überarb. Aufl. 2010).

Braun, A., Graßhoff, G., & Schweppe, C. (Hrsg.) (2011). *Sozialpädagogische Fallarbeit.* München: Reinhardt.

BT-Dr S. 11 / 6576 (Deutscher Bundestag, Drucksache vom 06.03.1990) (1990). *Bericht über Bestrebungen und Leistungen der Jugendhilfe. Achter Jugendbericht.* Bonn: BMJFFG. Abgerufen am 08. September 2016 von http://www.bmfsfj.de/doku/Publikationen/kjb/data/download/8_Jugendbericht_gesamt.pdf.

---

[3] Ich danke Ute Reichmann für diesen wichtigen Hinweis.

Bude, H. (1988). Der Fall und die Theorie. Zum erkenntnislogischen Charakter von Fall-studien. *Gruppendynamik*, 19 (4), 421–427.

Cinkl, S., & Krause, H.-U. (2014). *Praxishandbuch Sozialpädagogische Familiendiagnosen. Verfahren – Evaluation – Anwendung im Kinderschutz* (2., durchges. Aufl.). Opladen: Budrich.

Dewe, B., & Otto, H.-U. (2001). Profession. In H.-U. Otto, & H. Thiersch (Hrsg.), *Handbuch Sozialarbeit/Sozialpädagogik* (2., völlig neu überarb. u. akt. Aufl.) (S. 1399–1423). Neuwied: Luchterhand.

Dewey, J. (1993). *Demokratie und Erziehung. Eine Einleitung in die philosophische Pädagogik* (5., unveränd. Aufl.). Weinheim: Beltz (engl. Orig. 1916).

Galuske, M. (2011). *Methoden der Sozialen Arbeit. Eine Einführung* (9., erg. Aufl.). Weinheim: Juventa.

Galuske, M., & Müller, C. W. (2002). Handlungsformen in der Sozialen Arbeit. Geschichte und Entwicklung. In W. Thole (Hrsg.), *Grundriss Soziale Arbeit. Ein einführendes Handbuch* (S. 485–508). Opladen: Leske + Budrich.

Gildemeister, R. (1996). Professionalisierung. In D. Kreft, & I. Mielenz (Hrsg.), *Wörterbuch Soziale Arbeit. Aufgaben, Praxisfelder, Begriffe und Methoden der Sozialarbeit und Sozialpädagogik* (4., vollst. überarb. u. erw. Aufl.) (S. 443–445). Weinheim: Beltz.

Gildemeister, R., & Robert, G. (1997). „Ich geh da von einem bestimmten Fall aus …". Professionalisierung und Fallbezug in der Sozialen Arbeit. In G. Jakob, & H.-J. v. Wensierski (Hrsg.), *Rekonstruktive Sozialpädagogik. Konzepte und Methoden sozialpädagogischen Verstehens in Forschung und Praxis* (S. 23–38). Weinheim: Juventa.

Griese, B. (2015). Verlaufskurve. In R. Rätz, & B. Völter (Hrsg.), *Wörterbuch Rekonstruktive Soziale Arbeit* (S. 233-235). Opladen: Budrich.

Griese, B., & Griesehop, H. R. (2007). *Biographische Fallarbeit. Theorie, Methode und Praxisrelevanz*. Wiesbaden: VS.

Griesehop, H. R., Rätz, R., & Völter, B. (2012). *Biografische Einzelfallhilfe. Methoden und Arbeitstechniken*. Weinheim: Juventa.

Heiner, M. (Hrsg.) (2004). *Diagnostik und Diagnosen in der Sozialen Arbeit. Ein Handbuch*. Berlin: Deutscher Verein.

Heiner, M., & Schrapper, C. (2010). Diagnostisches Fallverstehen in der Sozialen Arbeit. Ein Rahmenkonzept. In C. Schrapper (Hrsg.), *Sozialpädagogische Diagnostik und Fallverstehen in der Jugendhilfe. Anforderungen, Konzepte, Perspektive* (2., unveränd. Aufl.) (S. 201–221.) Weinheim: Juventa (Erstaufl. 2004).

Hinte, W. (2007). Das Fachkonzept „Sozialraumorientierung". In W. Hinte, & H. Treeß (Hrsg.), *Sozialraumorientierung in der Jugendhilfe. Theoretische Grundlagen, Handlungsprinzipien und Praxisbeispiele einer kooperativ-integrativen Pädagogik* (S. 15–128). Weinheim: Juventa.

Hörster, R. (2001). Kasuistik / Fallverstehen. In H.-U. Otto, & H. Thiersch (Hrsg.), *Handbuch Sozialarbeit und Sozialpädagogik* (2., völlig überarb. Aufl.) (S. 916–926). Neuwied: Luchterhand.

Jakob, G., & Wensierski, H.-J. v. (Hrsg.) (1997). *Rekonstruktive Sozialpädagogik. Konzepte und Methoden sozialpädagogischen Verstehens in Forschung und Praxis*. Weinheim: Juventa.

Kamphuis, M. (1973). *Die persönliche Hilfe in der Sozialarbeit unserer Zeit. Einführung in die Methode der Einzelfallhilfe für Praxis und Ausbildung*. Stuttgart: Enke.

Kleve, H., & Wirth, J. V. (2009). *Die Praxis der Sozialarbeitswissenschaft. Eine Einführung.* Baltmannsweiler: Schneider.

Kleve, H., Haye, B., Hampe-Grosser, A., & Müller, M. (Hrsg.) (2008). *Systemisches Case Management. Falleinschätzung und Hilfeplanung in der Sozialen Arbeit* (2., unveränd. Aufl.). Heidelberg: Carl-Auer-Systeme (letzte überarb. Aufl. 2006).

Kraimer, K. (2010). Soziale Arbeit im Modus autonomer Erfahrungsbildung. In R. Becker-Lenz (Hrsg.), *Professionalität in der Sozialen Arbeit. Standpunkte, Kontroversen, Perspektiven* (S. 73–88). Wiesbaden: VS.

Krause, H.-U., & Rätz, R. (Hrsg.) (2015). *Soziale Arbeit im Dialog gestalten. Theoretische Grundlagen und methodische Zugänge einer dialogischen Sozialen Arbeit* (2., überarb. Aufl.). Opladen: Budrich.

Kunstreich, T., Langhanky, M., Lindenberg, M., & May, M. (2004). Dialog statt Diagnose. In M. Heiner (Hrsg.), *Diagnostik und Diagnosen in der Sozialen Arbeit. Ein Handbuch* (S. 26–39). Berlin: Deutscher Verein.

Luhmann, N., & Schorr, K. E. (1982). Das Technologiedefizit der Erziehung und die Pädagogik. In N. Luhmann, & K. E. Schorr (Hrsg.), *Zwischen Technologie und Selbstreferenz. Fragen an die Pädagogik* (S. 11–40). Frankfurt: Suhrkamp.

Miethe, I., Fischer, W., Giebeler, C., Goblirsch, M., & Riemann, G. (Hrsg.) (2007). *Rekonstruktion und Intervention. Interdisziplinäre Beiträge zur rekonstruktiven Sozialarbeitsforschung.* Opladen: Budrich.

Mollenhauer, K., & Uhlendorff, U. (1992). *Sozialpädagogische Diagnosen. Über Jugendliche in schwierigen Lebenslagen.* Weinheim: Juventa.

Mollenhauer, K., & Uhlendorff, U. (1995). *Sozialpädagogische Diagnosen II. Selbstdeutungen verhaltensschwieriger Jugendlicher als empirische Grundlage für Erziehungspläne.* Weinheim: Juventa.

Müller, B. (2012). *Sozialpädagogisches Können. Ein Lehrbuch zur multiperspektivischen Fallarbeit* (7., überarb. u. erw. Aufl.). Freiburg i. B.: Lambertus.

Müller, C. W. (1997). *Wie Helfen zum Beruf wurde. Band 2: Eine Methodengeschichte der Sozialarbeit 1945–1995* (3., erw. u. neu ausgest. Aufl.). Weinheim: Beltz.

Neuffer, M. (2009). *Case Management. Soziale Arbeit mit Einzelnen und Familien* (4., überarb. Aufl.). Weinheim: Juventa.

Neuffer, M. (2011). Einzelfall- und familienbezogene Methoden der Sozialen Arbeit. In W. Schröer, C. & Schweppe (Hrsg.), *Enzyklopädie Erziehungswissenschaft Online (EEO)* (S. 1–47). Weinheim: Juventa.

Rätz, R. (2016). Was tun, wenn Kinder und Jugendliche und Erziehungshilfen aneinander scheitern? Aktuelle Studienergebnisse. In Deutsches Institut für Urbanistik (Hrsg.), *Systemsprenger verhindern. Wie werden die Schwierigen zu den Schwierigsten?* (S. 41–60). Berlin: Difu.

Rätz, R., & Bernsdorf, S. (2010). Sozialpädagogisches Handeln. In W. Schröer, & C. Schweppe (Hrsg.), *Enzyklopädie Erziehungswissenschaft Online (EEO)* (S. 1–21). Weinheim: Juventa.

Reichmann, U. (2012). *Handbuch Ambulante Einzelbetreuung. Methoden und Organisation einzelfallbezogener Jugendhilfe.* Opladen: Budrich.

74 | REGINA RÄTZ

Richmond, M. (1917). *Social Diagnosis*. New York: Russell Sage Foundation. Abgerufen am 09. September 2016 von http://www.historyofsocialwork.org/PDFs/1917,%20Richmond,%20Social%20Diagnosis%20OCR%20C.pdf.

Richmond, M. E. (1971). *What is social case work? An introductory description*. New York: Russell Sage Foundation (Orig. 1922).

Riemann, G., & Schütze, F. (2009). *Die soziologische Komplexität der Fallanalyse von Mary Richmond*. Vortrag auf der 5. Jahrestagung des Netzwerks Rekonstruktive Sozialarbeitsforschung und Biografie „Vergessene Zusammenhänge. Traditionen, Methoden und Materialien rekonstruktiver Forschung in der Sozialen Arbeit", 05.–06.11.2009 in Darmstadt.

Riemann, G., & Schütze, F. (2011). Die soziologische Komplexität der Fallanalyse von Mary Richmond. In K. Bromberg, W. Hoff, & I. Miethe (Hrsg.), *Forschungstraditionen der Sozialen Arbeit. Materialien, Zugänge, Methoden* (S. 131–201). Opladen: Budrich.

Roberts, R., & Nee, R. (Hrsg.) (1974). *Konzepte der sozialen Einzelhilfe. Stand der Entwicklung*. Freiburg i. B.: Lambertus.

Rosenthal, G., Köttig, M., Witte, N., & Blezinger, A. (2006). *Biographisch-narrative Gespräche mit Jugendlichen. Chancen für das Selbst- und Fremdverstehen*. Opladen: Budrich.

Salomon, A. (2004). Soziale Diagnose. In A. Salomon, *Ausgewählte Schriften. Band 3: 1919–1948. Frauenemanzipation und soziale Verantwortung* (S. 255–314.) Unterschleißheim: Luchterhand (Orig. 1926).

Salomon, A. (1928). *Leitfaden der Wohlfahrtspflege*. Leipzig: Teubner.

Schaarschuch, A. (2000). Gesellschaftliche Perspektiven sozialer Dienstleistung. In S. Müller, H. Sünker, T. Olk, & K. Böllert (Hrsg.), *Soziale Arbeit. Gesellschaftliche Bedingungen und professionelle Perspektiven* (S. 165–177). Neuwied: Luchterhand.

Schrapper, C. (Hrsg.) (2004). *Sozialpädagogische Diagnostik und Fallverstehen in der Jugendhilfe. Anforderungen, Konzepte, Perspektiven*. Weinheim: Juventa.

Schütze, F. (1992). Sozialarbeit als „bescheidene" Profession. In B. Dewe, W. Ferchhoff, & F.-O. Radtke (Hrsg.), *Erziehen als Profession. Zur Logik professionellen Handelns in pädagogischen Feldern* (S. 132–170). Opladen: Leske + Budrich.

Schütze, F. (1993). Die Fallanalyse. Zur wissenschaftlichen Fundierung einer klassischen Methode der Sozialen Arbeit. In T. Rauschenbach, F. Ortmann, & M.-E. Karsten (Hrsg.), *Der sozialpädagogische Blick. Lebensweltorientierte Methoden in der Sozialen Arbeit* (S. 191–221). Weinheim: Juventa.

Schütze, F. (1994). Ethnographie und sozialwissenschaftliche Methoden der Feldforschung. Eine mögliche methodische Orientierung in der Ausbildung und Praxis der Sozialen Arbeit? In N. Groddeck, & M. Schumann (Hrsg.), *Modernisierung Sozialer Arbeit durch Methodenentwicklung und -reflexion* (S. 189–297). Freiburg i. B.: Lambertus.

Schütze, F. (1996). Organisationszwänge und hoheitsstaatliche Rahmenbedingungen im Sozialwesen: Ihre Auswirkungen auf die Paradoxien des professionellen Handelns. In A. Combe, & W. Helsper (Hrsg.), *Pädagogische Professionalität. Untersuchungen zum Typus pädagogischen Handelns* (S. 183–275). Frankfurt a. M.: Suhrkamp.

Schütze, F. (2000). Schwierigkeiten bei der Arbeit und Paradoxien des professionellen Handelns. Ein grundlagentheoretischer Aufriss. *Zeitschrift für qualitative Bildung, Beratungs- und Sozialforschung*, 1 (1), 49–96.

Schweppe, C. (2003). Wie handeln SozialpdägogInnen? Rekonstruktionen der professionellen Praxis in der Sozialen Arbeit. In C. Schweppe (Hrsg.), *Qualitative Forschung in der Sozialpädagogik* (S. 145–166). Wiesbaden: VS.

Senge, P. M. (2008). *Die fünfte Disziplin: Kunst und Praxis der lernenden Organisation* (Neuaufl.). Stuttgart: Schäffer-Poeschel (engl. Orig. 1990).

Thiersch, H. (1986). *Die Erfahrung der Wirklichkeit. Perspektiven einer alltagsorientierten Sozialpädagogik.* Weinheim: Juventa.

Thiersch, H. (1993). Strukturierte Offenheit. Zur Methodenfrage einer lebensweltorientierten Sozialen Arbeit. In T. Rauschenbach, F. Ortmann, & M.-E. Karsten (Hrsg.), *Der sozialpädagogische Blick. Lebensweltorientierte Methoden in der Sozialen Arbeit* (S. 11–28). Weinheim: Juventa.

Thiersch, H. (1995). *Lebensweltorientierte Soziale Arbeit. Aufgaben der Praxis im sozialen Wandel* (2., unveränd. Aufl.). Weinheim: Juventa (Erstaufl. 1992).

Uhlendorff, U. (1997). *Sozialpädagogische Diagnosen III. Ein sozialpädagogisch-hermeneutisches Diagnoseverfahren für die Hilfeplanung.* Weinheim: Juventa.

Völter, B., Soares, C., Gobira, A., & Küster, M. (2011). Theater in der Kommune – Luz que Anda als transkulturelles Gemeinwesenprojekt. In M. Küster (Hrsg.), *Theater – mit mir?! Eine Konferenzdokumentation zum Thema Safe Space, Play Space, Safe Place* (S. 182–201). Berlin: Schibri.

Völzke, R. (2005). Erzählen – Brückenschlag zwischen Leben und Lernen. *Sozial Extra, 29* (11), 12–15.

Wendt, W. R. (1988). Soziale Einzelhilfe: Von der Falldiagnose zum Unterstützungsmanagement. In C. Mühlfeld, H. Oppl, H. Weber-Falkensammer, & W. R. Wendt (Hrsg.), *Brennpunkte Sozialer Arbeit. Soziale Einzelhilfe* (S. 9–30). Frankfurt a. M.: Diesterweg.

Wendt, W. R. (Hrsg.) (1995). *Unterstützung fallweise. Case Management in der Sozialarbeit* (2., erweiterte. Aufl.). Freiburg i. B.: Lambertus.

Wensierski, P. (2006). *Schläge im Namen des Herrn. Die verdrängte Geschichte der Heimkinder in der Bundesrepublik.* München: dva.

Wolf, K. (2007). Metaanalyse von Fallstudien erzieherischer Hilfen hinsichtlich von Wirkungen und „wirkmächtigen" Faktoren aus Nutzersicht. Münster: ISA. Abgerufen am 08. September 2016 von http://www.bke.de/content/application/explorer/public/newsletter/juni-2007/wirkungsorientierte-jugendhilfe-band-04.pdn.

THORSTEN MÖLLER

Soziale Gruppenarbeit

Einleitung

Gruppenarbeit ist eine Arbeitsform, die in vielen unterschiedlichen Kontexten Anwendung findet und nicht auf Soziale Arbeit begrenzt ist. Sie wird ebenso im Profit-Sektor zur Bearbeitung und Erledigung von Aufgaben und Zielen eingesetzt, wie in Schulen, Hochschulen, in der Fort- und Weiterbildung und im Freizeitbereich. Allen diesen Formen von Gruppenarbeit liegt die Erkenntnis zu Grunde, dass Gruppen bestimmte Ziele schneller, effektiver und qualitativ ergiebiger erreichen können als Einzelpersonen. Konstitutives Element einer arbeitsfähigen Gruppe ist es, ein gemeinsames Ziel zu haben. „Gruppenarbeit in dieser allgemeinen Form bedarf einer Gemeinsamkeit, die einen für alle Gruppenmitglieder verbindlichen Charakter enthält. Dieser bezieht sich in der Regel auf eine Zielsetzung, die entweder der Gruppenarbeit vorausgesetzt festgelegt wird oder auf eine Zielsetzung, die im Verlauf der Gruppenarbeit gemeinsam entwickelt wird. Die spezifische Art der Gruppe und der Inhalt der Gruppenarbeit sind unmittelbar abhängig von der Zielsetzung. Man spricht daher von zielorientierter Gruppenarbeit" (Schmidt-Grunert, 2009, S. 58). Der Fokus ist demnach auf die effektive und effiziente Erledigung von Aufgaben ausgerichtet. Beispielhaft kann hier die Arbeit in Projektgruppen im Profit-Sektor angeführt werden. In diesen Projektgruppen werden oft neuartige, hochkomplexe Aufgaben- und Problemstellungen bearbeitet, die vom Management vorgegeben werden und für deren Umsetzung die Projektgruppen einen bestimmten Handlungsspielraum erhalten. Die Mitglieder sind in der Regel festgelegt und die Dauer der Projektgruppe ist zeitlich auf die Umsetzung des Projektes begrenzt. Projektgruppen haben den Vorteil, dass sie über die Grenzen von Abteilungen hinaus auf die Kompetenzen von Mitarbeitern_innen zugreifen können. Hierdurch können interdisziplinäre Kompetenz- und Wissenspools im Sinne des Projektes miteinander verbunden werden. Doch wenden wir den Blick der Sozialen Arbeit zu.

Begibt man sich von der pragmatischen Ebene des Handlungsfeldes auf die Ebene der Wissenschaft, so lässt sich eine gewisse Unschärfe in den Begrifflichkeiten beobachten, wenn von Gruppenarbeit die Rede ist. Dies trifft insbesondere auf die Unterscheidung von Sozialer Gruppenarbeit und von Gruppenpädagogik zu. Stimmer (2012, S. 274–275) weist darauf hin, dass Soziale Gruppenarbeit heute als Oberbegriff verstanden werden könne, der die Gruppenpädagogik unterordnet. Schmidt-Grunert ist der Ansicht, dass sich die Soziale Gruppenarbeit deutlich von Gruppenpädagogik unterscheiden lasse. Die Soziale Gruppenarbeit lege ihren Fokus, anders als die Gruppenpädagogik, deutlich auf die problemorientierte Gruppenarbeit. Gemeinsam sei beiden Methoden aber die erzieherische Absicht pädagogischen Handelns, so Schmidt-Grunert (2009, S. 62). In der Literatur gibt es ebenso Versuche, die Begrifflichkeiten von Sozialer Gruppenarbeit und Gruppenpädagogik synonym zu verwenden, als auch sie zu differenzieren.[1] Im Jahr 1991 fand der Begriff Soziale Gruppenarbeit als § 29 Einzug in das Achte Sozialgesetzbuch – Kinder- und Jugendhilfegesetz. Im Zentrum dieses Paragraphen steht die Überwindung von Entwicklungsschwierigkeiten und Verhaltensproblemen von älteren Kindern und Jugendlichen. Soziale Gruppenarbeit soll auf der Grundlage eines gruppenpädagogischen Konzeptes die Entwicklung von älteren Kindern und Jugendlichen durch soziales Lernen fördern. Für diese Form des Lernens bietet die Soziale Gruppenarbeit das geeignete Lernsetting. Darüber hinaus findet die Soziale Gruppenarbeit im Rahmen der Sozialen Arbeit auch Anwendung in der Arbeit mit Erwachsenen. Zu nennen sind u. a. die Altenhilfe, die Arbeit mit psychisch erkrankten oder behinderten Menschen, die Arbeit mit Straftäter_innen oder die Arbeit in der Suchthilfe. Zudem können verschiedene Angebote in Kindergärten unter dem Begriff Soziale Gruppenarbeit subsumiert werden.

Zu Beginn wurde in dieser Einleitung bereits auf Formen von Gruppenarbeit verwiesen, die außerhalb der Sozialen Arbeit zur Anwendung kommen. Dieser Beitrag geht nicht näher auf diese Formen der Gruppenarbeit ein. Es sei aber an diese Stelle angemerkt, dass Gruppenarbeit in Form von Projektgruppen zur zielgenauen Ausarbeitung von organisationalen Problemstellungen ein Potenzial beinhaltet, das auch in Organisationen der Sozialen Arbeit effektiver genutzt werden könnte. Dieses Potenzial haben sich Organisationen aus dem Profit-Sektor bereits deutlich systematisierter und erfolgreicher erschlossen.

---

[1] Zur Unterscheidung von Sozialer Gruppenarbeit und Gruppenpädagogik weiterführend Müller (1982, S. 94ff.), sowie Behnisch et al. (2013, S. 13ff.).

Historische Entwicklungslinien – ein Kompendium

Dieser Abschnitt soll einen Überblick über die wichtigsten Entwicklungslinien der Sozialen Gruppenarbeit liefern. Dabei ist zu berücksichtigen, dass die Heterogenität und Komplexität des Untersuchungsgegenstands eine Begrenzung erfordert. Skizziert werden sollen die zentralen Entwicklungslinien der Sozialen Gruppenarbeit in England, den USA und in Deutschland. Die Entwicklung der Sozialen Gruppenarbeit in Deutschland nach 1945 wird dann im Anschluss an den Abschnitt Historische Entwicklungslinien ausführlich beschrieben.

Entwicklungslinien in England Ende des 19. Jahrhunderts – Settlement in London

In England lassen sich erste Hinweise finden, die auf ein Setting von Sozialer Gruppenarbeit verweisen. Die Person, die mit dieser Arbeitsmethode experimentierte, war der Pfarrer Samuel Barnett. Barnett stammte aus einer Familie, die man dem Besitzbürgertum zuordnen kann. Er studierte in Oxford Recht, Geschichte und Religion und war wenig integriert in die Studentenschaft. Seine erste Station nach dem Studium war die eines Diakons in Bristol, seiner Heimatstadt. 1872 wechselte er in die Pfarrei St. Jude's, wo Samuel mit seiner Frau Henrietta 21 Jahre arbeitete. 1893 wurde er Kanonikus von Bristol und 1906 Domherr von Westminster Abbey. Barnett war ein sozial sehr engagierter Pfarrer und bei all seinem Einsatz für die Interessen von Benachteiligten war ihm der Aspekt der Hilfe zur Selbsthilfe immer der wichtigste. Als Barnett im Jahr 1872 die Pfarrei St. Jude's in Whitechapel, einem armen Stadtteil im Osten Londons übernahm, herrschte dort zur damaligen Zeit unvorstellbares Elend. In seiner Gemeinde lebte nahezu die Hälfte der Bewohner_innen von Armenhilfe und milden Gaben. Er und seine Frau Henrietta waren der Ansicht, dass mittel- und erwerbslosen Bedürftigen nicht alleine mit einem Almosen gedient sei, sondern dass sie lernen müssten, ihr Leben alleine zu meistern. Eine Hilfeleistung ohne Gegenleistung durch die Bedürftigen lehnten er und seine Frau ab. Im Jahr 1884 gründeten die Barnetts die Toynbee Hall, das erste europäische settlement, als einen akademischen Club, eine Universitäts-Niederlassung gebildeter Bürger_innen inmitten der armen arbeitenden Bevölkerung. Hier konnten angehende Akademiker_innen für die Zeit ihrer Ausbildung wohnen, leben, lernen und arbeiten. Samuel Barnett war der Ansicht, dass Angehörige der gebildeten und kultivierten Mittelschicht in die Slums ziehen sollten, um mit den Armen zu leben und ihnen durch ihr Beispiel Mut zu machen. Gleichzeitig hielt er Sozialreformen für notwendig und verfolgte die Idee, diese Reformen von den importierten Bildungsbürger_innen vorantreiben zu lassen. Später bezeichnete Barnett das Konzept der aktiven Armenhilfe als „wechselsei-tige Durchdringung" (Müller, 1982, S. 51–53). Das von den Barnetts initi-ierte Werk der Toynbee Hall bestand aus der täglichen Arbeit und dem gemeinsamen Zusammenleben der gebildeten Bürger_innen mit den Bedürftigen. Das Gruppenleben musste ausgehalten und gestaltet werden. Gruppenbildung und gruppendynamische Prozesse in den Arbeitsge-meinschaften gehörten zum Alltag in der Toynbee Hall. Diese Anforderun-gen entsprachen dem Setting von Sozialer Gruppenarbeit, ohne dass man sich dieser Methode damals schon explizit bewusst war (Wendt, 2008, S. 377). Pfarrer Samuel Barnett hatte es sich zur Gewohnheit gemacht, „jeden akademischen Bewohner von Toynbee Hall einmal wöchentlich zu einem halbstündigen Gespräch in sein Arbeitszimmer zu bitten, um mit ihm soziale und sozialpädagogische Fragen zu besprechen und ihn zu beraten. Diese Vieraugen-Gespräche sind wohl auch das Vorbild für jenen Prozeß geworden, der später in der angelsächsischen Fachliteratur Praxis-beratung (supervision) genannt werden wird" (Müller, 1982, S. 58). Barnett bot seinen Jungakademiker_innen und ehrenamtlichen Helfer_innen diese Gespräche an, weil er merkte, dass sie von der Arbeit mit den Armen und den dynamischen Prozessen der Gruppenarbeit persönlich betroffen und in schwierige Kommunikationen verstrickt waren. Ziel dieser Vier-augen-Gespräche war es, für Entlastung zu sorgen und zur Klärung beizu-tragen (Belardi, 2009, S. 19). So begann man in England kurz vor der Jahr-tausendwende mit den ersten Settings von Sozialer Gruppenarbeit. Diese Arbeitsform war damals noch nicht ausdifferenziert oder gar wissen-schaftlich systematisiert. Dennoch lassen sich Entwicklungslinien nach-zeichnen, die auch für die heutige Arbeit mit Gruppen von Bedeutung sind. Hierzu zählen besonders Prozesse der Gruppenbildung, Gruppendy-namik, die Idee, in und mit Gruppen Lernprozesse initiieren zu können, und die hohen Anforderungen, die diese Arbeitsform an die Professionel-len stellt. Zudem wird deutlich, dass schon in diesen Anfängen der Sozia-len Gruppenarbeit erkannt wurde, dass die regelmäßige Reflexion der Arbeitsprozesse, die heute in Form von Supervision durchgeführt wird, einen hohen Stellenwert einnimmt.

Entwicklungslinien in den USA Ende des 19. Jahrhunderts – Settlement in Chicago

Eine weitere zentrale historische Entwicklungslinie lässt sich in den USA nachzeichnen. Die amerikanische Gesellschaft war geprägt von der ökonomischen Lage der Pionierzeit, von der durch die Lebensgeschichte der Einwanderer_innen geprägten Staatsferne und von der sozialdarwinistischen Gesellschaftslehre des Kapitalismus. Diese Gemengelage war ursächlich dafür, warum in den USA das Dogma der Eigenverantwortlichkeit einen besonders hohen Stellenwert erlangte. Das wiederum führte u. a. dazu, dass Armut ausschließlich in den Verantwortungsbereich des Einzelnen gelegt wurde und mit Faulheit, Trunkenheit oder mangelndem Verantwortungsbewusstsein erklärt wurde.

Wurden die lokalen, sozialen und gesellschaftlichen Ursachen für Armut lange Zeit ausgeblendet, begann sich die Perspektive nach einer großangelegten Studie zu verschieben. Aus der von Angehörigen der Columbia Universität angelegten Aktenanalyse der New York Charity Organisation Society aus den Jahren 1890 bis 1897 ging deutlich hervor, dass die wirtschaftliche Depression die Hauptursache von Armut war, gefolgt von Krankheiten und Arbeitsunfällen der Ernährer der Familien. In zehn Prozent der untersuchten Fälle bildeten Arbeitsscheu, Trunkenheit und andere verhaltensorientierten, individuellen Eigenschaften die Grundlagen für die Armut. Zu diesem Zeitpunkt gab es erstmals eine wissenschaftliche Grundlage, die darauf verwies, dass Armut multifaktorielle Ursachen hat und nicht, wie weit verbreitet zugeschrieben wurde, nur auf das Verschulden oder Versagen des Einzelnen zurückzuführen sei. An diesem Punkt setzt ein philosophischer, politischer und methodischer Ansatz an, der untrennbar mit dem Namen Jane Addams verbunden ist. Addams gründete 1898 in Chicago eines der ersten Nachbarschaftshäuser (settlement) in den USA und gilt als Begründerin der Gemeinwesenarbeit. Addams hatte sich mit Samuel Barnett, dem Gründer der Toynbee Hall in London, ausgetauscht und diese Erfahrungen in Hull House im Herzen Chicagos einfließen lassen. Die Hilfe, die durch das Hull House angeboten wurde, war nicht auf den Einzelfall gerichtet, sondern auf eine wirkungsvolle Verbesserung der Infrastruktur der Wohngebiete, um die materielle und soziale Not wirksam zu bekämpfen (Müller, 2006, S. 34–36). Mit dem settlement war der Versuch verbunden, zur Lösung der sozialen und industriellen Probleme beizutragen, die durch die Lebensbedingungen einer modernen Großstadt entstanden waren. Die Mitarbeiterinnen im Hull House, die sogenannten residents, die dabei tatkräftig halfen, gehörten später teilweise zu den bedeutenden amerikanischen Sozialarbeiterinnen. Hierzu zählten insbesondere Frauen wie Julia C. Lathrop, Florence Kelly, Edith Abbott, Grace Abbott und Frances Perkins. Einige von ihnen lebten und arbeiteten ihr ganzes Leben in Hull House (Wendt, 2008, S. 380). Die Damen gründeten zur Unterstützung der Menschen einen Kindergarten in Hull House, einen Jungenclub, einen Club für italienische Mädchen, eine Volksküche, eine provisorische Turnhalle und eine Kaffeestube. Für alte alleinstehende Frauen organisierte man Sommerferien auf dem Lande und für Kinder ein Zeltlager (Müller, 2006, S. 41). Addams war befreundet mit John Dewey. Das sozialpädagogische Konzept in Hull House war eng an die anthropologischen und didaktischen Einsichten ihres Freundes angelehnt. Dewey war Erziehungswissenschaftler an der Universität von Chicago und ging in seinem didaktischen Konzept von der Annahme aus, dass menschliches Lernen ein komplexer körperlicher, seelischer, geistiger und sozialer Prozess sei. Ausgelöst, gesteuert und vorangetrieben wird dieser Prozess durch komplexe menschliche Tätigkeiten. Die Erfahrungen und Folgen dieser Tätigkeiten fördern sowohl die Erkenntnis- als auch die Handlungsseite menschlichen Lernens (Müller, 2006, S. 48–49). Ein ideales Lernfeld hierfür bietet die Soziale Gruppenarbeit, die sich in der Settlement-House-Bewegung (Vorläufer der Gemeinwesenarbeit) in den USA etablierte. Die sozialreformerische Arbeit von Jane Addams zum Ende des 19. Jahrhunderts kann als eine zentrale historische Wurzel der Sozialen Arbeit mit Gruppen angesehen werden. Auch wenn Addams, ähnlich wie Samuel Barnett, die Soziale Gruppenarbeit ohne theoretisches und ohne systematisiertes methodisches Fundament nutzte, war sie fester Bestandteil im Hull House und kam dort 20 Jahre zur Anwendung. Die Soziale Gruppenarbeit sollte über das gemeinsame Handeln dabei unterstützen, die unmittelbaren und als belastend empfundenen Lebensverhältnisse positiv zu verändern und demokratische, partizipative Strukturen herauszubilden und zu etablieren (Lambers, 2010, S. 221).

Entwicklungslinien in Europa und den USA Ende des 19. Jahrhunderts – Die Reformpädagogik

Ende des 19. Jahrhunderts war Europa im Umbruch. Ökonomischer und sozialer Wandel hatte im Leben der Menschen zu weitreichenden Veränderungen geführt. Damit verbunden war eine Orientierungslosigkeit und Verunsicherung der Menschen, die in einer kapitalistischen, von industrieller Produktion beherrschten Gesellschaft um ihre Existenz kämpfen mussten. Zudem war diese Epoche mit ihrem rasanten Bevölkerungswachstum, der Etablierung moderner Nationalstaaten, einem expansiven Kolonialismus und mit kriegerischen Auseinandersetzungen eine politisch bewegte und aggressive Zeit. Die Menschen sehnten sich in diesen Zeiten der Verunsicherung und Vereinzelung nach Stabilität und alternativen sozialen Strukturen, die sie in der Gemeinschaft der Gruppen zu finden glaubten. Eine Vielzahl von sozialen Bewegungen, die sich der Idee von Gemeinschaft verschrieben hatten, entstanden zu dieser Zeit und können als Opposition zur modernen Massengesellschaft verstanden werden. Zu diesen Gruppen, die sich zwischen 1880 und 1933 gründeten, gehörten u. a. die Siedlungs- und Landkommunenbewegung, die Naturheil- und Freikörperkulturbewegung, das Theater und Laienspiel, die Kunsterziehungs- und Jugendmusikbewegung sowie die Jugend- und Frauenbewegung. Dabei ging die Reformpädagogik von der Idee aus, die Gruppe als Mittel zur Erziehung zu konzeptualisieren. Die starke idealistische Aufladung der Gruppe als Gemeinschaft war für diese Ideen ebenso kennzeichnend wie die Annahme, die Gruppe könne ein sozialer Schutzraum sein, in dem Raum für Experimente geboten werde. In diesem Schutzraum könne man – so die Idee – alternative Lebensformen ausprobieren, ohne sich dabei der Gefahr der realen Welt aussetzen zu müssen (Schrapper, 2015, S. 194–195.). Reformpädagogik ist dabei die Bezeichnung für die Bemühungen auf praktischer und programmatischer Ebene, das Erziehungssystem in Deutschland (1880 bis 1933), den USA oder anderen westeuropäischen Ländern zu verändern und sich gegen intellektualistische, autoritäre, lebens- wie schülerferne Strukturen zu wenden. Ziel war eine stärkere Verbindung zum Leben, zur Aktivität und Selbstständigkeit und so vom Erziehungssystem aus, das Gesellschaftssystem zu heilen (Tenorth & Kallert, 2011, S. 698–699). In der Reformpädagogik sind beide Seiten von Gruppenpädagogik erkennbar. Zum einen die in erzieherischer Absicht organisierte Gemeinschaft und zum anderen das erzieherisch wirkende Gruppenerlebnis. Die Reformbemühungen fanden 1933 ihr jähes Ende. Entweder wurden die Gruppen von den Nationalsozialist_innen verboten oder sie wurden in NS-Organisationen eingegliedert (Schrapper, 2015, S. 195).

Entwicklungslinie in Deutschland Ende des 19. Jahrhunderts – Die Jugendbewegung

Die Jugendbewegung im ausgehenden 19. Jahrhundert, die als ein rein deutsches Phänomen betrachtet werden kann, hat die Selbsterziehung in einer Gruppe als pädagogisches Prinzip erkannt und genutzt (Müller, 2006, S. 82). Inspiriert durch den Studenten Hermann Hoffmann-Fölkersamb schlossen sich männliche Gymnasiasten zusammen, um Wanderungen durch Deutschland zu unternehmen. Später gründeten sich auch Wandergruppen für Mädchen. Der 1901 gegründete Wandervogel gab der deutschen Jugendbewegung ihren organisatorischen Rahmen. Im Zentrum dieser Bewegung stand die Gruppe als Gemeinschaft und der gemeinsame Erlebnishorizont. Für die Jugendlichen, die fernab von zuhause und von der autoritär ausgerichteten Schule auf die Gruppe angewiesen waren, war Selbsterziehung die Methode, um sich in einer auf Gehorsam ausgerichteten Gesellschaft Freiräume zu erkämpfen und zu verteidigen. Die Natur wurde in romantischer Verklärung zum alternativen Mittelpunkt des Lebens erklärt und als Gegenpart zur sich immer mehr industrialisierenden Gesellschaft empfunden. So wurde ein Ort geschaffen, an dem gleichgesinnte Jugendliche selbsterzieherisch ihren Interessen und Neigungen abseits einer einengenden Gesellschaft folgen konnten, wodurch sich ein starkes Gefühl von Zusammengehörigkeit und Gemeinschaft einstellte. Durch Politisierung trat jedoch mit der Zeit der Aspekt der Selbsterziehung bei einigen Gruppen in den Hintergrund und sie entwickelten sich mehr zu einem Ort, der als Mittel zur Sozialisation verstanden wurde (Behnisch et al., 2013, S. 50–51). Allerdings kann bei der Jugendbewegung des auslaufenden 19. Jahrhunderts noch nicht von einem Setting gesprochen werden, das unter Anleitung von Gruppenpädagog_innen reflektiert zur Anwendung kam. Doch es entwickelte sich bereits ein pädagogisches Verständnis davon, wie die Gruppe als Lernort, im Rahmen Sozialer Gruppenarbeit, für die Sozialisation und die Erziehung von Jugendlichen genutzt werden kann. Dieses Wissen und das damit verbundene Selbstverständnis hat sich bis heute in den Jugendverbänden erhalten (Galuske et al., 2013, S. 92).

Entwicklungslinien in den USA Mitte des 20. Jahrhunderts – Die Gruppendynamik

Mit der soziologischen Feldforschung legte der deutsche Jude und Emigrant Kurt Lewin den Grundstein dafür, dynamische Prozesse in Gruppen beobachtbar und nutzbar zu machen und gilt seither als Begründer der Gruppendynamik. Lewin und seine Mitarbeiter entwickelten als Forschungsansätze, die Laboratoriumsmethode und die Aktionsforschung, die auch als Survey-Feedback-Verfahren bezeichnet wird. Bei der Laboratoriumsmethode handelt es sich um die Arbeit mit unstrukturierten Kleingruppen. In diesen Kleingruppen untersuchten die Mitglieder ihre wechselseitigen Interaktionen. Die Beobachter der gebildeten Kleingruppen werteten ihre Erfahrungen dann im sogenannten Staff aus. Die Auswertung der Ergebnisse wurde informell durch Teilnehmer der Gruppe begleitet. Informell, weil es damals in der Struktur der Auswertung noch nicht angelegt war, die Gruppenteilnehmer in die Auswertung direkt und formalisiert mit einzubeziehen. Die Auswertungssitzungen erzeugten eine starke Spannung unter den Anwesenden, denn die Teilnehmer erfuhren durch die Experten, zu denen Lewin, Bradfort, Lippet und Benne gehörten, wie sie in der Gruppe wirkten. Die heftigen Reaktionen, die diese Feed-back-Methode auslöste, und die Diskussionen, die sich daran anschlossen, führten zur Gründung der sogenannten T-Gruppen (Trainingsgruppen). Die Arbeiten aus dem Jahr 1947 führten schon 1957 zu ersten Anwendungen in einer Organisation. So stellte die amerikanische Esso-Raffinerie einen Gruppendynamiker ein, der Befragungen unter Mitarbeiter_innen durchführte und die Ergebnisse seiner Untersuchungen in Laboratorien mit den Top-Managern auswertete (Pühl, 2009, S. 18–19).

Ebenso auf Lewin und seine Mitarbeiter geht der Aktionsforschungsansatz, das sogenannte Survey-Feedback-Verfahren zurück. Im Jahr 1948 starteten Lewin und seine Mitarbeiter ein Projekt in der Edison Company, bei dem umfangreiche Befragungen von Mitarbeiter_innen und Mana-gern_innen durchgeführt wurden. Die Umfrageergebnisse wurden den Verwaltungsabteilungen der Edison Company zur Verfügung gestellt, was in der Organisation zu heftigen Diskussionen führte. Die Reaktionen der Organisation waren von den Forschern um Lewin durchaus beabsichtigt und so wurde die Methode als ein wirksames Instrument angesehen, um positive Veränderungen in Unternehmen einzuführen. Workshops, die die Resultate der Befragung zum Thema hatten, gaben die Möglichkeit, Stellungnahmen, eigene Erfahrungen und Veränderungsvorschläge einzu-bringen (Pühl, 2009, S. 18–19). Die Erkenntnisse Lewins wurden mit weitreichenden Folgen für die Soziale Arbeit adaptiert. Die Gruppe konnte so erstmals mit fundiertem wissenschaftlichem Hintergrund als methodi-sches Instrument nutzbar gemacht werden. Auch den in der Einzelfall-arbeit (casework) verwurzelten Sozialarbeiter_innen, die dieser Methode lange skeptisch gegenüber standen, wurde deutlich, dass sich der thera-peutische Anspruch ihrer Profession nicht allein in der Einzelhilfe ver-wirklichen ließ (Wendt, 1995, S. 256). Mit der Adaption des Theoriegebäu-des der Gruppendynamik für die Soziale Gruppenarbeit hatte die Soziale Arbeit eine weitere Möglichkeit gewonnen, verändernd zu intervenieren, denn die Gruppendynamik geht implizit und explizit von einer Analogie der psychischen Entwicklung des Individuums und der Gruppe aus.

Entwicklungslinien in England Mitte des 20. Jahrhunderts – Die Balint-Gruppe

Der ungarische Arzt und Psychoanalytiker Michael Balint, ein Schüler von Sándor Ferenczi, war in den 1940er Jahren von Ungarn nach London emigriert. Balint entwickelte mit seiner Frau Alice die Training-cum-Research-Gruppen, die später unter dem Namen Balint-Gruppen weltbekannt wurden. Diese Supervisionsgruppen, mit denen er 1948 begann, setzten sich anfangs aus Sozialfürsorger_innen zusammen, um deren Kompetenz im Umgang mit Klient_innen zu fördern. Dazu sollten sie auch den Umgang mit psychoanalytischen Konzepten erlernen, ohne eine lang-wierige Ausbildung machen zu müssen. 1950 wurden erstmals Ärzt_in-nen von Balint auf diese Weise supervidiert und fortgebildet (Rappe-Giesecke, 1994, S. 72). „Das Ziel, eine neue ganzheitliche, wir würden heute sagen psychosomatische Medizin, zu entwickeln, schien Balint am leichtesten dadurch zu erreichen sein, daß interessierte und geeignete Praktiker_innen zu Forscher_innen werden, die ihre alltägliche professio-nelle Praxis unter bestimmten Fragestellungen reflektieren. In den Grup-pen ging es also darum, ein neues professionelles Selbstverständnis zu entwickeln und viele Selbsttypisierungen, die im Rahmen der ärztlichen Sozialisation erworben wurden, dahingehend zu überprüfen, ob sie für den Umgang mit – nunmehr ganzheitlich zu sehenden – Patienten funktio-nal sind" (Rappe-Giesecke, 1994, S. 72). Heute haben sich die Balint-Grup-pen auf verschiedene Berufsgruppen wie Psycholog_innen, Ärzt_innen, Lehrer_innen, Jurist_innen und Fachkräfte der Sozialen Arbeit ausge-dehnt, die sie als ein nützliches Instrument der beruflichen Reflexion ken-nengelernt haben, was zum internationalen Erfolg dieser Beratungsform beigetragen hat. Im Ursprungskonzept der Balint-Gruppe fehlt die Anwendung von gruppendynamischen und organisationstheoretischen Erkenntnissen zur Reflexion der Arbeitswelt, weshalb sie für Team- oder Organisationsfragen wenig geeignet war (Belardi, 2009, S. 29). Die heuti-gen Konzepte dieser Beratungsform haben sich diesbezüglich verändert und beziehen sowohl gruppendynamische als auch organisationstheoreti-sche Erkenntnisse in die Reflexionsarbeit mit ein. Der Schwerpunkt der Balint-Gruppenarbeit besteht heute in der Förderung der professionellen Kompetenzen der Gruppenteilnehmer_innen in Bezug auf ihre direkte Arbeit mit den Klient_innen, Patient_innen oder Kund_innen im Rahmen organisationaler Abhängigkeiten. Die Balint-Gruppen und ihre konzeptu-ellen Weiterentwicklungen können im historischen Kontext von gruppen-bezogenen Arbeitsmethoden als eine wichtige und prägende Form der angewandten Sozialen Gruppenarbeit angesehen werden.

Die historisch gewachsenen Formen der Gruppenarbeit haben mit ihren Gemeinsamkeiten und Unterschieden den Weg bereitet für die Methode der Sozialen Gruppenarbeit, wie wir sie heute kennen. Von den Anfängen in England und den USA im ausgehenden 19. Jahrhundert, die untrennbar mit den Namen Samuel Barnett und Jane Addams verbunden sind, über die Reformpädagogik, die Jugendbewegung in Deutschland bis hin zur

Gruppendynamik und Balint-Gruppenarbeit hat sich durch methodische Ausdifferenzierung und theoretische Fundierung eine Methode herausentwickelt, die in Deutschland unter der Bezeichnung Soziale Gruppenarbeit ihren Platz eingenommen hat. Dabei sind die Entwicklungslinien in das Selbstverständnis der Methode eingegangen und blieben gleichzeitig Impuls für weitere Entwicklungen. Allerdings hatte die Soziale Gruppenarbeit in Deutschland nach ihrer Übernahme aus der US-amerikanischen Sozialen Arbeit nach dem Zweiten Weltkrieg noch einen langen Weg vor sich, der von Erfolg, aber auch von Anfeindung und Veränderung geprägt war.

Soziale Gruppenarbeit in Deutschland nach 1945

Nach dem Krieg kehrten eine Reihe von ausgewanderten Sozialwissenschaftler_innen und Sozialarbeiter_innen nach kurzer Zeit oder auch mehreren Jahren nach Europa zurück. Unter ihnen viele Juden, die vor der Verfolgung unter dem Nationalsozialismus aus Deutschland fliehen mussten, um zu überleben. Sie leisteten einen wichtigen Beitrag beim Aufbau eines neuen politischen und gesellschaftlichen Systems. Viele von ihnen sind bekannte Persönlichkeiten: Gisela Konopka, Alfred Kadushin, Shelten Rose, Louis Lowy oder Ruth Cohn. Ihre Beiträge zur Entwicklung der Sozialen Arbeit erreichten Deutschland teilweise auf indirektem Weg über Holland, Skandinavien oder die Schweiz. Ende der 1950er-Jahre gab es auch wieder eine direkte Verbindung nach Deutschland über den jüdischen Verleger Victor Gollancz oder das Haus Schwalbach, das sich besonders für die Methode der Sozialen Gruppenarbeit engagierte und sich unter der Leitung von Magda Kelber, zu einer Weiterbildungsstätte für soziale Berufe entwickelte und in Deutschland das Zentrum für gruppenpädagogische Lehrgänge bildete. Diese Stiftungen organisierten den Austausch von Expert_innen zwischen den Kontinenten und schlugen damit eine Brücke, die US-amerikanische Konzepte nach Europa importierte und speziell in Deutschland eine eigene Entwicklung in Gang setzte (Wieringa, 1990, S. 41–42.). Diese wurde auch dadurch gefördert, dass viele deutsche Fachkräfte der Sozialen Arbeit in den 1950er Jahren in die USA gingen, um dort Soziale Arbeit zu studieren. Hierfür stehen Namen wie Wolfgang Bäuerle, Hans Pfaffenberger, Dora von Caemmerer, Ruth Bang, Heinrich Schiller, Annedore Schultze, Irmgard Schönhuber, Gerhard Melzer oder Renate Strömbach. Bei ihrer Rückkehr brachten sie ihr Wissen mit nach Deutschland. Hierdurch entstanden für die deutsche Soziale Arbeit wertvolle Impulse. Nach der Gleichschaltung der NS-Zeit gewann jetzt die Autonomie des Einzelnen wieder an Bedeutung. Auch die Vision, Gruppen für demokratisches Wachstum, für Bildung und Heranreifung zu einem eigenverantwortlichen Menschen zu nutzen, elektrisierte die Soziale Arbeit der Nachkriegszeit. Doch die starke Identifikation mit den demokratischen Siegern des Krieges führte in Deutschland auch dazu, unreflektiert mit der Vergangenheit umzugehen, die dadurch weniger zur Last wurde. Einher ging diese Verdrängung der Vergangenheit mit einer Fokussierung auf individuelle und kleingruppenartige Systeme in der Sozialen Arbeit, denn mit einer Einbeziehung der institutionellen und gesellschaftlichen Wirklichkeit wäre eine Auseinandersetzung mit der Vergangenheit der NS-Zeit verbunden gewesen, die für viele zu schmerzlich erschien. Konzentriert auf den Einzelnen und die Kleingruppe ließ man die gesellschaftliche Wirklichkeit teilweise vor der Tür. Die auf Neuorientierung ausgerichtete deutsche Soziale Arbeit sog die Methodenkonzepte der Einzelfallhilfe und Sozialen Gruppenarbeit geradezu auf, um das Vakuum zu füllen, das in der NS-Zeit entstanden war. Dieser Kompensationsmechanismus erleichterte in den 1950er Jahren die Verdrängung der NS-Vergangenheit der deutschen Sozialen Arbeit (Heltzel & Weigand, 2012, S. 53–54). Die Konzepte für die Soziale Gruppenarbeit der 1950er-Jahre bis in die späten 1960er-Jahre des letzten Jahrhunderts stammten überwiegend aus den USA und waren auf die Selbstbestimmung und Selbstverantwortung des Einzelnen unter dem Primat der Demokratie ausgerichtet. Vor dem Hintergrund von Entnazifizierung und Demokratisierung gewann diese Methode in West-Deutschland schnell an Bedeutung.

Ende der 1960er- und in den 1970er-Jahren geriet die Soziale Gruppenarbeit in den Fokus fachlicher Methodenkritik. Hierbei ging es zum einen um Vergleiche zwischen der Schulpädagogik und der Gruppenpädagogik. Die damalige Schulpädagogik wurde mit ihren Erziehungs- und Lernkonzepten als Referenzpunkt herangezogen und mit der Gruppenpädagogik verglichen. Hier wurden Abweichungen konstatiert und kritisiert, die im Kern unbegründet waren, da die Gruppenpädagogik nie den Anspruch und auch nicht die Absicht hatte, Pädagogik im traditionellen Sinne zu sein. Einer der Kritikpunkte war die Feststellung, dass der Gruppenpädagogik im Vergleich mit der Schulpädagogik die didaktischen Konzeptionen fehlen würden. Doch dieser Vorwurf erscheint unbegründet, denn demokratische Zielsetzungen waren insbesondere vom „Hause Schwalbach" in zahlreichen Publikationen konzeptionell und didaktisch ausgearbeitet worden. Ein weiter Kritikpunkt an der Sozialen Gruppenarbeit oder Gruppenpädagogik, wie sie damals im Fachjargon synonym verwendet wurde, setzte an einer politischen Fragestellung an, wie sie seit der 68er

Bewegung vermehrt diskutiert wurden. Hatte die Soziale Gruppenarbeit die Zielsetzung, Anpassungsleistungen des Individuums mit Hilfe der Gruppe an gesellschaftliche Verhältnisse zu unterstützen, gerieten ab Ende der 1960er-Jahre systemverändernde Ansprüche an die Soziale Arbeit in den Mittelpunkt der fachlichen Diskussionen. Diesem Anspruch schien die Soziale Gruppenarbeit nicht zu entsprechen, da sie auf sozialstaatliches Handeln nicht kritisch-reflexiv einwirkte und somit für die Veränderung der Gesellschaft keine Wirkmächtigkeit zu haben schien (Schmidt-Grunert, 2009, S. 33–35). Die Entwicklung, auf das Verhalten des Individuums zu rekurrieren und dadurch die gesellschaftlichen Verhältnisse weitestgehend außer Acht zu lassen, verstärkte sich noch durch die Therapeutisierung der Sozialen Gruppenarbeit. So ist bis heute zu beobachten, dass die Soziale Gruppenarbeit auf psychologisch-therapeutischen Theorien beruht, deren Anliegen es ist, das Individuum selbst zu verändern. Zu diesen Ansätzen zählen insbesondere das Psychodrama (Moreno), die Gestalttherapie (Perls), die Encounter-Gruppen (Rogers, Watzlawick), die Transaktionsanalyse (Berne), die Verhaltenstherapie (Skinner, Watson, Pawlow) und die Themenzentrierte Interaktion – TZI (Cohen). Gesellschaftliche Bedingungen als Grundlagen individuellen Agierens und Reagierens sind in diesen theoretischen Ansätzen generell unterrepräsentiert und können in letzter Konsequenz dazu führen, dem Einzelnen die alleinige Verantwortung für eine gelingende Integrationsleistung in die Gesellschaft zu übertragen (Schmidt-Grunert, 2009, S. 36–37).

Seit Mitte der 1980er Jahre ist eine Gegenreaktion auf die Therapeutisierung und Psychologisierung zu beobachten, die sich mit der Eigenständigkeit der Sozialen Arbeit auseinandersetzt und dabei eine Sozialarbeitswissenschaft fordert. Mit Ansätzen wie z. B. der Lebensweltorientierung (Thiersch) werden seit den 1990er-Jahre Perspektivwechsel in die Soziale Arbeit eingeführt und die Methodenentwicklung als eine zentrale Forschungsaufgabe deklariert. Davon ist auch die wissenschaftliche Fundierung der Sozialen Gruppenarbeit betroffen. In diesem Zusammenhang werden die Kleingruppe und ihre biografischen und lebensweltlichen Bezüge zum Forschungsgegenstand. Auf diese Weise soll die Fortentwicklung der Sozialen Gruppenarbeit als eine zentrale Methode der Sozialen Arbeit gewährleistet werden (Schmidt-Grunert, 2009, S. 38).

Heute ist die Soziale Gruppenarbeit eine Methode, die den ausschließlichen Blick auf die Defizite des Individuums erweitert hat. So ist sie heute bedürfnisorientiert, emanzipatorisch sowie lebenswelt- und alltagsorientiert und ist von der Einsicht geleitet, sich von vorhandenen Ressourcen leiten zu lassen, ohne zu leugnen, dass fachliche und kompensatorische

Formen der Hilfe auch weiterhin zu leisten sind (vgl. Schmidt-Grunert, 2009, S. 73).

Die Entwicklung der Sozialen Gruppenarbeit in der Bundesrepublik Deutschland lässt sich also in fünf Phasen aufteilen (vgl. Schmidt-Grunert, 2009, S. 26–27.):

1. Phase (1945–1965) vorprofessionelle Gruppenarbeit;
2. Phase (bis Ende der 1960er-Jahre): Etablierung der Arbeit mit Gruppen;
3. Phase (Anfang der 1970er-Jahre): kritische Infragestellung der Sozialen Gruppenarbeit;
4. Phase (Mitte der 1970er-Jahre bis heute): Therapeutisierung;
5. Phase (Mitte der 1980er-Jahre bis heute): Verwissenschaftlichung.

Gruppe als soziale Form vs. Gruppe als Lernsetting

In der Soziologie ist Gruppe eine vielfältige und unterschiedlich verwandte Bezeichnung für eine Mehrzahl von Individuen. Der Begriff kann den Zusammenschluss von Personen von der Zweckgemeinschaft über Formen der Lebensgemeinschaft bis hin zur Gesamtgemeinschaft beinhalten. Die meisten Definitionsversuche gehen von einer Anzahl von mindestens zwei oder mehr Personen aus, die eine regelmäßige und zeitlich überdauernde Gemeinschaft bilden, die eine soziale Struktur ausgebildet hat (Klima, 2010, S. 262). Gruppe wird als eine soziale Form definiert, in der sich soziale Strukturen verdichten können. Doch wo liegt der Unterschied zwischen Gruppe als sozialer Form und Gruppe als sozialem Lernsetting? Wodurch bekommt Gruppe ihre Bedeutung als Ort und Medium der Erziehung? Schrapper hat das Typische von Gruppe im Kontext Sozialer Arbeit prägnant zusammengefasst:

- Bei einer Gruppe handelt es sich um eine Anzahl von Menschen, die zu einem gegebenen Anlass in bestimmter Absicht zusammenkommen, wodurch der Rahmen auf eine entsprechende Weise vorgegeben ist. Diese Form der Vorgaben ist in einer Jugendvollzugsanstalt voraussetzungsvoller als in einem Jugendwohnheim oder einem Kindergarten. Gemeinsam ist ihnen jedoch, dass sowohl die Zugehörigkeit zur Gruppe als auch die Teilnahme an ihren Aktivitäten durch diese Vorgaben bestimmt werden.

- Soziale Gruppenarbeit wird durch Institutionen organisiert, die durch die Leistungsträger (z. B. Jugendamt) mit Aufträgen und Ressourcen ausgestattet und kontrolliert werden. Dabei sind die Institutionen bei der Realisierung ihrer pädagogischen Aufträge an Gesetze und Vorschriften gebunden. Die ausführenden Mitarbeiter_innen unterliegen zudem der institutionsinternen Kontrolle durch die Fachaufsicht.

- Neben der sozialen Struktur der Gruppe ist auch die Leitung in eindeutiger Weise bestimmt. Abhängig von den Strukturen (Institution) und Personen (Leistung) kommt es im Zusammenwirken mit der Gruppe zu einem dynamischen Spannungsverhältnis von „formeller und informeller Einflussnahme", die den zentralen Kern der pädagogischen Arbeit mit Gruppen und dem daraus entstehenden Lernsetting ausmachen.

- Neben der Frage der Zugehörigkeit zur Gruppe und der Gruppenleitung sind die Inhalte, Ziele und Methoden in einem Konzept schriftlich formalisiert. Diese Standardisierung zielt darauf ab, die Soziale Gruppenarbeit fachlich zu legitimieren und gegenüber dem Leistungsträger auszuweisen. Die Diskrepanz und Spannung zwischen dem offiziellen Konzept und dem tatsächlichen, durch die Dynamik und Unvorhersehbarkeit menschlicher Emotionalität und Rationalität bedingten Programm, gehört zu den prägenden Merkmalen Sozialer Gruppenarbeit (Schrapper, 2015, S. 189–190.).

Das Zustandekommen von Sozialer Gruppenarbeit ist, wie beschrieben, voraussetzungsvoll. Es bedarf bestimmter Vorbedingungen, damit sich soziale Strukturen und Dynamiken und programmatische Überlegungen so verdichten, dass der Rahmen für ein pädagogisches Lernsetting gegeben erscheint. Durch diese Definition der Rahmenbedingungen von Sozialer Gruppenarbeit kann auch eine explizite Abgrenzung zu Selbsthilfegruppen vorgenommen werden. In Selbsthilfegruppen gibt es in der Regel keinen Leistungsträger[2], keine institutionelle Einbindung und keine geschulte Leitung im beschriebenen Sinne. So verstanden fallen Selbsthilfegruppen also nicht unter die Begrifflichkeit Sozialer Gruppenarbeit.

Ziele von Sozialer Gruppenarbeit

Das Anliegen, Notlagen nicht nur individualisiert anzugehen, sondern in Gruppen kollektiv nach Lösungen und Bewältigungsstrategien zu suchen, kann als gemeinsames Leitmotiv der Sozialen Gruppenarbeit angesehen werden. Die Soziale Arbeit hat durch die Soziale Gruppenarbeit ein Medium, um Gruppe als pädagogisches Lernsetting zu nutzen und so gemeinsame Lernerfahrungen zu ermöglichen, die individuelle Wirkun-

---

[2] Unter bestimmten Voraussetzungen können im Rahmen der Selbsthilfeförderung gemäß § 20 c SGB V Kosten für Räumlichkeiten, Öffentlichkeitsarbeit etc. erstattet werden.

gen bei den Mitgliedern erzielen sollen. Problembehaftete soziale Situationen können in diesem Setting aufgenommen, thematisiert und sowohl auf einer reflexiven, als auch auf einer handlungsorientierten Ebene bearbeitet werden. (Wendt, 2015, S. 233). Die Soziale Gruppenarbeit zielt dabei auf Menschen, die mit individuellen und sozial bedingten Beeinträchtigungen leben müssen. Diese Defizite, die den Einzelnen bei der Alltagsbewältigung signifikant behindern, sollen durch das Angebot der Sozialen Gruppenarbeit kompensiert werden. So soll dem einzelnen Menschen in der Gruppe eine Hilfestellung gegeben werden, die ihn befähigt, seine Lebenssituation in der Familie, der Schule, der Heimeinrichtung oder dem Beruf so zu bewältigen, dass keine professionellen Hilfen von außen mehr benötigt werden und die gesellschaftliche Funktionalität wieder hergestellt wird (Schmidt-Grunert, 2009, S. 62). Die Wiederherstellung oder Verbesserung der Funktionalität des Individuums ist also zentrales Anliegen der Sozialen Gruppenarbeit. So definiert Konopka (2000, S. 169): „Soziale Gruppenarbeit ist eine Methode der Sozialarbeit, die den Einzelnen hilft, ihre soziale Funktionsfähigkeit durch zweckvolle Gruppenerlebnisse zu steigern und ihren persönlichen, Gruppen- oder gesellschaftlichen Problemen besser gewachsen zu sein". Die Zielsetzung der Sozialen Gruppenarbeit ist es demnach, das Individuum zu (re-)integrieren, es geht also um soziale Anpassung und die Steigerung der sozialen Funktionsfähigkeit (Galuske et al., 2013, S. 97).

Aus dieser Konkretisierung der Sozialen Gruppenarbeit kann abgelesen werden, dass die Kritik an den herrschenden gesellschaftlichen Verhältnissen oder gar eine Veränderung oder Verbesserung in dieser Methode der Sozialen Arbeit zunächst konzeptionell nicht vorgesehen ist. Darin stimmt sie mit der Einzelfallhilfe überein.

Allerdings gibt es Soziale Gruppenarbeit auch im Rahmen von sozial-raumorientierter Sozialer Arbeit, die auf gesellschaftliche Partizipationsprozesse und die Verbesserung von Lebenswelten ausgerichtet ist. Dort ist sie in einen intervenierenden Kontext eingebunden und kann in dieser Verbindung zur Veränderung sozialer Strukturen beitragen. Damit bekommt Soziale Gruppenarbeit in diesem Zusammenhang auch eine politische Dimension.

Werden dagegen soziale Abweichungen nur als individuell zugeschriebene Defizite betrachtet und als inhärente Eigenschaften von Adressat_innen der Sozialen Arbeit klassifiziert, besteht die Gefahr, dass Soziale Gruppenarbeit zu einem „Behandlungsplan" und damit Bestandteil einer rein therapiefokussierten Form der Sozialen Arbeit wird. Die reine Bezugnahme auf die nicht vorhandene Funktionsfähigkeit des Individuums und die damit einhergehende Notwendigkeit sozialer Integration greift als Erklärungsmodell für die Verursachung und Behebung von sozialen Problemlagen deutlich zu kurz. Zudem degradiert diese Sichtweise den subjektiven Willen des Individuums, den gesellschaftlichen Konventionen nicht nachkommen zu wollen zu einem Funktionsdefizit und lässt außer Acht, dass es sich auch um einen Akt der Selbstbestimmung handeln könnte.

Die Ziele Sozialer Gruppenarbeit sind mit (Re-)Integration, sozialer Anpassung und Steigerung der sozialen Funktionsfähigkeit benannt. Dabei befindet sich die Soziale Gruppenarbeit als Methode der Sozialen Arbeit im Spannungsfeld unterschiedlicher, teilweise divergierender Zielebenen. Diese Divergenzen zwischen Strukturfunktionalismus (gesellschaftlicher und organisationaler Auftrag) und der individuellen Lebenswelt der Adressat_innen (Motivation, eigene Ziele und Erwartungen etc.) können zu Zielkonflikten führen, die im Rahmen eines Erwartungsmanagements zu Beginn einer Gruppenarbeit thematisiert werden müssen. Hierdurch werden die Zielkonflikte transparent und können so, in Form von Reflexion, wichtiger Bestandteil der Gruppenarbeit werden. Folgende Zielkonflikte können im Rahmen von Sozialer Gruppenarbeit eine Rolle spielen:

- Soziale Gruppenarbeit unterliegt öffentlichen Rahmenbedingungen. In der Jugendhilfe werden Zielbestimmungen im Kontext gesellschaftlicher und institutioneller Kontexte vorgegeben, wodurch Soziale Gruppenarbeit immer auch Projekt gesellschaftlicher Veränderungsprozesse ist, die durch Normen und Werte geleitet sind. Durch die gesellschaftlichen Vorgaben und die unter Umständen dazu divergierenden Positionen der Adressat_innen können hier Normen- und Wertekonflikten entstehen.

- Die Ziele, die im Rahmen einer Sozialen Gruppenarbeit maßgeblich sind, werden durch die Leitung definiert und an deren Überzeugungen, subjektiven Theorien oder beruflichen Erfahrungen ausgerichtet. Als Folge dieser Dominanz kann es zu Interessenkonflikten zwischen der Leitung und der Gruppe kommen.

- Die Ziele im Rahmen der Sozialen Gruppenarbeit werden durch die Gruppe selbst entwickelt und formuliert. Diese Form der Zieldefinition kann dazu führen, dass die Dynamik einer Gruppe dazu verleitet, dass pädagogisch nicht intendierte Ziele festgelegt werden und die Soziale Gruppenarbeit in einem pädagogisch undefinierten Raum stattfindet.

- Ziele werden im Laufe der Sozialen Gruppenarbeit durch die Adressat_innen oder die Leitung implizit in das Gruppengeschehen eingebracht und bewusst oder unbewusst ausagiert. Dieses Phänomen hat teilweise weitreichende Auswirkungen auf die anderen Zielebenen, besonders dann, wenn es nicht zum Teil der Reflexionsprozesse der Gruppe gemacht werden kann (Behnisch et al., 2013, S. 212). Die daraus entstehenden gruppendynamischen Prozesse können so weitreichend sein, dass ein Scheitern der Sozialen Gruppenarbeit möglich wird.

Arbeiten mit Gruppen – handlungsleitende Prinzipien

Die konkreten Ziele, die im Rahmen von Sozialer Gruppenarbeit verfolgt werden, sind abhängig vom Arbeitsfeld, den organisationalen Rahmenbedingungen oder der Zusammensetzung der Gruppe und können dementsprechend unterschiedlich sein. Dennoch lassen sich übergeordnete, die pädagogische Arbeit leitende Prinzipien fixieren, die sich auf die verschiedenen Rahmungen übertragen lassen. Diese Prinzipien lassen sich einteilen in übergeordnete und situationsbezogene Dimensionen. Zu den übergeordneten Dimensionen Sozialer Gruppenarbeit gehören Begegnung, Kooperation, Bildung und Verantwortung. Die situationsbezogenen Zieldimensionen lassen sich in vier Kategorien voneinander abgrenzen:

- Individuelle Dimension: Hier geht es um die Förderung des Selbstbewusstseins und der individuellen Entwicklung im kognitiven, emotionalen, psychosozialen und psychomotorischen Bereich.
- Interaktionelle Dimension: Im Fokus steht hier das Selbsterleben in der Beziehung zu anderen Gruppenmitgliedern, das Realisieren von Regeln, Solidarität, Selbstwirksamkeit und Konflikten in Gruppen und die daraus erwachsenden Sozialkompetenzen.
- Inhaltliche Dimension: Diese Dimension bezieht sich auf eine Bildungsaufforderung, die eine selbstwirksame Aneignung von lebenspraktischen Kompetenzen ermöglicht und Menschen dazu befähigt, zu mündigen Bürgern heran- oder nachzureifen.
- Kontextuelle Dimension: Diese Ziele beziehen sich auf die politische Reichweite Sozialer Gruppenarbeit. In Verbindung mit der Gemeinwesenarbeit oder der Sozialraumorientierung in einem Stadtteil kann die Soziale Gruppenarbeit aus sich heraus auf soziale Schieflagen aufmerksam machen und ist gleichzeitig ein Instrument, an Lösungen mitzuarbeiten (Behnisch et al., 2013, S. 213–214).

Hier stellt sich nun die Frage, welcher pädagogischer Prinzipien und Grundhaltungen es bedarf, um die übergeordneten und situationsbezogenen Dimensionen im Setting Sozialer Gruppenarbeit realisieren zu können. Diese pädagogischen Prinzipien sind auf den ersten Blick eine Selbstverständlichkeit, die sich augenscheinlich in der Sozialen Gruppenarbeit durchgesetzt hat. Prinzipien jedoch, die als handlungsleitend für Gruppenleitungen zu verstehen sind, bedürfen einer Erklärung, denn sie werden in der Praxis nicht selten folgenschwer fehlinterpretiert und werden daher folgend in ihrer Bedeutung und Reichweite skizziert:

- Individualisieren;
- Anfangen, wo die Gruppe steht;
- Sich entbehrlich machen;
- Hilfe durch Programmgestaltung;
- Erzieherisch richtig Grenzen setzen (Schiller, 1966, S. 139).

„Individualisieren" wird überwiegend interpretiert als „den einzelnen so akzeptieren, wie er ist". Nicht selten wird dieses Prinzip im pädagogischen Alltag zur Floskel degradiert, denn wäre es so, könnte man jedwede gruppenpädagogische Einflussnahme ad acta legen. Beruht pädagogisches Handeln doch auf der Tradition, auf menschliche Entwicklungen und menschliches Verhalten Einfluss nehmen zu wollen. So setzt der Veränderungsbedarf an einem Ist-Zustand an, der aus pädagogischer Perspektive als veränderungswürdig eingeschätzt wird. Dies erzeugt ein Spannungsfeld, bestehend aus der Notwendigkeit, Kritik im pädagogischen Kontext anzuwenden und zuzulassen und dem Umstand, dass eben diese Kritik bei den Adressat_innen zu Widerstand und Demotivation führen kann (Schmidt-Grunert, 2009, S. 70–72). Individualisieren bedeutet also vielmehr, den Einzelnen mit seinen Bedürfnissen, Hoffnungen, Ängsten und Erwartungen im Kontext der Gruppe wahrzunehmen und nicht kollektive Vorstellungen über die Gruppe auf den Einzelnen zu transformieren. Es geht also um die Akzeptanz von Individualität, nicht um eine generalisierte Akzeptanz von Verhaltensweisen und deren sozialen Auswirkungen.

„Anfangen, wo die Gruppe steht" kann ebenso zu Uneindeutigkeiten führen, da der Bezugspunkt das Kollektiv ist. Der Beginn der Arbeit mit Gruppen beinhaltet faktisch, dass es noch nicht möglich ist zu wissen, wo die Gruppe steht. Es bedarf aus diesem Grund einer prozesshaften Rekonstruktion der individuellen Erwartungen, Interessen, Ressourcen, Defizite, Hoffnungen und Ängste Einzelner und die Einbindung der gewonnenen Erkenntnisse in den Prozess der Gruppe. Diese Herangehensweise erstreckt sich über den gesamten Verlauf der Sozialen Gruppenarbeit und ist nach diesem Verständnis nie ganz abgeschlossen. So verstanden und angewandt, beginnt man im Rahmen einer als Prozess verstandenen Analyse immer da, wo die Gruppe steht.

„Sich entbehrlich machen" heißt, die Gruppe in ihrer Selbstorganisation zu fördern und die Selbstleitungskompetenzen jedes Gruppenmitglieds auszubauen. Dies kann nur gelingen, wenn die Gruppenleitung sich aus Prozessen, die sich auch ohne ihre Intervention gestalten lassen, zurückzieht. Auf diese Weise kann die soziale Struktur der Gruppe gefestigt und die Autonomie der Gruppe und des Einzelnen gestützt und ausgebaut werden. Dabei bedarf es einer gewissen Erfahrung der Gruppenleitung, dieses Prinzip situationsadäquat anwenden zu können, um zu beurteilen, ob die Gruppe in ihrem spezifischen Prozess mehr Führung oder mehr Freiheit benötig.

Das Prinzip „Hilfe durch Programmgestaltung" zielt darauf ab, durch den gezielten Einsatz von Programmen, gemeint sind Inhalte und Themen, Gruppentreffen zu strukturieren. Dieses Prinzip ist neben der Gestaltung von Beziehungen innerhalb der Gruppe, zwischen Gruppe und Leitung sowie zwischen Gruppe und Umwelt zentrales Interventionsinstrument von Sozialer Gruppenarbeit (Galuske et al., 2013, S. 99).

„Erzieherisch richtig Grenzen setzen" bedeutet für Sozialarbeiter_innen, situationsangemessen zu intervenieren und einer Person in Bezug auf ein bestimmtes unerwünschtes Verhalten Grenzen zu setzen mit dem Ziel, einen Entwicklungsimpuls zu geben und einen Lernprozess in Gang zu setzen, der zu modifiziertem Verhalten führen kann. Was in diesem Zusammenhang richtig zu bedeuten hat, ist dabei sowohl vom Kontext und dem Ziel der Gruppenarbeit abhängig als auch von gesellschaftlichen und fachlichen Normen.

Die Prinzipien sollen an dieser Stelle als Orientierungshilfen verstanden werden, die Referenzpunkte für die Reflexion in der pädagogischen Arbeit mit Gruppen bieten können. Keinesfalls sind diese Prinzipien als Matrix zu verstehen, die die Komplexität und Individualität von Gruppen und deren Dynamik unterminieren oder gar negieren sollen. Regeln, die an Prinzipen ausgerichtet sind, beschreiben und begrenzen die Handlungsspielräume der Gruppenmitglieder. Diese Tatsache ist sowohl wichtiges soziales Lernfeld der Gruppe, gleichzeitig aber auch Determinante für Selbstorganisation, Kreativität und Spontaneität. Dies auszubalancieren ist Aufgabe der Gruppenleitung, denn die Gruppe im Kontext Sozialer Gruppenarbeit ist nicht Selbstzweck, sondern Rahmung für Erziehung, Wachstum, Reifung, Bildung und Heilung. Die Eingliederung des Einzelnen in die Gesellschaft steht im Mittelpunkt gruppenpädagogischer Konzepte. Die Gruppe ist in diesem Sinne das Instrument pädagogischer Einflussnahme. Vor diesem Hintergrund kann von Sozialer Gruppenarbeit erst dann die Rede sein, wenn auch ein_e in der Führung von Gruppen geschulte_r Expert_in deren Leitung übernimmt (Galuske et al., 2013, S. 97). Fachkräfte der Sozialen Arbeit als Gruppenleitung kommen vielfältige und anspruchsvolle Aufgaben zu. So sind sie in der Rolle der Prozessbegleiter_in, um die Selbstorganisation der Gruppe zu fördern und einen Rahmen für das Heranwachsen von Autonomie zu schaffen. Diese Selbstorganisation soll durch pädagogische Interventionen so angeregt werden, dass die Gruppe in ihren Fähigkeiten wächst. Gleichzeitig soll dabei aber die relative Autonomie der Gruppe gefördert und geachtet werden. Bei Konflikten kann die Gruppenleitung moderierend einwirken und muss ein Gespür dafür besitzen, welche Konflikte auch ohne ihre Einflussnahme ausgehandelt werden können. Bei eskalierenden Konflikten ist ihre Präsenz und Standhaftigkeit gefragt. Sollte sich die Gruppe zu Beginn Regeln für die Zusammenarbeit gegeben haben, ist es zudem Aufgabe der Gruppenleitung, auf die Einhaltung der gemeinsamen Regeln zu achten und diese unter Umständen einzufordern. Dazu muss die Gruppenleitung permanent den Prozess der Gruppe und des einzelnen Gruppenmitglieds im Blick haben und fachlich reflektieren. Diese kleine und unvollständige Auswahl von erforderlichen Fähigkeiten und Fertigkeiten macht deutlich, wie anspruchsvoll die Leitung von Sozialer Gruppearbeit in der Praxis Sozialer Arbeit ist. Um auf diese Praxis vorbereitet zu sein, ist einiger Aufwand notwendig. Dies betrifft das Studium der Sozialen Arbeit, wo Soziale Gruppenarbeit in Theorie und Praxis fester Bestandteil des Kurrikulums sein sollte. Erforderlich ist aber auch das Selbststudium der Studierenden, durch ausgesuchte Literatur an der Erweiterung der fachlichen Qualifikation, über das Präsenzstudium hinaus, mitzuarbeiten. Zudem betrifft es die Arbeitgeber_innen in der Sozialen Arbeit, die ihre Mitarbeiter_innen durch Fortbildungen zur Gruppenleitung weiterqualifizieren sollten, sofern Soziale Gruppenarbeit in ihren Arbeitszusammenhängen zur Anwendung kommt.

Kritische Erläuterungen zur Methode

Die Ursprünge vieler Gruppenverfahren beruhen auf psychologischen und psychotherapeutischen Ansätzen und bezogen sich somit auf andere Referenzgruppen als die der Sozialen Arbeit. Die rasante Verbreitung dieser Gruppenmethoden in den 1960er- und 1970er-Jahren ging einher mit der Kritik, dass der Kontext von Institution, Organisation und Gesellschaft so gut wie nicht thematisiert worden sei. Sowohl psychologische als auch psychotherapeutische Theorien, Verfahren und Methoden sind üblicherweise auf die Dyade zwischen dem Therapeuten und dem Klienten bzw. auf die Beziehungsrelationen der Gruppenmitglieder untereinander ausgerichtet, wodurch die Vernachlässigung von Kontextfaktoren zu erklären ist. Nellessen weist zudem auf einen weiteren Erklärungsansatz hin, warum in Gruppenmethoden der Kontext von Institution, Organisation und Gesellschaft möglicherweise unterrepräsentiert ist. Denn menschliche Empathie sei für den Nahbereich und kleine familienähnliche Konstellationen evolutioniert worden, so Nellessen. Aus diesem Grund bedürfe es auch besonderer methodischer und diagnostischer Anstrengungen, die Wirkmächtigkeit von Institution, Organisation und Gesellschaft auf unser Verhalten zu erfassen und zu reflektieren (Nellessen, 2010, S. 652).

Menschliche Empathie verleite dazu, außer den Nahbereich, also die Probleme, Bedürfnisse und Emotionen des Einzelnen bzw. der Gruppe nichts Weiteres wahrzunehmen. Sich dieser Restriktionen bewusst zu sein ist Voraussetzung dafür, auch die Kontextfaktoren in das Blickfeld der Gruppenprozesse zu rücken, so dass die Soziale Gruppenarbeit immer den Anschluss an die Realitäten der Außenwelt herstellen kann. Auch auf anderer Ebene ist Soziale Gruppenarbeit als Methode der Sozialen Arbeit durchaus voraussetzungsvoll. Um die Lösung von Aufgaben und Problemen mit Klient_innen in der Gruppe und mit der Gruppe durchführen zu können, muss der bzw. die Sozialarbeiter_in eine tragfähige Beziehung zu den Mitgliedern der Gruppe aufbauen. Dies ist die konstituierende Voraussetzung dafür, dass das Hilfeangebot auf die benötigte Akzeptanz stößt und ein Setting entsteht, das durch Vertrauen und das Gefühl der Annahme geprägt ist. Zeitgleich muss der bzw. die Fachkraft der Sozialen Arbeit als Gruppenleitung immer wieder in der Lage sein, sich vom Klient_innensystem zu distanzieren und in eine Beobachter_innenrolle zu wechseln. In dieser reflexiven Distanz wird das Gehörte und Gesehene mit dem theoretischen Wissen in Bezug gesetzt. Aus den Erkenntnissen werden dann Strategien und Verfahren entwickelt, die für den weiteren Prozessverlauf der Sozialen Gruppenarbeit dienlich sind. Diese sowohl kognitiv als auch emotional hoch anspruchsvolle Reflexionsleistung und deren Umsetzung in professionelles Handeln ist besonders für Berufseinsteiger_innen in die Soziale Arbeit eine herausfordernde Tätigkeit. Es besteht die Gefahr für die Gruppenleitung, sich in Situationen der Überforderung auf eine der Komplexität unangemessene Form der intuitiven Herangehensweise oder auf die vorschnelle Verkürzung von Prozessen einzulassen. In derartigen Situationen der Überforderung von Professionellen erscheint es plausibel, sich auf Verfahren zurückzuziehen, die Sicherheit suggerieren und Handlungsfähigkeit vortäuschen. Das Ergebnis sind oft sinnhaft unverbundene und theoretisch unbegründete Übungen, die aneinandergereiht werden, ohne explizierendes erkenntnis- oder handlungsleitendes Interesse erkennen zu lassen. In die gleiche Kategorie ist auch der ständige Rückgriff auf die Eigenverantwortung der Gruppe und die Selbstleitungskompetenz des Einzelnen einzuordnen. Geschieht dieser Verweis aus einer Konzeptlosigkeit der Gruppenleitung, um eigene Unsicherheiten zu kompensieren, werden die an sich guten Empfehlungen „bis zur Sinnlosigkeit eingefordert, die Teilnehmer_innen mehr verwirrt als gefördert" (Nellessen 2010, S. 652). Durch diese Gemengelage kann es zu einem Auseinanderfließen von inhaltlichen, prozessorientierten oder dynamischen Strukturen kommen, die den Erfolg der Sozialen Gruppenarbeit infrage stellen können. Für Berufseinsteiger_innen im Besonderen, aber auch für erfahrene Fachkräfte ist eine Reflexion der Arbeit mit sozialen Gruppen daher besonders notwendig. Für diese Form der Reflexion von beruflichen Prozessen, Problemen und Fragestellungen ist insbesondere das Format Supervision von Bedeutung.

Fazit

Soziale Gruppenarbeit ist aus dem Kanon der Methoden der Sozialen Arbeit nicht wegzudenken. Sie hat eine lange und vielseitige Geschichte, ist weder angestaubt, noch aus der Mode gekommen. Dennoch bedarf sie einer Renaissance. In der Praxis der Sozialen Arbeit ist Soziale Gruppenarbeit oft degradiert zu einer Arbeitsform, in der mit den Adressat_innen unter Aufsicht einer Fachkraft der Sozialen Arbeit Kochen, Gesellschaftsspielabende oder Gruppenspaziergänge stattfinden. Diese an sich wertvollen und für die Adressat_innen in verschiedener Hinsicht auch nützlichen Tätigkeiten werden häufig unter dem Label von Sozialer Gruppenarbeit konzeptionell legitimiert und begründet. Weitergehende Intentionen, die Gruppenarbeit als fachlich geleitete und pädagogisch hoch ausdifferenzierte Methode zu kennzeichnen, gibt es dagegen sehr oft nicht. Die Praxis der Sozialen Arbeit ist daher mit dem Blick in ihre unterschiedlichen Handlungsfelder aufgefordert, Soziale Gruppenarbeit mehr und spezifischer für die Arbeit mit Adressat_innen einzusetzen. Hierzu bedarf es nicht nur fachlich fundierter Konzepte, sondern auch gut ausgebildeter Sozialarbeiter_innen. Dabei spielt die Qualifizierung an Hochschulen eine entscheidende Rolle. Nur wenn der Sozialen Gruppenarbeit in der Hochschulausbildung eine wichtige und damit angemessene Rolle zugeschrieben wird, ist es möglich, sie als zentrale und gewinnbringende Methode für die Praxis Sozialer Arbeit zu erhalten.

Literatur

Behnisch, M., Lotz, W., & Maierhof, G. (2013). *Soziale Gruppenarbeit mit Kindern und Jugendlichen. Theoretische Grundlage – methodische Konzeption – empirische Analyse* (Grundlagentexte Soziale Berufe). Weinheim: Beltz Juventa.

Belardi, N. (2009). *Supervision. Grundlagen, Techniken, Perspektiven.* (Beck'sche Reihe C. H. Beck Wissen, Bd. 2157, 3. Aufl.). München: Beck.

Galuske, M. (2013). *Methoden der sozialen Arbeit. Eine Einführung* (Grundlagentexte Sozial-pädagogik / Sozialarbeit, 10. Aufl.). Weinheim: Beltz Juventa.

Heltzel, R., & Weigand, W. (2012). *Im Dickicht der Organisation. Komplexe Beratungsaufträge verändern die Beraterrolle.* Göttingen: Vandenhoeck & Ruprecht.

Klima, R. (2010). Gruppe. In Fuchs-Heinritz, W. (Hrsg.): *Lexikon zur Soziologie.* (5. Aufl.) (S. 262). Wiesbaden: VS.

Konopka, G. (2000). *Soziale Gruppenarbeit: ein helfender Prozeß.* Weinheim: Deutscher Studien-Verlag. (Originalarbeit erschienen 1968).

Lambers, H. (2010). *Wie aus Helfen Soziale Arbeit wurde. Die Geschichte der Sozialen Arbeit* (Kernkompetenzen Soziale Arbeit und Pädagogik). Bad Heilbrunn: Klinkhardt.

Müller, C. W. (1982). *Wie Helfen zum Beruf wurde. Eine Methodengeschichte der Sozialarbeit* (Beltz Edition sozial, 1. Aufl.). Weinheim [u. a.]: Beltz.

Müller, C. W. (2006). *Wie Helfen zum Beruf wurde. Eine Methodengeschichte der Sozialen Arbeit* (Edition Sozial, 4. Aufl.). Weinheim: Juventa.

Nellessen, L. (2010). Von der Gruppenarbeit bis zur Familientherapie. In W. Thole (Hrsg.), *Grundriss Soziale Arbeit. Ein einführendes Handbuch* (3. Aufl.) (S. 649–661). Wiesbaden: VS.

Pühl, H. (2009). Supervision und Organisationsentwicklung – Beratung im Wandel. In H. Pühl (Hrsg.), *Handbuch Supervision und Organisationsentwicklung* (3. Aufl.) (S. 15–27). Wiesbaden: VS.

Rappe-Giesecke, K. (1994). Gruppensupervision und Balintgruppenarbeit. In H. Pühl (Hrsg.), *Handbuch der Supervision 2* (S. 72–84). Berlin: Spiess.

Schiller, H. (1966). *Gruppenpädagogik als Methode der Sozialarbeit. Darstellung und Analyse ihrer Theorie und Praxis* (3. Aufl.). Wiesbaden: Haus Schwalbach.

Schmidt-Grunert, M. (2009). *Soziale Arbeit mit Gruppen. Eine Einführung* (3., überarb. Aufl.). Freiburg: Lambertus.

Schrapper, C. (2015). Die Gruppe als Mittel zur Erziehung – Gruppenpädagogik. In C. Edding & Schattenhofer, K. (Hrsg.), *Handbuch Alles über Gruppen. Theorie, Anwendung, Praxis* (2. Aufl.) (S. 186–208). Beltz.

Stimmer, F. (2012). *Grundlagen des methodischen Handelns in der sozialen Arbeit* (Sozialpädagogik, 3., völlig überarb. und erw. Aufl.). Stuttgart: Kohlhammer.

Tenorth, H.-E., & Kallert, H. (2011). Reformpädagogik. In Deutscher Verein für öffentliche und private Fürsorge (Hrsg.), *Fachlexikon der sozialen Arbeit* (7. Aufl.) (S. 698 f). Baden-Baden: Nomos.

Wendt, P.-U. (2015). *Lehrbuch Methoden der Sozialen Arbeit* (Studienmodule soziale Arbeit, 1. Aufl.). Weinheim: Beltz Juventa.

Wendt, W. R. (2008). *Geschichte der Sozialen Arbeit 1. Die Gesellschaft vor der sozialen Frage* (5. Aufl.). Stuttgart: UTB GmbH.

Wendt, W. R. (1995). *Geschichte der sozialen Arbeit* (Enke Sozialwissenschaften, 4. Aufl.). Stuttgart: Enke.

Wieringa, C. F. (1990). Entwicklungsphasen der Supervision (1860–1950). *Supervision*, 18, 37–42.

WOLFGANG HINTE

Gemeinwesenarbeit

Einleitung

Beratung einzelner Menschen in Notlagen, Schutz von gefährdeten Kindern, pädagogische Arbeit in Heimen für Kinder und Jugendliche, behördliche / obrigkeitsstaatliche Interventionen zur Abwendung von Gefährdungen, Gewährung von staatlich finanzierten Maßnahmen zur Unterstützung „schwieriger" Familien, Betreuung von Straftätern in Haftanstalten oder im Rahmen der Bewährungshilfe, Organisation von Ferienfreizeiten, Schuldnerberatung oder auch „Fürsorgearbeit" in bestimmten Wohnvierteln oder mit definierten Zielgruppen – in den 1950 / 1960er Jahren waren das klassische Arbeitsfelder von Fachkräften der Sozialen Arbeit. Die Konzentration auf den Einzelfall, die obrigkeitsstaatliche Intervention, die Kontrolle behördlich veranlasster Maßnahmen und damit einhergehende professionelle Definitionsmacht über das Leben von „Klient_innen" prägten die Soziale Arbeit in der damaligen Bundesrepublik Deutschland sowohl in der Ausbildung als auch in nahezu allen Praxisfeldern. Diese auch dem gesellschaftlichen Klima der damaligen Zeit geschuldete Beschaulichkeit wurde nachhaltig irritiert und geradezu verstörend aufgeschreckt durch die vornehmlich aus den USA und den Niederlanden transportierte Debatte um „Gemeinwesenarbeit" (GWA). Die Protagonisten dieses Konzepts kritisierten, dass Soziale Arbeit sich in keiner Weise um die Ursachen sozialer Probleme kümmerte, lediglich als nachgängige Instanz an den Symptomen einzelner Menschen herumdokterte, nichtmal ansatzweise das Lebensumfeld der Menschen einbezog und jedwede Sicht auf größere Zusammenhänge, angefangen von der Straße über das Dorf, den Stadtteil, die Stadt bis hin zum Staat vermissen ließ. Da war dann auf einmal die Rede von Widerstand gegen den Staat, Betroffenenbeteiligung, Veränderung von Verhältnissen, Organisation von Gegenmacht, Kampf gegen das Establishment und von kollektiver Betroffenheit als Ausgangspunkt Sozialer Arbeit – allesamt Vokabeln, die das etablierte Bürgertum, aber auch die dadurch geprägte bürgerliche Soziale Arbeit (nicht nur damals) geradezu in Alarmzustand versetzten. Gemeinwesenarbeiter_innen initiierten Mieter_inneninitiativen, Demonstrationen und Stadtteilfeste, sie skandalisierten unzumutbare Wohnverhältnisse, infrastrukturelle Mängel, unsinnige Prestigeprojekte oder korrupte Funktionsträger_innen, sie organisierten öffentliche Debatten und Pressekampagnen und sorgten auf vielfältige Weise dafür, dass benachteiligte Bevölkerungsgruppen sich im Wohnquartier artikulierten, engagierten und organisierten. Das alles firmierte (nicht nur, aber vornehmlich) unter der Überschrift „Soziale Arbeit", auch wenn sich derlei Aktionen nur selten als anschlussfähig an die damals dominante Realität in der Sozialen Arbeit erwiesen.

Anfänge und Suchbewegungen in Deutschland

Nachdem GWA-Konzepte in den USA, in den Niederlanden und in Großbritannien schon seit Jahren im Rahmen professioneller Arbeitsfelder praktiziert wurden (s. dazu Boer & Utermann, 1970), wurde in den 1960er Jahren mit einiger Verspätung auch in deutschsprachigen Veröffentlichungen versucht, insbesondere die US-amerikanischen Strategien auf deutsche Verhältnisse zu übertragen oder auch eigene Konzepte für GWA zu entwickeln.[1] Ein Ausgangspunkt für die Beschäftigung mit GWA war die Unzufriedenheit mit den herkömmlichen Methoden der Sozialarbeit, Einzelfallhilfe und Gruppenarbeit, deren zentrale Aufgaben C. W. Müller (1971, S. 221) darin sah, „die Arbeitsfähigkeit der Arbeitsfähigen zu erhalten oder wiederherzustellen und die Lebensfähigkeit der nicht mehr Arbeitsfähigen minimal zu garantieren." Für die berufliche Sozialarbeit wurde GWA insbesondere in der Rezeption der 1960er Jahre zur „dritten Methode der Sozialarbeit", die eine fortschrittliche Ergänzung zur pathologisierenden Einzelhilfe versprach und zudem ein Stück mehr Professionalisierung für die Sozialarbeit bringen sollte; fortschrittliche katholische und evangelische Pfarrer sahen in der GWA eine Möglichkeit zur Verlebendigung des Gemeindelebens und der Parteinahme für Randgruppen; und für die politische Linke, insbesondere in den späten 1960er und in den 1970er Jahren, bot GWA die Chance, das System individueller Hilfe zu überwinden und über Lern- und Organisationsprozesse Widerstand „von unten" zu entwickeln, der dazu führen sollte, soziale und ökonomische

---

[1] Dies geschah allerdings ohne Rückgriff auf die Erfahrungen der deutschen Settlements und der reformpädagogischen Methodenansätze zu Beginn des Jahrhunderts (siehe dazu Buck, 1982).

Bedingungen im Sinne derer zu verändern, die darunter am stärksten litten. „Gemeinwesenarbeit" wurde im deutschsprachigen Bereich als umfassende Übersetzung für die US-amerikanischen Bezeichnungen „community-organisation", „community-development" und „community-work" gewählt (eine ausführliche Analyse der US-amerikanischen Begriffe findet sich bei Vogel & Oel, 1966). Die erste kritische Rezeption der GWA in der Bundesrepublik Deutschland nahm 1971 C. W. Müller vor und läutete damit eine Reihe von Veröffentlichungen ein, die – im ausdrücklichen Gegensatz zur konservativen Tradition – GWA als gesellschaftskritisch-emanzipatorischen Arbeitsansatz konturierten.

Im Folgenden werden zentrale Orientierungen in Theorie und Praxis der GWA skizziert, die insbesondere in den 1970er Jahren die Diskussion bestimmten und darüber hinaus bis heute die professionelle Praxis prägen.

Der wohlfahrtsstaatlichen Gemeinwesenarbeit ging es weniger um die Organisation von Betroffenen zur Selbsthilfe, sondern eher um eine Verbesserung des Dienstleistungsangebotes der im Wohnviertel tätigen Institutionen. Typisch dafür war ein Großteil der Praxis der institutionellen GWA bei freien Trägern und Kommunen. Man stellte einen Sozialarbeiter ein, nannte ihn „Gemeinwesenarbeiter" und beauftragte ihn, etwas „für die Siedlung" zu tun. Zunächst organisierte er eine Spielstube, in der er mit Kindern bastelte und sang, und als nächstes suchte er sich ein paar Gymnasiast_innen, die für die Sonderschüler_innen aus der Siedlung eine Schulaufgabenhilfe anboten. Zusätzlich veranstaltete er einige Bewohner_innenfeste und führte pro Jahr eine Ferienfreizeit durch. Seine Kontakte zu den erwachsenen Bewohner_innen erschöpften sich in Aktivitäten der Einzelhilfe und gelegentlichen Fahrten „ins Grüne". Über jede Veranstaltung wurde natürlich groß in der Lokalpresse berichtet: Zunächst wurde der Name des Verbandes genannt (Imagepflege), dann Name und Titel des jeweiligen Sozialarbeiters (Identitätsstütze), und weiter unten fanden sich dann noch einige Worte über die Bürger_innen, die froh sein sollten, dass sich endlich die Arbeiterwohlfahrt (oder Caritas, Diakonisches Werk, DRK, die Stadt o. a.) um sie kümmerte. Ein weiterer Schwerpunkt der professionellen Tätigkeit bestand darin, Kontakte zu anderen am Ort arbeitenden Institutionen zu knüpfen, um Mehrfachbetreuungen zu vermeiden und Hilfen zu koordinieren (s. dazu CGF, 1972). Konflikte, die sich auftaten bei der Anpassung überholter Dienstleistungen an neu artikulierte Bedarfe, wurden bezeichnet als „unentbehrliche Würze" (ebd., S. 101); gesellschaftliche Widersprüche sollten erträglich gemacht werden durch intensive zwischenmenschliche Beziehungen. Fragen von Macht, Herrschaft und politischer Beteiligung wurden ausgeklammert und fundamentale gesellschaftliche Ungerechtigkeiten geglättet. Eine solche Art von GWA „light" entpuppte sich als verlängerte Form fürsorgerischer Einzelhilfe. Lediglich der bzw. die Adressat_in sozialarbeiterischer Bemühungen hatte sich geändert: Nun wurden nicht mehr nur einzelne Menschen betreut, sondern man stürzte sich gleich auf das ganze Gemeinwesen.

Für viele Wohlfahrtsverbände und andere dienstleistende Organisationen wirkte in den 1970er Jahren ein solches Konzept schon geradezu revolutionär: Immerhin stand der „soziale Raum" im Zentrum, und die Menschen dort wurden zumindest gehört, während bisher doch die Bedürfnisse der Leute eher erdacht bzw. erahnt wurden oder gar keine Rolle spielten. Dennoch degenerierte der mit emanzipatorischen Hoffnungen „belastete" Ansatz der GWA – so verstanden – zu einem ausgeklügelten System sozialer Anpassung an bestehende Verhältnisse, auf deren Veränderung den Betroffenen keinerlei Einfluss zugestanden wurde.

Ein an den deutschen Hochschulen in den 1970er Jahren oft benutztes Standardwerk über GWA war das Buch von M. G. Ross (1971) über Methoden integrativer Gemeinwesenarbeit vor dem Hintergrund nordamerikanischer Verhältnisse. Ross ging davon aus, dass der gesellschaftliche Rahmen, den die demokratische Verfassung verbürgte, im Großen und Ganzen zufriedenstellend und damit die Verteilung von Macht und Herrschaft gerecht geregelt sei. Der zentrale Begriff im Konzept von Ross lautet deshalb „Integration".

Ross suchte nach Möglichkeiten einer harmonischen Anpassung vorhandener Interessen an ein abstraktes Gemeinwohl. Alle Gruppen des Gemeinwesens sollten kooperativ bestehende Probleme ausfindig machen und auf der Basis eines zu entwickelnden Wertekanons an der Beseitigung dieser Schwierigkeiten arbeiten. Gemäß der Forderung „Verschiedenheit in der Einheit" (ebd., S. 67) darf und muss es zwar zwischen den Gruppierungen im Gemeinwesen zu Spannungen kommen, jedoch nie zu mehr als Konkurrenz-Verhältnissen.

Ross setzte voraus, dass es in einem pluralistischen Gemeinwesen immer noch „Spielregeln" gibt, ein anerkanntes Normengefüge, das zu übertreten keiner bereit ist. Dementsprechend bestand die einzig akzeptable Interventionsstrategie aus kooperativen Taktiken: Gegensätzliche Vorstellungen können durch „vernünftige" Gespräche und sachliche Kompromisse gelöst werden. Zwar könnten Protest- und Kampfmaßnahmen innerhalb der protestierenden Gruppen ein starkes Gemeinschaftsgefühl aufbauen, sie versperrten jedoch letztlich den Weg zu einer von allen Gruppierungen getragenen Problemlösung. Mit kritischem Blick auf die damals aufkeimenden Bürger_innenbewegungen bemerkte Ross:

„Zugleich jedoch haben diese Protestbewegungen durch die Mittel, die sie zur Durchsetzung ihrer Ziele gebrauchten (z. B. indem hochexplosive Appelle gegen ‚die Behörden' oder ‚das System' gestartet wurden), jede Möglichkeit verhindert, eine Gemeinschaft im weiteren Sinne des Wortes aufzubauen" (ebd., S. 141).

Damit Unzufriedenheit bei den Betroffenen nicht zu solchen „Auswüchsen" führte, mussten die Professionellen die Bürgeraktivität entsprechend lenken. Zwar sollte Betroffenheit über einen spezifischen Missstand zur Aktion führen, um dadurch einen Teil „der negativen Gefühle" (ebd., S. 142) zu lösen, jedoch durfte Unzufriedenheit nicht zu Disharmonie führen. „Deshalb muß die Unzufriedenheit nicht nur spezifiziert, sondern auch in Kanäle geleitet werden, bevor etwas geschehen kann" (ebd., S. 142).

Der integrativen GWA ging es nicht darum, gesellschaftliche Ursachen für lokale Probleme anzugehen, sondern unerträgliche Belastungen auf dem Wege von Diskussion und Kooperation erträglicher zu machen. Partizipation hieß bei Ross nicht, dass die Bürger_innen als gleichberechtigte Partner_innen an Entscheidungsprozessen teilnahmen, sondern nur, dass sie beteiligt wurden an der Durchsetzung und Verwirklichung bereits getroffener Entscheidungen. Die Praxis solcher GWA erschöpfte sich meistens in lokalen Selbsthilfeaktionen der Bewohner_innen, die ihre Vertreter_innen in Komitees entsandten, die sich um Straßenbeleuchtung, Betreuung alter Menschen, Spendenaktionen für Benachteiligte, Anstreichen von Spielstuben usw. kümmerten; gleichsam „Sport-Spiel-Spannung" als Opium für das Volk.

Anhand der Kritik an integrativen und wohlfahrtsstaatlichen Ansätzen skizzierte C. W. Müller 1971 ein aggressives GWA-Konzept.

„Ein aggressives Konzept von Gemeinwesenarbeit, das sich von den konservativen und reformpädagogischen Konzepten dadurch unterscheiden könnte, daß es mit sozialen und politischen Aktionen nicht wartet, bis die Mehrheit der Bewohner im Einzugsgebiet diese Aktionen als Notwendigkeit im Rahmen ihrer Interessenvertretung selbständig erkannt hat, so daß seine Aktionen nicht beim Status quo der vorhandenen Kräfte-Verhältnisse und Macht-Strukturen stehenbleiben, ist bisher in der bundesrepublikanischen Praxis nur in wenigen Ansätzen erprobt worden [...]" (Müller, 1971, S. 237).

Das aggressive Konzept zielte auf „Veränderungen von Kräfte-Verhältnissen und Macht-Strukturen innerhalb eines Wohnquartiers durch solidarischen Zusammenschluß von Minderheiten [...]" (ebd., S. 232) – gleichsam eine Strategie der „Revolution von unten", deren Ziel in einer gerechteren

Verteilung von Macht und Herrschaft bestand und somit einschneidende Änderungen des gesellschaftlichen Systems zur Voraussetzung hatte. Der Weg dorthin führte über die Organisation der Arbeiter_innen, „die unter bestimmten sozialen Bedingungen am fühlbarsten leiden und die deshalb am ehesten für deren Veränderung zu mobilisieren sind" (ebd.).

Als Aktionsformen bei diesem systematischen Aufbau von Gegenmacht boten sich disruptive Taktiken an, die sowohl die Verletzung von Verkehrssitten (Demonstrationen, Mietstreiks, Besetzungen) als auch die Verletzung gesetzlicher Normen (Steuerstreik, „Sit in", öffentlicher Ungehorsam) umfassten.

Eine entscheidende Schwäche der aggressiven GWA bestand in ihrer unzureichenden Praxisanbindung. Zwar leistete sie als einziges GWA-Konzept in den 1970er Jahren eine differenzierte Gesellschaftsanalyse, unterschätzte jedoch gewaltig die Wirkungen der von ihr beschriebenen Entfremdungsmechanismen. Die Folge war eine maßlose Überschätzung der Möglichkeiten, Minderheiten (die „Arbeiter_innenklasse") in Stadtteilen so zu organisieren, dass sie sich auf breiter Basis, kontinuierlich und strategisch geschickt für ihre Interessen einsetzten. Interessant ist in diesem Zusammenhang auch, dass sich die aggressive GWA fast gar nicht mit der Frage von Aktivierungstechniken beschäftigte, sondern erst dann mit der Diskussion begann, wenn die Bürger_innengruppe schon bestand und potentielle Aktionen ins Auge fasste. So blieb es häufig bei sporadischen Aktionen einzelner Gruppierungen, insbesondere im Obdachlosenbereich, auf die aggressive GWA-Theoretiker_innen verweisen konnten. Die Mobilisierung der Massen scheiterte an den Menschen: Der subjektiv empfundene Leidensdruck entsprach nur selten dem in der Analyse errechneten, und die kurzen Aktivitätsschübe von Gruppierungen vermochten höchstens kurzzeitig linke Hoffnungen auf die Machtübernahme durch die Arbeiter_innenklasse aufkeimen zu lassen.

Wenn auch der oft mühsame und mit vielen Brüchen behaftete Prozess der Kontaktaufnahme zu Bewohner_innen eines Gemeinwesens und deren Aktivierung unterschätzt wurde, so gingen von diesem GWA-Ansatz dennoch wichtige theoretische Impulse aus. Er räumte mit der naiven Utopie auf, ein Gemeinwesen sei eine harmonische Einheit, die sich sozialarbeiterisch zuschneiden ließe: Er verwies auf unterschiedliche objektive Interessenlagen und die Auswirkungen von Sozialisationsbedingungen auf den Alltag und die psychische Struktur von Menschen in benachteiligten Quartieren.

Den handlungspraktischen Teil für aggressive Konzepte lieferte S.D. Alinsky, der wohl bedeutendste GWA-Praktiker in den USA. Die besondere Leistung Alinskys liegt in der Entwicklung ausgeklügelter Strategien für den Aufbau und den dann folgenden Kampf von Bürger_innenorganisationen. Ein „Organizer" sollte möglichst von einer Gruppierung des Gemeinwesens gerufen werden, um eine Legitimation für sein Auftauchen zu haben. In seinem Verhalten muss deutlich werden, dass er konsequent auf der Seite der Benachteiligten steht: Eine neutrale Vermittlerposition lehnt Alinsky ab. Konkret gilt: Dort beginnen, wo die Leute stehen, am Erfahrungshorizont der Menschen ansetzen und deren individuellen Hintergrund respektieren. Die von einem Problem betroffenen Menschen müssen Vertrauen in ihre eigenen Ziele finden, anstatt sich auf Leute zu verlassen, die etwas für sie tun wollen. Um ein Gemeinwesen zu organisieren, muss man die einheimischen Führer_innen identifizieren, denn der einzige Weg, mit dem „Volk" ins Gespräch zu kommen, ist der über die informellen Führer_innen, die die wirkliche Meinung der Bevölkerung repräsentieren. Sie lassen sich ermitteln durch unmittelbaren Kontakt mit dem Leben im Gemeinwesen: bei Kneipengesprächen, Einkäufen, Spaziergängen usw.

Für das Verhalten in Konflikten hat Alinsky (1974, S. 108 ff.) Regeln aufgestellt, „wie sich die Besitzlosen Macht von den Besitzenden nehmen können." Zu diesen Regeln zählen u. a.:

- Macht ist nicht nur das, was man hat, sondern das, von dem der bzw. die Gegner_in glaubt, dass man es habe.
- Verlasse niemals den Erfahrungsbereich der eigenen Leute, verlass aber möglichst den des Gegners bzw. der Gegnerin!
- Spott ist die mächtigste Waffe des Menschen. Er verführt die Gegenpartei zu falschem Verhalten und deckt ihre Schwächen auf.

Denn:

- Die eigentliche Aktion besteht in der Reaktion des Gegners bzw. der Gegnerin. Ein_e sorgfältig angereizte_r Gegner_in wird durch seine bzw. ihre wütende Reaktion zur größten Stärke der Bürger_innenbewegung.
- Eine gute Taktik ist die, die den Mitgliedern der Gruppe Spaß macht. Solange man lachen und sich freuen kann, wird der Wille zur Aktion nicht erlahmen. Ständige Aktion ist unbedingt notwendig, denn:
- Der Druck darf niemals nachlassen. Ständiger Druck führt zu Fehlreaktionen des Gegners bzw. der Gegnerin und unterstützt die eigene Aktion.
- Die Drohung hat in der Regel mehr abschreckende Wirkung als die Aktion selbst. Wenn man geschickt durchsickern lässt, was man plant,

spart man sich oft die Aktion, weil der bzw. die Gegner_in schon vorher Angst kriegt und nachgibt.

• Suche Dir eine Zielscheibe, personalisiere sie und schieß Dich auf sie ein! Es ist sinnlos, anonyme Verwaltungen, Konzerne oder ganze Systeme anzugreifen; ein solcher Angriff verpufft zu leicht in den bürokratisch organisierten Vorgängen großer Einheiten. Es hilft deshalb zur Forcierung der Polarisation, wenn man eine Person herausnimmt und sie von allen Seiten beschießt: mit gezielten Argumenten, mit Spott und Ironie, mit plötzlichen Aktionen oder mit langfristigen Strategien. „Wenn man sich allerdings auf ein Ziel einschießt, dann trifft man auch alle die Nebenfiguren, weil sie der ‚Zielscheibe' zu Hilfe kommen wollen" (ebd., S. 113).

All diese Regeln, das gibt Alinsky zu, sind „nicht besonders anständig" (ebd., S. 120). Für ihn gilt jedoch: Der Zweck heiligt die Mittel. Je nach Macht, Einsatz und Vorgehen des Gegners bzw. der Gegnerin bestimmt sich die Kraft der Geschütze der eigenen Gruppe.

Alinskys Darstellung seiner Arbeit in den Büchern „Leidenschaft für den Nächsten" (1973) und „Die Stunde der Radikalen" (1974) – in einer späteren Zusammenstellung: „Anleitung zum Mächtigsein" (1984) – fasziniert bis heute die bundesrepublikanischen Leser_innen. Dennoch gelang es nicht, US-amerikanische Strategien der GWA auf bundesrepublikanische Verhältnisse zu übertragen. Vielleicht würde sich Alinsky sogar dagegen wehren, hierzulande als „Gemeinwesenarbeiter" vereinnahmt zu werden. Denn er ist ja gewissermaßen der Vater ganzer (wenn auch zeitlich begrenzter) Bewegungen, bei denen es etwa um Themen wie rassistische Diskriminierung oder den Einfluss großer Konzerne auf Gemeinwesen ging. Dennoch bieten – gerade für die konkrete Aktion von Gruppen – Alinskys Strategieregeln und andere seiner Praxisverfahren bis heute zahlreiche Inspirationen.[2]

Zeitlich parallel zu Alinsky entwickelten R. und H. Hauser (1971) sowie in Anlehnung an sie Karas und Hinte (1978) in Deutschland ein betont pragmatisches Konzept für gemeinwesenarbeiterische Praxis. Katalytisch-akti-

---

[2] Kritisch muss Alinskys grenzenloser Optimismus bezüglich der Erfolgschancen seiner Arbeit angemerkt werden. Die realen Veränderungschancen durch seine Arbeit sind vermutlich bedeutend geringer, als er sie in seinen Büchern schildert. In dem kurz vor seinem Tode erschienenen Buch „Die Stunde der Radikalen" (1974) vertritt er denn auch einen modifizierten Standpunkt, indem er auf die Bedeutung der Mobilisierung der apathischen Mittelschicht hinweist, um durch deren Einsatz einschneidende Änderungen zu erreichen. Möglicherweise hat die Erfahrung der Begrenztheit der bis zum damaligen Zeitpunkt geleisteten Arbeit zu dieser Forderung beigetragen.

vierende GWA[3] griff zurück auf die Vorstellung von einer demokratischen Gesellschaft, in der Solidarität hoch geschätzt wird, in der sich die Menschen mit den Problemen anderer identifizieren und in der sie ihre Fähigkeiten in der Auseinandersetzung, in konkreten Aktionen und in öffentlichen Diskursen erweitern.

GWA wurde verstanden als Methode, die einen Komplex von Initiativen auslöst, durch die die Bevölkerung einer räumlichen Einheit gemeinsame Probleme erkennt, Ohnmachtserfahrungen überwindet und eigene Kräfte entwickelt, um sich zu solidarisieren und Betroffenheit in Aktion umzusetzen. Menschen lernen dabei, persönliche Defizite aufzuarbeiten und individuelle Stabilität zu entwickeln und arbeiten gleichzeitig an der Beseitigung akuter Notstände (kurzfristig) und an der Beseitigung von Ursachen von Benachteiligung und Unterdrückung (Hinte & Karas, 1998, S. 23ff.).

Die damals anwachsende Bewegung der Bürger_inneninitiativen (dazu Mayer-Tasch, 1985) bot Rückenwind für ein solches Konzept. Menschen, deren politische Aktivität sich bislang darauf beschränkte, alle vier Jahre ein Kreuzchen auf einen Wahlzettel zu machen, taten sich zusammen und artikulierten sich gegen die Interessen von Politiker_innen, Verwaltung und anderen mächtigen gesellschaftlichen Gruppen, wobei derartige, durch GWA angestoßene Aktivitäten damals noch als „kommunistische Umtriebe" beargwöhnt wurden.

Aktivierende GWA hatte zum Ziel, solche Gruppierungen ins Leben zu rufen, ausgehend von lokalen Problemen in der Lebenswelt der Menschen mit der Perspektive einer Einflussnahme auf Landes- und Bundespolitik sowie auf die Politik großer Konzerne (z.B. Wohnungsbaugesellschaften). Manche Gruppierungen setzten sich in diesem Zusammenhang für eigene Interessen ein, doch häufig unterstützten sich Gruppen auch gegenseitig oder engagierten sich für andere.

Strategisch plädierte aktivierende GWA für „Koalitionen auf Zeit" auf der Grundlage kleinster gemeinsamer Nenner. Um unnötige Grundsatzdebatten und abgrenzende Konkurrenzkämpfe zu vermeiden, suchte man diese kleinsten Nenner, auf deren Basis möglichst viele Gruppierungen oder Projekte mit größerer Durchschlagskraft initiiert werden konnten. Aktivierende GWA setzte konsequent bei den Individuen und zugleich bei den Verhältnissen an: Umverteilung von Macht sollte nur von den Betroffenen selbst erkämpft werden, nicht von anderen Leuten für sie. Hinter dieser Vorstellung von GWA stand ein radikales Demokratieverständnis („Gras-

---

[3] Katalyse ist ein aus der Chemie entlehnter Begriff, der besagt, dass ein Fremdkörper, als Katalysator in eine chemische Substanz gebracht, Veränderungen und beschleunigte Reaktionen bewirkt, ohne sich selbst zu verändern.

wurzeldemokratie"), dessen Verwirklichung sich jedoch weitaus schwieriger gestaltete, als es sich viele Gruppen in engagiert-naiver Euphorie dachten.

Wesentliche Debatten rankten sich in den 1970er Jahren um den Stellenwert des Konflikts. Auf der einen Seite standen die eher bewahrenden Ansätze, die Konflikte vermieden oder ihnen geradezu panisch aus dem Weg gingen. Auf der anderen Seite suchten die auf Veränderung zielenden Ansätze ausdrücklich jede Möglichkeit, Konflikte anzuzetteln und möglichst spektakulär auszutragen. Eine Mittlerposition dazu wurde von der aktivierenden GWA vertreten: Was sich im Sinne benachteiligter Bevölkerungsgruppen über Verhandlungen oder jenseits skandalisierender Auseinandersetzung lösen ließ, wurde genutzt; und wenn es denn angezeigt war, trug man Konflikte offensiv aus. Letztlich war es ein pragmatischer Ansatz, der nicht fixiert war auf Auseinandersetzungen, der aber aufmerksam und realistisch die jeweilige Machtkonstellation analysierte, vorhandene Spielräume nutzte und auch – wenn sinnvoll und erfolgversprechend – in Auseinandersetzungen einstieg.

Von der Methode zum Arbeitsprinzip

Die Blütezeit der GWA in den 1970er-Jahren währte nicht lange; heute ist sogar strittig, ob es sie überhaupt jemals gab. „Veränderung von Lebensbedingungen" tauchte in keinem Pflichtkatalog leistungsgesetzlicher Maßnahmen auf; die öffentlichen Kostenträger fühlten sich angesichts knapperer Kassen (damals schon!) ohnehin völlig überlastet mit den gesetzlichen Einzelfall- / Pflichtleistungen. Die Ausbildungsstätten bildeten (mit wenigen Ausnahmen) nicht für GWA aus; erfolgreiche Projekte scheiterten langfristig entweder an eigenen strategischen Dummheiten oder an chronischer Finanzierungsschwäche; und perspektivisch gab es kein tragendes gesellschaftliches Umfeld für einen Arbeitsansatz, der jenseits leistungsgesetzlicher Bestimmungen die Interessen der Wohnbevölkerung eines Quartiers in den Vordergrund stellte und damit erst einmal fast alle gegen sich hatte: parlamentarische Instanzen, die nicht mehr genau wussten, wen sie nun vertreten sollten; die Jugend- und Sozialbürokratie, die das Chaos heraufziehen sah, wenn man dem vermeintlichen Anarchismus benachteiligter Bevölkerungsgruppen Raum ließ; und nicht zuletzt die Konzerne der freien Träger, die angesichts ihrer Abhängigkeit von staatlichen Geldern möglichst vermieden, irgendwelche Aktivitäten subversiver Art zu unterstützen. In der öffentlichen Diskussion wurden derlei Ängste in dieser Konkretheit natürlich nicht benannt. Vielmehr lobte man die Betroffenenorientierung der GWA, man beglückwünschte erfolgreiche Bewohner_inneninitiativen und hörte sich gern auch mal den einen oder anderen Vortrag über das Innovationspotenzial der GWA an. Gleichzeitig verwies man auf die knappen öffentlichen Haushalte, die wachsenden Kosten für die Sozial- und Jugendhilfe sowie die fehlenden gesetzlichen Grundlagen für GWA-Projekte – kurz gesagt: „Schön, dass es euch gibt, aber Geld gibt es nicht für euch!"[4]

GWA hatte sich damals als auch an Hochschulen gelehrte „dritte Methode" der Sozialen Arbeit durchaus etabliert. Ihr Defizit bestand jedoch darin, dass sie sich für den Bereich der Bundesrepublik fast ausschließlich auf Erfahrungen aus außerinstitutionellen Projekten oder aus zeitlich begrenzten (oft aus Stiftungen finanzierten) Projekten, die dann auch mal bei größeren Trägern angesiedelt waren oder für die speziell ein eigener Träger gegründet wurde, berufen konnte. Trotz der Propagierung des „Arbeitsprinzips GWA" (Boulet, Krauss & Oelschlägel, 1980) galt GWA bei vielen Trägern noch als zusätzlicher Arbeitsbereich, der neben wichtigen „Pflichtaufgaben" bestenfalls als Orchidee gedeihen durfte, solange viel Geld in den Kassen war. Unter den fortschrittlichen Konzepten nahm insbesondere der aktivierende GWA-Ansatz (Karas & Hinte, 1978) für sich in Anspruch, auch für die Arbeit in etablierten Institutionen richtungsweisend zu sein. Bis dahin war es jedoch nicht gelungen, in einem längeren Prozess im Bereich der Regelarbeit von Institutionen GWA-Prinzipien zu erproben und sie für institutionelles Handeln handhabbar zu machen. Dieses Manko zeigte sich auch im Bereich der Lehre an Hochschulen. Die Ausbildung von Studierenden der Sozialarbeit / Sozialpädagogik im Bereich von GWA erfolgte entweder über Theorievermittlung in Seminaren oder in Projekten, die neben den institutionellen Berufsfeldern angesiedelt waren oder sich bestenfalls kurzfristig auf Kontakte zu Institutionen bezogen.

Das von Dieter Oelschlägel (Boulet, Krauss & Oelschlägel, 1980) propagierte Arbeitsprinzip GWA war angesichts der praktischen Bedeutungslosigkeit der GWA ein strategisch kluger Schachzug. GWA wurde in dieser Konzeption als Chiffre betrachtet für ein komplexes Bündel theoretischer

---

[4] Da halfen auch die immer mal wieder rezipierten US-amerikanischen Impulse nicht. „1983 beschloss ich, Stadtteilarbeit zu machen" (Obama, 2008, S. 147). Dass der spätere US-amerikanische Präsident sich nach wenigen Jahren mehr oder weniger erfolgreicher Tätigkeit anderen Dingen zuwandte, hatte auch zu tun mit der Kluft zwischen der mühsamen Realität beim (oft vergeblichen) Aufbau einer Bürger_innenorganisation und der großmäuligen Art der oft realitätsverkennenden Außendarstellung der PR-Abteilung der amerikanischen Organizer – in Deutschland immer wieder mal engagiert, doch zumeist relativ folgenlos aufgegriffen von US-Importen oder Tourist_innen (Dorsch, 1982; Mohrlok, Neubauer, M., Neubauer, R. & Schönfelder, 1993; Penta, 2007).

und methodischer Aussagen für damals „fortschrittliche" Sozialarbeit, die als konzeptionelle Grundlage für Soziale Arbeit in allen denkbaren Berufsfeldern dienen sollte.

„Gemeinwesenarbeit muss Beiträge zur tendenziellen Aufhebung und Überwindung von Entfremdung leisten, also die Selbstbestimmung handelnder Subjekte ermöglichen. Damit ist Gemeinwesenarbeit Befreiungsarbeit insofern, als sie die unmittelbaren Wünsche und Probleme der Menschen ernst nimmt, zu Veränderung der politisch-historischen Möglichkeiten motiviert und Einsicht in die strukturellen Bedingungen von Konflikten vermittelt. In diesem Sinne kann Gemeinwesenarbeit als Arbeitsprinzip jede soziale Arbeit strukturieren" (ebd., S. 156f.).

Dass dieser Vorschlag weder in der Fachdiskussion breiter rezipiert wurde noch in der Praxis relevanten Niederschlag fand, mochte auch damit zusammenhängen, dass die Vokabel GWA zu stark mit anderen Inhalten belegt war bzw. Assoziationen weckte, die sie nicht gerade anschlussfähig an den Mainstream der Fachdiskussion machte. Interessant ist jedenfalls, dass sich wenige Jahre danach ein ähnlicher Versuch unter Nutzung einer anderen Bezeichnung und mit vielleicht etwas mehr praktischer Relevanz erfolgreicher dieser Strategie bediente und bis heute in beachtlichem Umfang Theorie und Praxis der Sozialen Arbeit prägt: „Sozialraumorientierung" ist als Fachkonzept und Arbeitsprinzip für Soziale Arbeit inzwischen breit etabliert (siehe dazu Fürst & Hinte, 2017).

Nun ist die Handlungsdimension des sozialen Raums für die Soziale Arbeit nicht grundsätzlich neu (Grimm, 2007). Die durch die Theorie und Praxis der GWA in den 1980er Jahren gesetzten Impulse bezogen sich indes nicht nur auf die räumliche Dimension professionellen Handelns, sondern gingen weit darüber hinaus. Zwei Aspekte waren dabei von Bedeutung:

- Die sozialökologische Sichtweise (Bronfenbrenner, 1976; Wendt, 1995), die sich zunächst vornehmlich in der territorialen Ausrichtung aktivierender und organisierender Tätigkeiten ausdrückte. Die These von der „Raumbezogenheit Sozialer Probleme" (Vaskovics, 1982) sowie die Bezugnahme auf die Ressourcen des Wohngebiets und insbesondere die in sämtlichen gemeinwesenorientierten Konzepten vorfindbare Absicht, räumliche Bedingungen durch die Aktivität betroffener Menschen zu ändern, kennzeichnen die GWA als einen auf die Veränderung von Lebensverhältnissen gerichteten Ansatz (s. Hinte, Lüttringhaus & Oelschlägel, 2011), der sich in abgeschwächten Varianten in dem später entwickelten Entwurf der „lebensweltorientierten Sozialen Arbeit" (Thiersch, 1992) sowie dem aus unterschiedlichen Quellen herleitbaren Ansatz des „Empowerment" (Herriger, 2014; Stark, 1996) abbildete.

- Die konsequente, in der Praxis gelegentlich dilemmatische Orientierung auf die Interessen der durch professionelle Soziale Arbeit angesprochenen Wohnbevölkerung. Die Zugänge zu den Bewohner_innen des Quartiers waren durchweg geprägt von dem durch zahlreiche methodische Verfahren unterstützten Bemühen, herauszufinden, wie sich die jeweiligen subjektiv definierten Interessenlagen in den Wohngebieten darstellten und welche von den Bewohner_innen selbst realisierbaren Aktivitäten sich daraus – jenseits professionell vorgenommener Interpretationen oder empirisch gestützter Bedarfsanalysen – ergeben konnten.

Gemeinwesenarbeit als Arbeitsfeld: Aktionsorte, Methoden und Funktionen

„Gemeinwesenarbeit" dient seit jeher als beliebig benutztes Etikett für Tätigkeiten im Bereich Sozialer Arbeit, die sich irgendwo in dem Dreieck „fortschrittlich, parteilich, quartierbezogen" bewegen sowie als Chiffre für Aktivitäten, die sich – ausgehend etwa von stationären Einrichtungen oder Begegnungszentren – auf ein Quartier richten. Da kommt es dann zu Aussagen wie: „Bei uns machen wir jetzt auch Gemeinwesenarbeit", bedeutungsschwer vorgetragen, doch inhaltlich eher dürftig gefüllt, da der Bedeutungsgehalt schwammig bleibt. Im unreflektierten Sprachgebrauch ist GWA angesiedelt zwischen Methode, Arbeitsprinzip, Haltung und kommunalpolitischer Strategie, und derlei Wirrwarr wird noch unterstützt durch manche Publikation, in der so ziemlich jeder Begriff aus der Sozialen Arbeit in völlig unsystematischer Art und Weise mit „Gemeinwesenarbeit" verbunden wird (besonders ärgerliches Beispiel: Stövesand, Stoik & Troxler, 2013).

Sprachlicher und inhaltlicher Klarheit dienlich wäre es, GWA konsequent als Bezeichnung für ein Arbeitsfeld Sozialer Arbeit zu gebrauchen – ein Arbeitsfeld, wie etwa offene Kinder- und Jugendarbeit, ambulante Hilfen zur Erziehung, Bewährungshilfe, Jugendgerichtshilfe, betriebliche Sozialarbeit oder stationäre Arbeit in Einrichtungen mit unterschiedlichen Zielgruppen. Somit hätte – mit Blick auf die Historie dieses Begriffs – die Entwicklung über eine dritte Methode der Sozialarbeit, ein durchgängiges Arbeitsprinzip für Soziale Arbeit und als unkonturierte Bezeichnung für sozialarbeiterisches Irgendwas ein solides vorläufiges Ende gefunden, das der GWA einen systematisch bestimmten Platz im Rahmen Sozialer Arbeit ermöglicht. Die methodischen und konzeptionellen Impulse wirken ohnehin in beachtlichem Umfang im sogenannten Fachkonzept „Sozialraumorientierung" (siehe dazu Hinte & Treeß, 2014; Noack, 2015) fort, das als jedwede professionelle Tätigkeit prägende Konzeptfolie für alle sozialarbeiterischen Arbeitsfelder von Relevanz ist und somit eine zeitgemäße Weiterführung des damals nur ansatzweise durchkomponierten „Arbeitsprinzip Gemeinwesenarbeit" darstellt.

GWA ist folglich ein Arbeitsfeld, in dem es darum geht, unter Aufbau bzw. Nutzung externer und interner Ressourcen ein Wohnquartier so zu gestalten, dass möglichst viele der dort lebenden Bevölkerungsgruppen in ihrer je eigenen Art und Weise ihren Alltag arrangieren und Aktivitäten entwickeln können, ihre Lebensbedingungen so zu gestalten, wie es ihren Vorstellungen entspricht und ohne dabei andere Bevölkerungsgruppen in ihren Möglichkeiten einzuschränken.

Die *Funktion* von GWA besteht darin – unterhalb der Schwelle repressivpolizeilicher Strategie – im Stadtteil einen Prozess zu organisieren, bei dem unterschiedliche Wertvorstellungen und Interessen formuliert, Konfliktlinien öffentlich und transparent gemacht, die Organisationsfähigkeit der an den Rand gedrängten Bevölkerungsgruppen verbessert und die Aneignung oder Wiederaneignung von sozialen Räumen mit zweckdienlichen Mitteln unterstützt wird. Sie unterstützt durch Dialog, Vermittlung und organisatorische Hilfestellung bei der Vertretung von Teilinteressen diejenigen Kräfte in einem Stadtteil, die nicht bereit sind, hinzunehmen, dass als Folge des Zerfalls von Strukturen sozialer Kontrolle Perspektivlosigkeit, Angst, Apathie und Gewalt die vorherrschenden Verhaltensmuster im Stadtteil werden.

Aktionsort für die GWA ist in der Regel ein Wohnquartier – das kann ein Stadtteil sein, ein Dorf, ein Straßenzug oder eine Siedlung. Ein solches Quartier zeichnet sich durch eine bestimmte bauliche Struktur aus, durch infrastrukturelle Ressourcen, durch seine Lage innerhalb der jeweiligen Gebietskörperschaft und vor allen Dingen durch die Menschen, die dort leben. Gerade angesichts der zahlreichen, völlig unterschiedlichen Bevölkerungsgruppen insbesondere in benachteiligten Wohnquartieren verbietet sich eine idealisierende Stadtteil-Gesamtschau, die mit Vokabeln wie „die" Bewohner_innen oder „das" Quartier unzulässig vereinfacht und damit diesem Gebilde in keiner Weise gerecht wird. „Die Bevölkerung" ist eine Fiktion zum Zweck der unzulässigen Reduzierung von Komplexität. Widerstreitende Interessen und eigensinnige Individuen werden dadurch nivelliert, und man suggeriert, diese vermeintliche Homogenität ließe sich systematisch beeinflussen. Doch ein Wohnquartier lässt sich nicht steuern, ist nicht über die Aktenlage oder empirische Untersuchungen zu erfassen, entzieht sich Verfahren und Handlungsprogrammen, ist sperrig und eigensinnig und gehorcht keiner Anordnung. Das zeigt sich insbesondere dann, wenn seitens der Verwaltung Großprojekte aufgelegt werden, die an den Themen vieler Menschen im Wohnquartier völlig vorbeigehen: Der Alltag im Quartier ist in der Regel viel banaler als investive Projekte insbesondere im baulichen Bereich das vermuten lassen. Angesichts diffuser und äußerst heterogener Interessen innerhalb eines Wohnquartiers lässt sich eine an klassischen Parametern ausgerichtete „Ordnung" nur in einer äußerst abstrakten Analyse ansatzweise abbilden.

So manches Wohnquartier zeichnet sich also durch eine höchst komplexe und differenzierte, vornehmlich von unberechenbar agierenden Menschen geprägte Struktur aus, die in keiner Weise vergleichbar ist mit der scheinbaren Ordnung einer Kommunalverwaltung oder der hierarchischen Struktur eines Wohnungsbau-Konzerns. Die im Grunde degradierende Frage: „Wie kann man Bewohner_innen eines Stadtteils am Planungsprozess beteiligen?" lässt sich angesichts dieses Befundes durchaus polemisch umformulieren: „Wie kann ein Wohnquartier Verwaltung und Politik an dem beteiligen, was im Quartier abläuft?" Zu beiden Fragen leistet GWA konstruktive Beiträge, insbesondere durch die systematische, von Einzelaktionen zunächst unabhängige, themenunspezifische Organisation von aktivitätsbereiten Bürger_innen.

GWA-Fachkräfte sind dicht am Alltag der Quartierbewohner_innen angesiedelt, etwa in einem Stadtteilladen, einem Bürger_innenbüro oder einer anderen identifizierbaren Unterkunft. Für die GWA spielt eine große Rolle, unabhängig von oder neben den klassischen Beteiligungsverfahren offene, nicht standardisierte und oft schon praktizierte Verfahren der Interessenäußerung und -realisierung von Stadtteilbewohner_innen zu unterstützen bzw. zu initiieren, die auch von denjenigen Bevölkerungsgruppen kompetent gehandhabt werden können, die nicht gerade die „Gewinner_innen" wären bei einer Rasterfahndung nach den Kriterien deutsch, vollständige Familie, zwischen 30 und 50 Jahren, viel Freizeit und sprachliches Normalniveau. Denn bei klassischen Beteiligungsprozessen sind in der Regel diejenigen Bevölkerungsgruppen ausgegrenzt, die sich eben nicht systematisch über Aushänge oder das Internet informieren, die der deutschen Sprache nicht mächtig sind, die am Abend keine großen Zeitkontingente zur Verfügung haben oder die sich bei einer bestimmten Art der Moderation ziemlich veralbert fühlen. Insofern braucht es klassische GWA, die über spontan initiierte Hausversammlungen, Gruppengespräche in Fluren, an Plätzen oder in Geschäften, Kontaktaufnahme in Kneipen, beim Friseur oder beim Spielfest für Kinder aufmerksam die Interessen unterschiedlicher Gruppen in der Wohnbevölkerung wahrnimmt, sie zur Artikulation ermutigt und dadurch dazu beiträgt, dass auch die Interessenartikulation ansonsten eher ausgegrenzter Bevölkerungsgruppen entsprechende Beachtung etwa in Planungsprozessen findet. Die wohl bekannteste und erfolgreichste Einstiegsvariante für die Arbeit in einem Wohnquartier ist bis heute die Methode der „aktivierenden Befragung", deren Ziel darin besteht, auf der Grundlage von systematisch und flächendeckend durchgeführten Haustürgesprächen die Aktionsbereitschaft der Wohnbevölkerung zu erkunden, zentrale „Punkte der Entrüstung" zu identifizieren und über darauf bezogene Bewohner_innenversammlungen Gruppen zu bilden, die (alleine oder unter Begleitung von Professionellen) an den identifizierten Themen arbeiten und sich regelmäßig mit der übrigen Wohnbevölkerung rückkoppeln (s. dazu Hinte & Karas, 1998; Lüttringhaus & Richers, 2003).

Zeitlich befristete Programme, die fast immer auf Vorzeigeprojekte ausgerichtet sind (Leuchtturmprojekte), um die herum jeweils themenspezifisch Beteiligung organisiert werden soll, sind allenfalls ein kleiner Bestandteil von GWA. Die kurzfristige themen- und projektspezifische Organisation von Beteiligung führt nicht zu dauerhaften Aktivitäts-Strukturen, die als „Humus" für lokale Einzelprojekte dienen. Beteiligung ist sprunghaft, unberechenbar, nicht steuerbar und von vielen Zufällen abhängig und am wenigsten noch durch extern angeschobene Großprojekte zu beeinflussen.

GWAler_innen kommen aufgrund ihrer Nähe zum Quartier und zu den einzelnen Wohnbereichen zeitnah mit den aktuellen Themen der Bewohner_innen und Akteur_innen des Quartiers in Berührung. Konkrete Aufgaben sind u. a. (Grimm, 2004, S. 217):

- Interessen im Quartier organisieren
- lebensweltbezogene Bürger_innenbeteiligungsverfahren initiieren und durchführen
- Akteur_innen vernetzen
- (Gruppen-)Aktivitäten, Projekte und Ideen begleiten und initiieren
- Ressourcen mit und für Bewohner_innen erschließen
- projekt- bzw. handlungsfeldunspezifische Tätigkeiten wahrnehmen wie Haustürgespräche, Präsenz im Quartier, Kontaktaufnahme zu Bewohner_innen und lokalen Akteur_innen im Quartier
- Kontakt- und Kommunikationsorte formeller und informeller Art initiieren und lebendig halten
- Aktivitäts- und Mobilisierungsbereitschaft der Bewohner_innen wahrnehmen und daran anknüpfen
- Stadtteilbüros leiten.

„Die dort vor Ort tätigen Mitarbeiter_innen müssen über hohe kommunikative und organisatorische Fähigkeiten verfügen. Sie müssen in der Lage sein, sich mit unterschiedlichsten Themen, die von den Menschen im Stadtteil benannt werden, zu befassen. Auf dieser Ebene lässt man sich unmittelbar auf die Dynamik der Lebenswelt, d.h. der Bewohner_innen und Akteur_innen des Stadtteils ein. Notwendig ist ein Wissen um die Kommunikationsstrukturen im Stadtteil, informelle Führer, Vereine, Ressourcen, Stärken und Schwachpunkte des Quartiers" (Grimm, Micklinghoff & Wermker, 2001, S. 40).

Im Rahmen des sog. „Quartiermanagement" (dazu Grimm, Hinte & Litges, 2004) kooperiert die GWA eng mit Akteuren auf der intermediären Ebene (dazu Hinte, 2011; Fehren, 2008) und denen aus Politik, Verwaltung und Unternehmen.

Was jeweils im Arbeitsfeld GWA geschieht, wird im Wesentlichen gerahmt durch die Vorgaben der jeweiligen Anstellungsträger. In den 1970er Jahren gab es eine kleine, aber durchaus bunte Landschaft von Anstellungsträgern: von (vornehmlich evangelischen) Kirchengemeinden über kleine Vereine (die oft nur wenige Jahre bestanden), Stiftungen, Wohlfahrtsverbänden bis hin zu Wohnungsbaugesellschaften. In den 1980er Jahren wurden zahlreiche GWA-Projekte durch Streichungen öffentlicher Mittel liquidiert, und zahlreichen (oft kleineren) Trägern, die in den 1970er Jahren noch von der Anfangs-Euphorie getragen waren, ging die Luft aus. Erst durch das bundesweite Programm „Soziale Stadt" (bzw. durch einige Vorläufer-Programme in einzelnen Bundesländern) fanden sich Träger oder Trägerverbünde, die (zumeist zeitlich befristet) Professionelle für das Arbeitsfeld GWA einstellten: Kommunale Verwaltungen in Städten und Landkreisen, einzelne Bewohner_innenorganisationen, Wohlfahrtsverbände oder Planungsbüros, die für diese Tätigkeit über öffentliche Mittel finanziert wurden. Die jeweils ausgeübten Tätigkeiten firmieren unter Begriffen wie Stadtteilmanagement, Quartiermanagement, Quartierarbeit, Regionalentwicklung oder Sozialraumkoordination – allesamt Begrifflichkeiten, die anschlussfähig an die jeweilige lokalspezifische Semantik und die insbesondere für Politik und Wohnbevölkerung halbwegs informativ sein sollen. „Gemeinwesenarbeit" erwies sich als Begriff ein wenig sperrig, er war zahlreichen Akteuren vor Ort nicht geläufig und galt doch eher als Fachbegriff, unter dem sich etwa die Lokalpolitik in einem Landkreis nichts vorstellen konnte. Bis heute (2018) wird das Arbeitsfeld GWA mit unterschiedlichen Begriffen versehen, durch die versucht wird, professionelle Tätigkeiten wie Bewohner_innenaktivierung, Unterstützung von Partizipationsprozessen, Vernetzungsarbeit und (im weitesten Sinne)

Unterstützung von Bewohner_innenaktivitäten in einem umschriebenen Quartier zu kennzeichnen. Das Spektrum der Tätigkeit reicht von der Organisation der Arbeit in einem Bewohner_innentreff über aktivierende Beratungsangebote, Bewohner_innenversammlungen, Aufbau von Bewohner_innenorganisationen, Haustürgespräche bis hin zu Beratungsangeboten und Unterstützung jedweder Form von Ehrenamt und Selbsthilfe sowie verschiedener nachbarschaftlicher Aktivitäten. Die Nachbarschaftsheime in Berlin mit ihrer langjährigen Tradition (dazu Zinner, 2015) sowie zahlreiche im „Verband für sozialkulturelle Arbeit" zusammengeschlossenen Organisationen aus dem gesamten Bundesgebiet sind gute Beispiele für die Breite und Unterschiedlichkeit der jeweiligen Aktivitäten, die aus einem fachlichen Duktus gespeist werden, der sich im Wesentlichen aus der Tradition der GWA ableitet und mit dem seinerzeit entwickelten Methodenarsenal arbeitet.

Schluss

Heute (2018) finden sich immer noch GWA-Projekte mit integrativem und/oder wohlfahrtsstaatlichem Konzept, in denen Stadtteilfeste, Grünflächengestaltung, Ferienaktionen und Senior_innennachmittage im Vordergrund stehen; aggressive Spielarten der GWA, die es in der Praxis ohnehin zumindest in Deutschland selten gab und die allenfalls publizistisch aufgeblasen waren, sind so gut wie ausgestorben; die Tradition der Alinsky-Strategien lebt da und da fort in vereinzelten Projekten des Community-Organizing (Penta, 2007); auf breiter Front durchgesetzt hat sich ein aktivierendes GWA-Konzept, das in den meisten Projekten mehr oder weniger explizit insbesondere auf Grund seines pragmatischen Zugangs und seines breiten Methodenrepertoires das praktische Handeln prägt. Auch heute noch muss anlassbezogen aufmerksam abgewogen werden, in welches lokale Projekt überhaupt Kraft investiert wird. So kann der Aufbau einer Lernhilfe eine sinnvolle Ressource zur Unterstützung benachteiligter Kinder darstellen, sie kann aber auch ein Ablenkungsmanöver sein, um die Eltern dieser Kinder davon abzuhalten, sich gegen die Besitzer_innen der von ihnen bewohnten Schrottimmobilien zu wehren. Der mit großem Aufwand organisierte Mittagstisch kann elementare Bedürfnisse nach Nahrung abdecken, und gleichzeitig kann er staatliche Instanzen in problematischer Weise von der Verantwortung entlasten, Menschen in prekären Lebenslagen eine menschenwürdige Existenz zu sichern.

Verglichen mit den Arbeitsfeldern, in denen die Einzelhilfe dominiert bzw. aus den Sozialgesetzbüchern ableitbare Pflichtleistungen erbracht werden, kommt dem Arbeitsfeld GWA quantitativ eine geringere Bedeutung zu: Die am Anfang dieses Beitrags aufgelisteten Tätigkeiten im Bereich Sozialer Arbeit dominieren weiterhin das Erscheinungsbild der Profession, und die immer wieder aufkeimenden Versuche, die eine oder andere Tätigkeit im Rahmen von Einzelhilfe oder Gruppenarbeit mit Elementen aus der GWA anzureichern, verflüchtigen sich in der Regel schnell angesichts der Tatsache, dass weder in den Leistungsgesetzen noch in den Aufgabenkatalogen kommunaler Gebietskörperschaften das Arbeitsfeld GWA so verankert ist, dass es den Stellenwert einer Pflichtleistung hat, die der Bedeutung des Individualanspruchs auf bestimmte sozialstaatliche Unterstützung auch nur annähernd nahe kommt. Weder in Ausbildungsstätten noch in der Praxis der öffentlichen und freien Träger, aber auch nicht in den Publikationsorganen Sozialer Arbeit hat GWA eine solche Bedeutung gewonnen, wie die Aufbruchbewegungen aus den 1970er Jahren erhoffen ließen. Stellen für GWA waren und sind weiterhin spärlich gesät, und die in Arbeitsplatzbeschreibungen für Einzelhelfer_innen immer wieder vorfindbare Forderung, bei Bedarf solle noch zusätzlich „Gemeinwesenarbeit" geleistet werden, trägt doch eher zur konzeptionellen Verwirrung und zur Verunsicherung der Professionellen bei. Weitreichender und wirkungsvoller sind dagegen die Debatten zum Fachkonzept Sozialraumorientierung sowie die weit über Soziale Arbeit hinausreichenden Debatten und Projekte zum Quartiermanagement.

Literatur

Alinsky, S. D. (1973). *Leidenschaft für den Nächsten*. Gelnhausen: Burckhardthaus.

Alinsky, S. D. (1974). *Die Stunde der Radikalen*. Gelnhausen: Burckhardthaus.

Alinsky, S. D. (1984). *Anleitung zum Mächtigsein*. Bornheim-Merten: Lamuv.

Boer, J., & Utermann, K. (1970). *Gemeinwesenarbeit*. Stuttgart: Enke.

Boulet, J. J., Krauss, E.-J., & Oelschlägel, D. (1980). *Gemeinwesenarbeit. Eine Grundlegung*. Bielefeld: AJZ.

Bronfenbrenner, U. (1976). *Ökologische Sozialisationsforschung*. Stuttgart: Klett-Cotta.

Buck, G. (1982). *Gemeinwesenarbeit und kommunale Sozialplanung*. Berlin: Hofgarten.

Calouste Gulbenkian Foundation (CGF) (1972). *Gemeinwesenarbeit und sozialer Wandel*. Freiburg: Lambertus.

Dorsch, W. (1982). Gemeinwesenarbeit in den USA. *Sozialmagazin*, 7 (3), 26–33.

Fehren, O. (2008). *Wer organisiert das Gemeinwesen? Zivilgesellschaftliche Perspektiven Sozialer Arbeit als intermediärer Instanz*. Berlin: Edition Sigma.

Fürst, R., & Hinte, W. (2017). *Sozialraumorientierung. Ein Studienbuch zu fachlichen, institutionellen und finanziellen Aspekten* (2. Auflage). Wien: UTB.

Grimm, G. (2004). *Stadtteilentwicklung und Quartiermanagement. Entwicklung und Aufbau lokalspezifischer Organisations- und Steuerungsstrukturen.* Essen: Klartext.

Grimm, G. (2007). Spurensuche: Grundlagen der Sozialraumorientierung unter historischen und systematischen Aspekten. In D. Haller, W. Hinte, & B. Kummer (Hrsg.), *Jenseits von Tradition und Postmoderne. Sozialraumorientierung in der Schweiz, Österreich und Deutschland* (S. 77–97). Weinheim und München: Juventa.

Grimm, G., Micklinghoff, G., & Wermker, K. (2001). Erforderlich: Freude am Kontakt mit verschiedenen Bevölkerungsgruppen. *Sozial extra*, 25 (7), 37–41.

Hauser, R., & Hauser, H. (1971). *Die kommende Gesellschaft. Handbuch für soziale Gruppenarbeit und Gemeinwesenarbeit.* München und Wuppertal: Pfeiffer.

Herriger, N. (2014). *Empowerment in der Sozialen Arbeit: Eine Einführung* (5., aktualisierte Auflage). Stuttgart, Berlin und Köln: Kohlhammer.

Hinte, W. (2011). Sollen Sozialarbeiter hexen? Stadtteilbezogene Soziale Arbeit als intermediäre Instanz zwischen Bürokratie und Bewohneralltag. In W. Hinte, M. Lüttringhaus, & D. Oelschlägel (Hrsg.), *Grundlagen und Standards der Gemeinwesenarbeit* (3. Auflage) (S. 163–175). Weinheim und München: Beltz Juventa.

Hinte, W., & Karas, F. (1998). *Studienbuch Gruppen- und Gemeinwesenarbeit.* Neuwied: Luchterhand.

Hinte, W., & Treeß, H. (2014). *Sozialraumorientierung in der Jugendhilfe. Theoretische Grundlagen, Handlungsprinzipien und Praxisbeispiele einer kooperativintegrierten Pädagogik* (3. Auflage). Weinheim und München: Beltz Juventa.

Hinte, W., Lüttringhaus, M., & Oelschlägel, D. (2011). *Grundlagen und Standards der Gemeinwesenarbeit* (3. Auflage). Weinheim und München: Beltz Juventa.

Karas, F., & Hinte, W. (1978). *Grundprogramm Gemeinwesenarbeit.* Wuppertal: Jugenddienst.

Lüttringhaus, M., & Richers, H. (2003). *Handbuch Aktivierende Befragung.* Bonn: Stiftung Mitarbeit.

Mayer-Tasch, P.C. (1985). *Die Bürgerinitiativbewegung.* Hamburg: Rowohlt.

Mohrlok, M., Neubauer, M., Neubauer, R., & Schönfelder, W. (1993). *Let's Organize. Gemeinwesenarbeit und Community Organization im Vergleich.* Wasserburg a.B.: AG SPAK.

Müller, C.W. (1971). Die Rezeption der Gemeinwesenarbeit in der Bundesrepublik Deutschland. In C.W. Müller, & P. Nimmermann (Hrsg.), *Stadtplanung und Gemeinwesenarbeit* (S. 228–240). München: Juventa.

Noack, M. (2015). *Kompendium Sozialraumorientierung.* Weinheim und Basel: Beltz Juventa.

Obama, B. (2008). *Ein amerikanischer Traum.* München: Carl Hanser.

Penta, L. (2007). *Community Organizing: Menschen verändern ihre Stadt.* Hamburg: Körber-Stiftung.

Ross, M.G. (1971). *Gemeinwesenarbeit. Theorien, Prinzipien, Praxis.* Freiburg i.B.: Lambertus.

Stark, W. (1996). *Empowerment.* Freiburg i.B.: Lambertus.

Stövesand, S., Stoik, C., & Troxler, U. (2013). *Handbuch Gemeinwesenarbeit.* Opladen, Berlin und Toronto: Budrich.

Thiersch, H. (1992). *Lebensweltorientierte Soziale Arbeit: Aufgaben der Praxis im sozialen Wandel*. Weinheim: Juventa.

Vaskovics, L. A. (1982). *Raumbezogenheit sozialer Probleme*. Opladen: Westdeutscher Verlag.

Vogel, M. R., & Oel, P. (1966). *Gemeinde und Gemeinschaftshandeln*. Stuttgart: Kohlhammer.

Wendt, W. R. (1995). *Ökosozial denken und handeln*. Freiburg i. B.: Lambertus.

Zinner, G. (2015). *Nachbarschaftshäuser in ihrem Stadtteil*. Berlin: Verband für sozialkulturelle Arbeit.

ANDREAS LAMPERT

Beratung in der Sozialen Arbeit

Einleitung

Menschen tauschen überall und ständig Informationen aus. Sie tun dies nicht nur in Worten, sondern auch nonverbal. Watzlawick meint dazu: „Man kann sich nicht nicht verhalten. Handeln oder Nichthandeln, Worte oder Schweigen haben alle Mitteilungscharakter" (Watzlawick, Beavin & Jackson, 1972, S. 51). Soziale Arbeit gilt als Profession, deren zentrales Merkmal der beziehungsorientierte Dialog ist. Sozialarbeiter_innen handeln beispielsweise mit ihren Klient_innen Ziele aus, ermutigen zu Verhaltensänderungen, unterstützen bei der Erweiterung von Kompetenzen und fördern den Zugewinn an Autonomie. Eine Soziale Arbeit ohne interaktive und kommunikative Bestandteile ist schlicht undenkbar. Moderne Gesellschaften lassen nahezu eine unendliche Breite an Lebensentwürfen zu. Diese Vielfalt an Optionen kann das Bewältigungshandeln Einzelner überfordern. Daher nehmen die Bedürfnisse an Beratung, Orientierungshilfe und Unterstützung bei der Bewältigung der Anforderungen des alltäglichen Lebens eher zu und schlagen sich in den Angeboten Sozialer Arbeit nieder (Nestmann, Engel & Sickendiek, 2007, S. 38–39; Belardi, 2011, S. 12–32). Um es gleich vorweg zu nehmen, die (eine) spezifische Beratungsmethode gibt es nicht. Unter dem Dach der Beratung sind unterschiedliche methodische Zugänge versammelt, die jeweils anhand des Arbeitsfeldes, anhand der zu beratenden Personen(-gruppen), in Bezug auf die identifizierten Ziele, bezugnehmend auf die jeweils situativ zu bearbeitenden Probleme oder auch im Hinblick auf die gemeinsam zur Verfügung stehende Zeitspanne zu reflektieren sind (Galuske, 2009, S. 31). Die zu wählende Beratungsmethode wird sich folglich dahingehend unterscheiden, ob in einer Situation wie der gerichtlich bestellten Bewährungshilfe unfreiwillige oder in einer allgemeinen Sozialberatung eher freiwillige Klient_innen zu Gesprächen erscheinen, wie viele Beratungstermine zur Verfügung stehen oder auch welche Veränderungen angestrebt werden. In diesem Beitrag wird zunächst diskutiert, was Beratung überhaupt ist und unter welchen Voraussetzungen Beratung eigentlich als methodisch-professioneller Prozess gilt. Zu diesem Zweck wird es erforderlich sein, die Beratung in der Sozialen Arbeit von anderen Formaten abzugrenzen und die sozialpädagogischen Besonderheiten herauszuarbeiten. Folgend soll eine Auswahl an prominenten Beratungsmethoden und deren praktische Relevanz für die Soziale Arbeit dargestellt werden. Mit der Anwendung von Methoden sind ethische Wertvorstellungen verbunden, die implizit, seltener explizit benannt in den Handlungsprozessen zum Tragen kommen. Daher werden auch ethische Grundlagen der Beratung einbezogen.

Insbesondere die zuletzt angesprochenen Punkte sind in einem Beitrag im Bereich der Beratungsmethoden relevant. Methoden bilden den Transfer zwischen den Theorien, die jeweils Ausschnitte einer empirischen Realität beschreiben und der Praxis, in der unter Entscheidungsdruck gehandelt wird. Aus diesem Grund wird ein mitlaufendes Beispiel Anwendungsmöglichkeiten der jeweiligen Methode illustrieren. Gleichermaßen soll dafür Sorge getragen werden, dass die methodische Anwendung nicht theorievergessen für sich steht. Generalisierend kann das Verhältnis zwischen Theorien und Methoden wie eine partnerschaftliche Beziehung beschrieben werden. Beide Seiten sind reflexiv und anwendungsbezogen, quasi als Theorie-Praxis-Transfer miteinander verknüpft. Hier gilt: Eine Methodenanwendung ohne Kenntnis der zugehörenden Theorien erscheint reflexiv blind, wohingegen Theorien ohne Methoden handlungsunfähig bleiben. Auf das Feld der Beratung gewendet wird es demnach auch darum gehen, immer wieder einmal den Blick aus der methodischen Anwendung heraus hin zu den Erkenntniszusammenhängen zu heben. Diese theoretischen Hintergründe helfen bei der Einschätzung ob und inwiefern regelgerecht im jeweiligen Kontext beraten wird. Beschäftigen wir uns jedoch zunächst mit dem methodischen Rahmen der Sozialen Arbeit.

Der Methodenbegriff in der Sozialen Arbeit

An die Überschrift anschließend soll zunächst der Methodenbegriff allgemein umrissen und anschließend Beratung als methodischer Oberbegriff für dialogorientiertes Handeln eingebettet werden.

Methoden können in Anlehnung an Schilling als ein *vorausgedachtes*, *planmäßiges Vorgehen* zum *Erreichen von Zielen*, als *erfolgreiche Wege* zum Ziel, als *spezifische Art und Weise zu handeln*, als *bewusst gewählte Verhaltensweisen* zur

Erreichung bestimmter Ziele oder auch als *„erprobte, überlegte und übertragbare Vorgehensweisen zur Erledigung bestimmter Aufgaben und Zielvorgaben"* beschrieben werden (Schilling, 1995, S. 65f.; vgl. auch Galuske, 2009, S. 25).

Die Anwendung von (Beratungs-)Methoden in der Sozialen Arbeit ist nicht auf eine Technologie im Sinne der Anwendung von Tools zu verkürzen. Wäre dem so, ginge der Methodenanwendung die sozialpädagogische Perspektive auf die Adressat_innen und die besondere Stellung der Sozialen Arbeit zwischen Subjekt und Gesellschaft verloren. Diese spezifische Position wird im Fachterminus als *intermediär* (dazwischen) bezeichnet, weil Soziale Arbeit dem Wohl der Adressat_innen und dem Gemeinwohl gleichermaßen verpflichtet ist (Heiner, 2010, S. 33–38). In der Methodendiskussion wird diese besondere Stellung der Sozialen Arbeit aufgegriffen. Obgleich häufig eine Person als Adressat_in auftritt, wird deren Lebensgestaltung von ihrem sozialen Umfeld und abstrakt auch von der Gesellschaft beeinflusst. Umgekehrt wird das soziale Umfeld auch durch eine im Beratungsprozess erreichte Verhaltensänderung der Klient_innen berührt. Darin wird die Bedeutung dieser intermediären Position sichtbar. Soziale Arbeit greift methodisch handelnd diese mit Gehlen anthropologisch besondere Stellung des Menschen als autonomes, nach Unabhängigkeit strebendes Wesen einerseits und als abhängiges, kulturschaffendes und -bedürftiges Wesen andererseits auf (Gehlen, 1940 / 1986). Mit anderen Worten soll methodisch in der Beratung stets nach einem Zuwachs an Kompetenzen und lebenspraktischen Fähigkeiten gestrebt werden, damit Klient_innen möglichst selbständig und eigenverantwortlich ihr Leben gestalten. Dies geschieht jedoch unter Einbezug der sozialen Zusammenhänge, in denen die Klient_innen leben. Diese Besonderheit wird durch ein integriertes Methodenverständnis aufgegriffen, welches die jeweiligen Rahmenbedingungen und Zielsetzungen einbezieht. Methodisches Handeln ist daran anschließend in *Konzepte* eingebettet, die als übergreifende Handlungszusammenhänge einen erklärenden, handlungsleitenden Charakter besitzen und über die Ausrichtung des fachlichen Handelns Auskunft geben (Kreft & Müller, 2010, S. 20; Geißler & Hege, 1999, S. 22–31). Hiltrud von Spiegel stellt für Konzepte heraus, dass sie ,*Beobachtungs- und Beschreibungswissen* („Was ist der Fall?") mit *Erklärungs- und Begründungswissen* („Warum ist es so?"), darüber hinaus mit *Wertewissen* („Welche Zustände bzw. Verhaltensweisen sind wünschenswert?") und *Handlungs- und Interventionswissen* („Wie kommen wir da hin?") kombinieren' (von Spiegel, 2008, S. 254).

Dazu ein erstes Beispiel aus der Beratungspraxis: *Die alleinerziehende Anne Kühn sieht sich immer wieder mit Verhaltensproblemen ihres 16-jährigen Sohnes*

Robert konfrontiert. Was im häuslichen Zusammenhang lediglich zu Konflikten zwischen Mutter und Sohn führt wird – als Robert des Öfteren der Schule fernbleibt – zu einem manifesteren Problem, so dass Frau Kühn das Aufsuchen einer Beratungsstelle nahegelegt wird.

In diesem kurzen Beispiel wird deutlich, dass Probleme häufig durch Institutionen (hier die Schule) identifiziert werden. Gleichermaßen nehmen Institutionen Einfluss auf das Zustandekommen der Beratung (gesetzliche Schulpflicht) und auch die Ziele (Teilnahme am Unterricht). Nun hat Frau Kühn zunächst das Problem der Wahl, die für ihre Schwierigkeiten passende Beratungsstelle und geeignete Berater_in zu finden. In diesem Zusammenhang könnten arbeitsfeldbezogen Familien-, Erziehungs- oder allgemeine Sozialberatungsstellen einschlägig sein. Unter Umständen spielt die Trägerschaft eine Rolle (konfessionell oder auf bestimmte Zielgruppen gerichtet). Noch bedeutsamer erscheint jedoch die konzeptuelle (handlungsleitende) Ausrichtung durch die Bezeichnung der Beratungsform (beispielsweise: systemisch-lösungsorientiert). Wichtig für unser Verständnis ist, dass in diesem integrierten Methodenverständnis Konzepte (bspw. Theorien sozialer Systeme) und Methoden in einem widerspruchsfreien Verhältnis zueinanderstehen.

Soll das unmittelbare methodische Vorgehen geklärt werden, wird dies in der Fachliteratur als *Verfahren* oder *Techniken* beschrieben (Geißler & Hege, 1999, S. 19–31; Galuske, 2009, S. 27–35; Kreft & Müller, 2010, S. 23). Daran anschließend wäre zu klären, welches Vorgehen sich aus dem herangezogenen Beratungskonzept ableiten und methodisch umsetzen lässt. Darauf wird in der Vorstellung einzelner Beratungsmethoden exemplarisch eingegangen. Nachdem Beratung zunächst allgemein im Kontext der Methoden diskutiert wurde, soll nun die beraterische Professionalität im Vordergrund stehen.

Unterscheidungen zwischen Alltags- und professionellen Beratungsgesprächen

Alltagsberatungen

Weshalb sind Beratungsmethoden in der Sozialen Arbeit nicht mit dem umgangssprachlichen Verständnis von Beratung (beispielsweise mit Verkaufsgesprächen) vereinbar, obgleich darin ebenso der Beratungsbegriff in Anspruch genommen wird?

Auch in alltäglichen Situationen sind Menschen füreinander da. Sie hören einander zu und geben Rat in problematischen Situationen. In der seltsamen Geschichte von den ‚Zeitdieben' berichtet Michael Ende von der kleinen Momo. *„Was die kleine Momo konnte wie kein anderer, das war: zuhören. Das ist nichts Besonderes, wird nun vielleicht mancher Leser sagen, zuhören kann doch jeder. Aber das ist ein Irrtum. Wirklich zuhören können nur ganz wenige Menschen. Und so wie Momo sich aufs Zuhören verstand, war es ganz und gar einmalig"* (Ende, 1973, S. 17). Etwas problematischer verhält es sich mit dem Rat geben. In Ratschlägen werden eher allgemein und weniger wissenschaftlich fundiert Handlungsvorschläge für unterschiedliche Lebenssituationen erteilt (Belardi, Akgün, Gregor, Neef, Pütz & Sonnen, 2011, S. 36f.). Diese sind jedoch komplex und einmalig, so wie die Ratsuchenden selbst, so dass gutgemeinte Hinweise oft nicht zur Lösung beitragen. Sie verstärken in der Feststellung des Scheiterns manchmal sogar die eigene Hilflosigkeit. Ratschläge taugen allenfalls für die Klärung von Sachfragen.

Sollen Alltags- von professionellen Beratungsgesprächen abgegrenzt werden, so kommen dafür folgende Kriterien in Betracht: In Alltagssituationen bestimmen Merkmale der sozialen Nähe über die Inhalte. Hierarchische Unterschiede, ansonsten Merkmale der Distinktion (Abgrenzung) spielen keine nennenswerte Rolle. Grundsätzlich kann in diesen kaum vorgeplanten Alltagsgesprächen alles Mögliche thematisiert werden. Es wird einfach drauf los geredet, vielfach mit dem unausgesprochenen Ziel der Suche nach Übereinstimmungen in den Sichtweisen auf Alltagsprobleme. Sozialwissenschaftlich kann es als die Thematisierung milieuspezifischer Gemeinsamkeiten bezeichnet werden (Hildenbrand, 2005, S. 11f.). Dieser Aspekt wird beispielsweise bei Familienfesten deutlich, bei denen nahezu ritualisiert über Themen gesprochen und bestimmte Personen ein- oder gerade auch nicht eingeladen werden (Funcke & Hildenbrand, 2009, S. 23). In der Regel folgen Alltagsgespräche auch keinem vorab festgelegten Setting. Niemand wird auf die Einhaltung von Terminen verpflichtet, noch gibt es spezifische Frageformen oder speziell eingerichtete Gesprächsräume. Zudem besteht die Gefahr von Rückkopplungen, wenn Loyalitäten nicht geklärt sind und auf diese Weise ‚offene' Geheimnisse entstehen.

Das Setting als Grundlage professioneller Beratungsbeziehungen

Die professionelle Beratung gilt im Unterschied dazu als zeitlich befristeter und vorstrukturierter Prozess. Eine Beratung muss als solche gekennzeichnet (gerahmt) werden. Dies geschieht beispielsweise dadurch, dass die bzw. der Berater_in im Erstgespräch die Struktur des Beratungsprozesses erläutert, auf die Vertraulichkeit der Inhalte und ihre bzw. seine Schweigepflicht hinweist. Unterscheiden ließen sich die *Komm-Struktur* mit Terminvergaben im Beratungsraum oder die *aufsuchende Beratung*. Der letztgenannte Beratungsansatz lässt sich als niedrigschwellige Form vor allem aus fachlichen Erwägungen begründen. Aufsuchende Beratungen setzen die Zustimmung der Zu-Beratenden voraus. Sie vermitteln einen Eindruck über die häusliche Situation und den Umgang mit alltäglichen Herausforderungen. Den Beratenden wird ein Höchstmaß an professioneller Kompetenz im Umgang mit komplexen sozialen Gegebenheiten abverlangt, da sie mit den Auswirkungen und dem Umgang mit „materiellen, sozialen, psychischen und alltagspraktischen Belastungen" unmittelbar konfrontiert sind (Sickendiek, Engel & Nestmann, 2008, S. 41 f.). Beratung kann grundsätzlich *präventiv* oder *kurativ* ausgerichtet sein. Mit präventiver Beratung wird die Bezugnahme auf ein Noch-Nicht-Problem bezeichnet. Für präventive Beratungen werden Forschungsergebnisse zu den Ursachen und Anzeichen der Entstehung sozialer Probleme herangezogen. Sie verfolgen das Ziel, deren Ausbruch oder Verschlimmerung zu verhindern. So können beispielsweise Informationen zur Entstehung von Suchtkrankheiten und zu den Folgen des Konsums psychotroper Substanzen gegeben werden. Präventive Beratungen tragen einen Netzwerkcharakter, weil sie nicht ausschließlich auf Personen mit bereits vorhandenen Schwierigkeiten bezogen sind. Davon abgrenzbar sind kurative Beratungen, die konkret auf Zu-Beratende und deren Problematiken gerichtet sind (Sickendiek et al., 2008, S. 73)

Zur Klärung des Rahmens einer Beratung zählt weiterhin die Festlegung der zeitlichen Dauer einer Sitzung. In der Regel sind dies jeweils 50 Minuten plus etwa 10 Minuten Nachbereitungszeit zum Verschriftlichen wesentlicher Aspekte eines Gesprächs, des weiteren Vorgehens oder auch reflexiver Überlegungen. Zum Setting einer Beratung gehört ferner, dass Aufträge und Ziele miteinander ausgehandelt werden. Die Ziele sind einerseits möglichst zu konkretisieren. Sie sind andererseits auch nicht statisch zu behandeln, sondern im fortschreitenden Beratungsprozess den dann neuen Gegebenheiten und Bedürfnissen der Zu-Beratenden anzupassen. Zusätzlich sind eigene Emotionen oder auch spontane Reaktionen auf Seiten der Berater_innen festzuhalten. Diese können später in eine Supervision eingebracht werden. Fachsprachlich kann es sich bei jenen nicht auf die konkrete Beratungssituation bezogenen, emotional bedingten Reaktionen (wie Ärger, Wut, Trauer) um *Gegenübertragungen* handeln. Gegenübertragungen sind Erfahrungen und Reaktionen aus einer früheren Zeit, deren zugrundeliegende Emotionen, Motive, Wünsche, Befürchtungen oder auch Erwartungen mehr oder weniger bewusst in der aktuellen Situation reaktiviert werden und die Handlungsmöglichkeiten der

Beteiligten in der Beratung einschränken. Dies wird beispielsweise in den Fragen deutlich: Wie sollte (m)ein_e typische_r Klient_in sein? Welche unausgesprochenen Erwartungen werden (auch durch Institutionen) an das Handeln und die Veränderungsbereitschaft der Zu-Beratenden gerichtet? Welches (fach-) sprachliche Niveau wird herangezogen? Wird einseitig durch wissenschaftliche Distanz Beziehung verweigert oder kommt es gar zu Schuldzuweisungen? Hans Thiersch (1990, S. 129–151; 1991, S. 29) prägte dazu den Begriff der *„geheimen Moral der Beratung"*. Probleme können herbei oder zerredet, Hilfe und Unterstützung im Niveau der angeschlagenen Kommunikation auch verweigert werden. Werden impulsive Reaktionen der Berater_innen ursächlich den Zu-Beratenden angelastet, dann kann es sich um eine Gegenübertragung handeln. Professionalität bedeutet daran anschließend auch, dass Berater_innen bewusst mit ihren Emotionen, Reaktionen, Wünschen und Erwartungen umgehen, damit Projektionen und Gegenübertragungen keine Macht über die Beziehung gewinnen (Belardi, 2011, S. 53–56). Oevermann bezeichnet diese professionelle Haltung in seinem psychoanalytisch orientierten, pädagogischen Konzept als „Abstinenzgebot". Damit spricht er die Kompetenz zur Selbstwahrnehmung der Berater_innen an, die dem Prozess der Zu-Beratenden verpflichtet bleiben und ihren eigenen Emotionen und Reaktionen nicht einfach freien Lauf lassen (Oevermann, 1996, S. 109–134).

Für das Gelingen einer Beratung ist die Qualität der Beratungsbeziehung bedeutsam. Natalia Ginzburg klassifiziert in ihrem Beitrag „Nie sollst Du mich befragen" ihre therapeutischen Sitzungen (auf Beratungsprozesse trifft dies gleichermaßen zu) als menschliches und fachliches Geschehen gleichermaßen. Beratungsbeziehungen bewegen sich auf einem Kontinuum zwischen emotionaler Nähe und professioneller Distanz (Ginzburg, 1995, S. 39; Hildenbrand, 1999, S. 124). Wie ist dies zu verstehen? Eine professionelle Beratung kommt auf der Grundlage des Eingeständnisses einer Person zustande, dass sie mit einer problematischen Lebenssituation allein nicht zurecht zu kommt (Thiersch, 2009, S. 141). Damit stehen Prozesse wie Trauer, Schmerz, emotionale Verletzungen oder auch Selbstzweifel in einem engen Zusammenhang. Diese Problemlösungskompetenz wird nun von dem bzw. der professionellen Berater_in erhofft. Das Zustandekommen einer (Beratungs-) Beziehung setzt die Entscheidung beider Seiten voraus, miteinander auf der Basis von Vertrauen beziehungsorientiert in einen helfenden Dialog einzutreten, in dem die Zu-Beratenden alles thematisieren können. Den Berater_innen wird jedoch eine theorie- und methodengeleitete Bezugnahme darauf abverlangt (Oevermann, 1996, S. 109–134; Thiersch, 2009, S. 134; Welter-Enderlin & Hildenbrand 1999).

Nun kann hier eingewendet werden, dass manche Beratungsbeziehungen nahezu erzwungen sind, sei es um den Folgen von Gerichtsauflagen oder auch den Androhungen von Konsequenzen einer dritten Partei (nahen Bezugspersonen, Institutionen) zu entgehen. Auch hier gilt, dass es einer beiderseitigen Entscheidung bedarf, denn: Innerhalb der Beratung können Lösungsansätze allenfalls vorausgedacht oder erprobt werden. Dafür ist die Zusammenarbeit mit den Zu-Beratenden und deren Entscheidung für Verhaltensänderungen erforderlich. Fachsprachlich wird dies als *Koproduktion* und *Partizipation* bezeichnet (von Spiegel, 2008, S. 43–45; Galuske, 2009, S. 36–70), denn in der Beratung wird eine Dienstleistung erbracht, mit deren Folgen die Zu-Beratenden in ihrem Alltag zurechtkommen müssen. Resümierend ließe sich sozialpädagogische Beratung als *„fachkundige Partnerschaft auf Zeit"* beschreiben (Zwicker-Pelzer, 2010, S. 17) die auf der Grundlage einer vertrauensvollen Beziehung Verhaltensänderungen ermöglicht. Beratung kann auf die individuelle Ebene oder auch auf die Veränderung benachteiligender Lebensbedingungen gerichtet sein (Sickendiek et al., 2008, S. 13–23).

Nachdem nun die sozialpädagogische Beratung als professionelles Setting von Beratungssituationen in alltäglich-zwischenmenschlichen Bereichen unterschieden wurde, sollen die einzelnen Beratungsformate voneinander abgegrenzt werden.

Abgrenzungen unterschiedlicher Beratungsformate

Beraten wird nicht nur in der Sozialen Arbeit, sondern in zahlreichen psychosozialen Feldern. Darüber hinaus sind einige Beratungsansätze der Sozialen Arbeit anderen Professionen entlehnt. Die Abgrenzungsbemühungen sind demnach nicht als derart rigide zu verstehen, dass die Verwendung von Techniken aus anderen Beratungsformaten als Tabubruch zu werten ist. Ein prominentes Beispiel dafür ist die breite Anwendung der nondirektiven / klient_innenzentrierten Beratung in sozialpädagogischen Arbeitsfeldern, die ursprünglich aus psychotherapeutischen Kontexten stammt (Galuske, 2009, S. 132–142; Rauen, 2003 / 2008; Sickendiek et al., 2008, S. 44–50). Welche Abgrenzungen und Unterscheidungen sind hinsichtlich der Strukturiertheit, der Ziele und insbesondere der Zusammenarbeit zwischen Beratenden und Klient_innen in unterschiedlichen Beratungsformaten festzuhalten?

Eine **psychotherapeutische Beratung** setzt gewisse Selbststrukturierungsfähigkeiten voraus. Es geht dabei um das Einhalten von Wartezeiten, Terminen oder auch um zurückzulegende Wege zu Praxis- und Beratungsstellen. Insbesondere die aufsuchende **sozialpädagogische Beratung** ist hingegen niedrigschwellig auch an jene Zielgruppen gerichtet, die sich mit dem Aspekt der Selbststrukturierung schwertun. Die Finanzierung psychotherapeutischer Beratung wird in der Regel durch Krankenversicherungen übernommen. Eine Voraussetzung dafür ist eine festgestellte, psychische Erkrankung. Daher verfügen psychotherapeutisch ausgerichtete Berater_innen über ein (erkrankungs-)spezifisches Fachwissen. Entsprechend ist das Beratungsverhältnis eher am medizinischen Modell der Ärzt_innen-Patient_innen-Beziehung orientiert. Sozialpädagogische Berater_innen verfügen über ein handlungsfeldspezifisches Fach- und Verweisungswissen (Müller, 2009, S. 42). Bei Bedarf sollte den Klient_innen eine Fachbehandlung nahegelegt werden. Darüber hinaus verknüpfen Fachkräfte der Sozialen Arbeit handlungsfeldübergreifende Kompetenzen (wie Kommunikationsmodelle, ethische und rechtliche Grundlagen aus den Bezugswissenschaften), da soziale Beratung als Querschnittsmethode in allen sozialpädagogischen Arbeitsfeldern angewandt wird. In sozialpädagogisch orientierten Beratungen stehen mit den Prinzipien der *Koproduktion* und der *Partizipation* das gemeinsame Aushandeln von Zielen und Prozessen mit Klient_innen im Vordergrund. In der psychotherapeutischen Beratung tragen die Diagnostik und therapeutische Methoden zu umfassenden Veränderungen der Selbst- und Umweltverhältnisse der Zu-Beratenden bei. Die sozialpädagogische Beratung grenzt sich davon durch ein eher umfassend integratives oder inklusives Ziel in der alltäglichen Lebensbewältigung ab (Galuske, 2009, S. 36–55, 133–142, 168–175; Nestmann et al., 2007, S. 36–38; Belardi, 2011, S. 39–48).

Das **Coaching** ist mit organisationsbezogenen Rollenverhältnissen auf die Schnittstelle zwischen Mensch und Organisation gerichtet. Eine Gemeinsamkeit mit sozialpädagogischer Beratung ist die Abgrenzung zur Therapie und Heilbehandlung. Während das Coaching jedoch Erkrankungen eher ausschließt, können diese unter den Aspekten der Wiedergewinnung von Autonomie in sozialpädagogische Beratungen (außerhalb der Heilbehandlung) durchaus einbezogen werden. Vor diesem Hintergrund agieren beispielsweise zielgruppenspezifisch sozialpädagogische Beratungsformate, wie die Ernährungsberatung, die Suchtberatung, die Beratung in klinischen Bereichen wie Palliative Care, Beratungen für krebskranke Menschen und ihre Angehörenden und viele mehr. Machtunterschiede werden im Coaching aufgrund der in Organisationen üblichen Hierarchien allgemein akzeptiert, während sozialpädagogische Beratung Machtverhältnisse beispielsweise zwischen den Geschlechtern eher kritisch diskutiert. Die Ziele werden auch im Coaching von den Zu-Beratenden bestimmt, diese oder die Organisationen tragen in der Regel die Kosten der Beratung. Resümierend ist im Coaching von einer Engführung hinsichtlich der Zielgruppe und der angestrebten Ziele (Gestaltung der beruflichen Rolle) auszugehen. Gemeinsamkeiten mit der sozialpädagogischen Beratung bestehen im Hinblick auf die grundsätzliche Haltung, die auf den Slogan „Beratung ohne Ratschlag" gebracht werden kann und in Bezug auf adaptierte methodische Zugänge, wie die non-direktive, klient_innen-zentrierte Beratung oder auch die systemisch-lösungsorientierte Beratung (Rauen, 2008, S. 1–15; Schreyögg, 2012, S. 66–93; Radatz, 2013).

Während Coaching eher als Personalentwicklungsinstrument gilt, gerät bei **Supervision** die Personenentwicklung stärker in den Blick. Supervision entstand originär im Kontext der Sozialen Arbeit. Hinter Supervision steckt die Frage: Wie wirkt das (Handlungs-)Feld auf die Helfer_innen? Samuel Barnett, ein ‚Armen-Pfarrer' in einem Londoner Slum-Gebiet stellte 1883 bei seinen ehrenamtlichen Helfer_innen starke Belastungen aufgrund des wahrgenommenen Elends und der begrenzten Hilfsmöglichkeiten fest. Er ermöglichte ihnen Gespräche mit nicht involvierten Berater_innen zur Klärung des Vorgehens und in Bezug auf die bereits angesprochene Balance zwischen beziehungsorientierter Nähe und reflexiver Distanz. In der Supervision werden drei Reflexionsebenen einbezogen. Es handelt sich dabei erstens um die Reflexion der Beziehungsebene in der Zusammenarbeit zwischen Klient_innen und professionellen Akteur_innen, zweitens um die Beziehungsgestaltung in der Zusammenarbeit zwischen allen beruflichen Akteur_innen (Kolleg_innen, Führungskräfte) und drittens um die Optimierung von Prozessabläufen in der Organisation durch die Akteur_innen selbst. Supervisionen sollen das Bewusstsein dafür stärken, dass Verhalten einer (mehr oder weniger bewussten) von Rahmenbedingungen abhängigen, wechselseitigen Beeinflussung unterliegt und Organisationsbedingungen für eine bessere Zusammenarbeit gestaltbar sind. Supervision dient der Aufrechterhaltung der Professionalität insbesondere in sozialarbeiterischen Tätigkeitsfeldern (Rauen, 2008, S. 7–9; Schreyögg, 2012, S. 79–81; Belardi, 2005).

Resümierend halten wir fest, dass sozialpädagogische Beratung gleichermaßen die Subjekte und deren Kontext (soziales Umfeld) einbezieht, mit Klient_innen Veränderungsmöglichkeiten auslotet und gegebenenfalls durch die Bildung spezifischer Unterstützungsnetzwerke auf die Alltagsgestaltung einwirkt und deren Bewältigung fördert. Folgend wird es darum gehen, sozialpädagogische Beratungsformate exemplarisch vorzustellen.

Beratung im Kontext der Lebenswelt

Mit der Beratung im Kontext der Lebenswelt wird eine Domäne innerhalb des sozialpädagogischen Handelns angesprochen, welches sich nicht auf die Beratungsstelle als den „dritten Ort" (Thiersch 1989, S. 175–199) zurückzieht. Konzeptuell steht diese Beratungsform in der Tradition der *Lebensweltorientierung*, einer mit dem Achten Kinder- und Jugendbericht prominent gewordenen und in der Sozialen Arbeit breit rezipierten Theorie von Hans Thiersch. Mit der Lebensweltorientierung reagiert Thiersch auf gesellschaftliche Rahmenbedingungen, die er durch Brüchigkeit, Widersprüchlichkeit und soziale Ungerechtigkeiten gekennzeichnet sieht. Für die Subjekte kann aus der Bewältigung dieser komplexen Anforderungen die Gefahr der Überforderung resultieren. In der Lebensweltorientierung wird durch die Bezugnahme auf gesellschaftliche Bedingungen einerseits und auf subjektives Bewältigungshandeln andererseits der intermediäre Standpunkt der Sozialen Arbeit deutlich hervorgehoben (Der Bundesminister für Jugend, Familie, Frauen und Gesundheit, 1990; Thiersch, 1993, S. 11–28; Thiersch, 2007, S. 699–709; Thiersch, 2009, S. 129–149). In der Hinwendung zum Alltag sind verschiedene Traditionslinien der Sozialwissenschaften vereinigt. Es handelt sich dabei um die *hermeneutisch-pragmatischen Traditionslinien der Erziehungswissenschaften* mit dem Ziel des Verstehens der Handlungsmöglichkeiten und -grenzen einzelner. Des Weiteren wird die *kritische Alltagstheorie* angesprochen, welche die Entlastung durch routiniertes Handeln, die Sehnsüchte, die Wünsche und Ziele von Menschen aufgreift. Einbezogen wird ebenso die *Phänomenologie*, welche die Prozesshaftigkeit des menschlichen Lebens in der erlebten Zeit, der erlebten Sozialräume und der darin gebildeten Umgangsweisen hervorhebt (Thiersch, 2009). Die lebensweltorientierte Beratung zielt auf die Stärkung sozialer Gerechtigkeit und greift die Struktur-und Handlungsmaximen des Konzepts der Lebensweltorientierung auf. Mit den Prinzipien der *Integration* und der *Partizipation* werden Ausgrenzungen in unterschiedlichen Lebenszusammenhängen (bspw. Armut, Geschlecht, Alter, Ethnie) mit dem Ziel der Stärkung von Kompetenzen der Zu-Beratenden für eine weitgehende Überwindung dieser Benachteiligungen aufgegriffen. Hinzu zählt weiterhin die *Prävention*, nach der nicht erst dann beraten werden soll, wenn die Problembelastung durch die Überforderungen der Selbsthilfemöglichkeiten sichtbar wird. Mit der *Regionalisierung* und *Dezentralisierung* werden weitere Prinzipien deutlich. Hilfreich für Berater_innen sind aktuelle Kenntnisse über gesellschaftliche Einflüsse auf die Entstehung problematischer Lebensbedingungen und deren individuelle oft auch konflikthafte Verarbeitung. Dazu zählen:

- Analysen zu den Auswirkungen von materiell und sozial mangelhaft abgesicherten Lebensumständen (beispielsweise durch prekäre Beschäftigungsverhältnisse);
- (sozial-)rechtliches Wissen zum Abstecken des Hilferahmens;
- soziologische Kenntnisse, die auf den gesellschaftlichen Rahmen und das Zusammenleben gerichtet sind;
- psychologische Kenntnisse, welche subjektive Verarbeitungsformen in den Vordergrund stellen oder auch
- sozialmedizinische Kenntnisse, sofern es um erkrankungsbedingte Begleiterscheinungen und die Vermittlung darauf bezogener Hilfsangebote geht.

In der lebensweltorientierten Beratung wird aufgegriffen, dass im alltäglichen Leben unterschiedliche soziale Sphären miteinander verbunden sind. Menschen sind nicht nur als Privatpersonen, sondern auch als Inhaber_innen von Rollen (bspw. als Studierende, Konsumierende, Berufstätige) in institutionelle Kontexte eingebunden. Mit dem Prinzip der *Vernetzung* werden diese Aspekte in der Zusammenarbeit von Professionellen unterschiedlicher Tätigkeitsbereiche aufgegriffen. Eine hohe Bedeutung wird dem Prinzip der *Kooperation* beigemessen. Die Art der Zusammenarbeit sollte von Respekt geprägt die Entscheidungen, die Wünsche, auch die Möglichkeiten und Grenzen der Zu-Beratenden einbeziehen. Das übergreifend verbindende Prinzip ist mit der *Alltagsorientierung* selbst angesprochen. Thiersch thematisiert darin seine eher institutionenkritische Haltung. Institutionen neigen zur Spezialisierung. Sie werfen als lebensweltferne Orte eher Probleme der Desintegration und Bevormundung durch institutionelle Vorgaben (wie Hausordnungen, generalisierte Regeln, die „Ghettoisierung" durch das Bündeln ähnlicher Problemlagen an einem Ort) auf. Thiersch präferiert (soweit möglich) eine Hilfe an den Orten und den Zeiten, in denen Krisen sich zutragen und auch bewältigt werden (Sickendiek et al., 2008, S. 157–178; Nestmann, Engel & Sickendiek, 2007, S. 699–709; Thiersch, 2009, S. 23–34, 129–141). Damit wird sozialpädagogische Beratung eines vorgegebenen Settings (zeitliche und räumliche Struktur) weitgehend beraubt. Beratung unter der lebensweltlichen Prämisse mutet Sozialpädagog_innen die wissenschaftliche und methodische Breite ihrer Disziplin unter der Bedingung des unmittelbaren Sich-Einlassens auf die Lebensverhältnisse der Zu-Beratenden zu. Damit ist nicht gesagt, dass eine Beratung in der Beratungsstelle einem Kunstfehler gleichkommt. Thiersch weist aus guten Gründen und unter Einverständnis der Zu-Beratenden auf die Chance hin, die mit einer Beratung am Ort des alltäglichen Lebens verbunden sein kann. Eine lebensweltliche

Beratung verzichtet auf den Rückzug in die Beratungsstelle und erleichtert Zu-Beratenden eine Kontaktaufnahme.

Bezugnahme auf das Beispiel: *Während eines von Anne Kühn initiierten Telefonats mit der Sozialarbeiterin vor Ort wird deutlich, dass für einen Besuch in der Beratungsstelle aufgrund der beruflichen Verpflichtungen von Frau Kühn kaum Zeit bleibt. So verabreden beide einen Hausbesuch am Abend. Dort angekommen stellt die Sozialarbeiterin fest, dass der Alltag von Frau Kühn nahezu vollständig durchorganisiert ist. Frau Kühns Kinder, Robert (16), Sebastian (14) und Tim (11), sind des Öfteren sich selbst überlassen. Robert zieht sich meistens in sein Zimmer zurück, welches Frau Kühn nicht betritt. Sie meint manchmal Cannabis-Rauch wahrzunehmen. Sebastian kümmert sich um die meisten Dinge im Haushalt. Frau Kühn teilt mit, dass sich Sebastian auch um sie kümmere, wenn sie traurig und niedergeschlagen sei. Tim will Profi-Fußballer werden und ist häufig zum Training abwesend. Insgesamt fehle ihr Zeit mit ihren Jungs und im Haushalt. Das Materielle müsse ja auch stimmen und sie möchte ihren Söhnen auch etwas bieten, habe jedoch ständig ein schlechtes Gewissen, wenn es beispielsweise nur Pizza gebe, wie an diesem Abend.*

Die Sozialarbeiterin nimmt wahr, dass die überforderte Familie in der Erledigung alltäglicher Notwendigkeiten „funktioniert", für weiteres jedoch kaum Zeit bleibt. Damit ist ein zentrales Stichwort gefallen. Lebensweltliche Beratung verfolgt das Ziel des *„gelingenderen Alltags"* (Grunwald & Thiersch, 2004, S. 23). Es wird in der Zusammenarbeit mit allem Respekt und der Akzeptanz vor den Möglichkeiten und Grenzen der Beteiligten darum gehen, vorhandene Ressourcen (Kompetenzen der Familie oder der sozialen Netzwerke) zu stärken und Unterstützungsmöglichkeiten auszuloten. Dabei kann es sich auch um weitergehende Angebote der Sozialen Arbeit handeln. Die Bezugnahme der Familienmitglieder aufeinander, deren solidarisches Zusammenspiel in der Gestaltung ihres Alltags gilt bereits als Kompetenz. Mit anderen Worten geht es nicht darum, das maximal mögliche zu tun oder gar die Familie zu normieren, sondern das Optimum mit allen Beteiligten herauszuarbeiten und in möglichen Schritten autonomiewahrend umzusetzen.

Resümierend ist die Beratung im Kontext der Lebenswelt nicht als formalisierte Methode mit anwendbaren Techniken (Gesprächs- oder Frageformen) zu verstehen. Vielmehr soll die (Beratungs-)Methode zu den Personen, deren Lebenssituation und den äußeren Umständen passen. Die daraus zu generierende Regel lautet: erst der (Beratungs-)Fall, dann die Methode. Eine umgekehrte Anwendung käme einem Kunstfehler gleich und ließe sich rasch mit einem Zitat, welches Paul Watzlawick zugeschrieben wird verdeutlichen. Wer nur einen Hammer hat, sieht in jedem Problem einen Nagel. Anders: Wer nur eine Methode kennt, für den wird alles zu einem Fall für diese Methode. Thiersch rät zur *„strukturierten Offenheit"* (Thiersch, 1993, S. 11–28). Damit wird angesprochen, dass methodisches Vorgehen offen für Veränderungen bleibt sowie flexibel eingesetzt werden soll. Daher können unter dem Dach der lebensweltorientierten Beratung durchaus weitere methodische Ansätze herangezogen werden, die etwas stärker formalisiert sind.

Die non-direktive, klient_innenzentrierte Beratung

Die Methode der non-direktiven, klient_innenzentrierten Beratung geht auf den amerikanischen Psychologen Carl Rogers (1902–1987) zurück. Sie erlangte insbesondere aufgrund vielfältiger Anwendungsmöglichkeiten und der Beratungshaltungen eine starke Verbreitung innerhalb der Sozialen Arbeit. Konzeptuell ist dieser Beratungsansatz dem Humanismus zuzuordnen. Starke Einflüsse stammen aus den philosophischen Konzepten des Existentialismus, insbesondere aus den Schriften von Søren Kierkegaard. In dieser philosophischen Tradition wird das Wesen des Menschen durch sein individuelles Erleben, durch sein Handeln auf der Grundlage seiner Entscheidungen, durch existentielle Themen wie Angst, Endlichkeit, Einsamkeit, Verzweiflung oder Verantwortung bestimmt (Kierkegaard, 1992, 1997). Weitere Einflüsse sind aus der jüdischen Religionsphilosophie insbesondere von Martin Buber (1973) wahrnehmbar, welcher dem Begegnungsaspekt eine starke Bedeutung beimisst. Dieser Denktradition folgend kann der Mensch nur in der Begegnung, in der Auseinandersetzung mit seinem Umfeld, seines Selbst bewusstwerden. Weitere Einflüsse bezog Rogers aus den Beziehungsaspekten der Psychoanalyse nach Otto Rank (Weinberger, 2008, S. 20). Im Hinblick auf die theoretischen Hintergründe eignet sich klient_innenzentrierte Beratung für Themen existentieller Natur, nicht für die Beratung in Sachfragen (Straumann, 2007, S. 645). Im Menschenbild der Methode wird die Einzigartigkeit jedes Menschen mit seinen innewohnenden Bedürfnissen nach schöpferischer Veränderung und Selbstverwirklichung aufgegriffen. Rogers prägte darauf bezogen den Begriff der *Aktualisierungstendenz,* durch den er die Fähigkeit des Organismus (psychische und physische Ganzheit des Menschen) beschreibt, sich selbst zu erhalten und weiterzuentwickeln.

Vor diesem Hintergrund drängen sich die in Folge von Rogers entwickelten und heute nahezu für jede Beratung generalisierbaren Haltungen der *Empathie,* der *Echtheit* und *Kongruenz* sowie der *bedingungslosen Wertschätzung* geradezu auf. Wird *Empathie* als einfühlendes Verstehen aufgefasst, dann greift dies zu kurz. Empathie mutet Berater_innen den Perspektiven-wechsel im Sinne eines Sich-Hineinversetzens in die zu-beratende Person zu. Es geht um das Betrachten der Welt aus dem Blickwinkel der Zu-Bera-tenden, indem deren Gefühle, Bewertungen, denen sie ausgesetzt waren und sich möglicherweise auch selbst aussetzen, wahrgenommen werden. Mit der *Kongruenz* wird der unverzerrte, authentische Zugang zur eigenen Gefühlswelt der Berater_innen angesprochen. Der Umgang mit den eige-nen Empfindungen sollte verleugnungsfrei von Echtheit geprägt sein. Diese Offenheit sich selbst gegenüber soll den Zu-Beratenden verdeutli-chen, dass ein angstfreies Gewahr-Werden der eigenen Gefühle und der Umgang mit ihnen möglich ist. Dabei geht es auch um ein situativ ange-messenes Platzieren wohldosierter Ich-Botschaften. Alles, was Berater_in-nen äußern, kann als Intervention aufgefasst werden. In der *bedingungslo-sen Wertschätzung* tritt der philosophische Einfluss Martin Bubers hervor. Es geht um die voraussetzungs- und bedingungslose Anerkennung der Zu-Beratenden als die Personen, die sie eben sind, nicht als Personen, die Berater_innen gerne hätten. Entwicklungspsychologisch greift Rogers damit auf, dass Umweltbewertungen (jene der Eltern, später auch institu-tionelle Bewertungen beispielsweise in der Schule) ausgesprochen bedeut-sam für das sich bildende Selbstkonzept sind. Dieser enorm wichtige Aspekt der bedingungslosen Anerkennung in der Beziehung wird in der Beratungsliteratur nahezu flächendeckend hervorgehoben. Beispiele dafür sind die Transaktionsanalyse (Harris & Harris, 1973 / 2007), die Familienkonferenz (Gordon, 1997) oder von Rosmarie Welter-Enderlin und Bruno Hildenbrand in ihrem Werk „Systemische Therapie als Begeg-nung" sogar in ein Modell gebracht, welches der Beratungsbeziehung eine vordergründige Position zuweist (Welter-Enderlin & Hildenbrand, 1999, S. 23). Werden an die Akzeptanz und die Anerkennung Bedingungen, wie die Erwartung besonderer Leistungen oder Wohlverhalten geknüpft, besteht die Gefahr der *Inkongruenz*, welche einen Zustand der Diskrepanz zwischen der Aktualisierungstendenz (den Wahrnehmungen auf organis-mischer Ebene) und der Selbstaktualisierung (durch die Bewertungen der sozialen Umwelt) bezeichnet. Besonders trifft dies auf die Zeit der kind-lichen Entwicklung zu, die durch intensive Lernprozesse insbesondere im Kontakt mit Bezugspersonen geprägt ist. Auch die mit einer Bewertungs-macht ausgestatteten Institutionen sind für das Zustandekommen dieser Diskrepanz bedeutsam. Das trifft auch auf Institutionen der Sozialen Arbeit zu, die entscheidungsmächtig den Fortgang von Biografien beein-flussen. Daran ist erkennbar, dass mit den Aspekten der bedingungslosen Anerkennung und Wertschätzung durchaus eine ethisch-humanistische Grundhaltung verbunden ist, welche zentral auf die Qualität der Beratungsbeziehung abzielt. Als Grundlage für das Gelingen einer Beratungsbeziehung führt Rogers das *aufmerksame Zuhören* an. Aufmerksames Zuhören bedeutet, sich selbst zurückzunehmen, das Gehörte nicht zu (be-)werten oder gar Ratschläge zu unterbreiten. Lassen wir noch einmal Michael Ende zu Wort kommen: *„Momo konnte so zuhören, dass dummen Leuten plötzlich sehr gescheite Gedanken kamen. Nicht etwa, weil sie etwas sagte oder fragte, was den anderen auf solche Gedanken brachte, nein, sie saß nur da und hörte einfach zu, mit aller Aufmerksamkeit und Anteilnahme. [...] Sie konnte so zuhören, dass ratlose und unentschlossene Leute auf einmal ganz genau wussten, was sie wollten. Oder dass Schüchterne sich plötzlich frei und mutig fühlten. Oder dass Unglückliche und Bedrückte zuversichtlich und froh wurden. Und wenn jemand meinte, sein Leben sei ganz verfehlt und bedeutungslos und er selbst nur irgendeiner unter Millionen, einer, auf den es überhaupt nicht ankommt und der ebenso schnell ersetzt werden kann wie ein kaputter Topf – und er ging hin und erzählte alles der kleinen Momo, dann wurde ihm, noch während er redete, auf geheimnisvolle Weise klar, dass er sich gründlich irrte, dass es ihn, genauso wie er war, unter allen Menschen nur ein einziges Mal gab und dass er deshalb auf seine besondere Weise für die Welt wichtig war. So konnte Momo zuhören!"* (Ende, 2002, S. 17f.) Dieses aktive Zuhören soll die Selbsterkenntnis der Zu-Beratenden fördern. Diese *Selbstexploration* kann mit einer Entdeckungsreise verglichen werden, bei der Zu-Beratende negative Sichtweisen auf sich selbst (beispielsweise Schuldgefühle und Verteidigungshaltungen) aufgrund erfahrener Umweltbewertungen wahrnehmen und aufgeben können. Das Ziel besteht in einer Flexibilisierung des Selbstkonzeptes (Balance zwischen organismischen Erfahrungen und Selbstaktualisierung). Damit sollen den Zu-Beratenden der verzerrungs- und verleugnungsfreie Zugang zur eigenen Gefühlswelt und Entscheidungen zum Umgang mit den eigenen Gefühlen möglich werden. Im Kontext der klient_innenzentrierten Beratung sind wertende Verhaltensweisen auszuklammern. Diese tragen eher dazu bei, Erfahrungen der Inkongruenz hervorzurufen beziehungsweise zu verstärken. Beispielhaft seien hier Alltagsreaktionen auf Äußerungen Zu-Beratender angesprochen, wie *Bagatellisieren* (Kleinreden), *Belehren* oder *Moralisieren* (gut gemeinte Ratschläge erteilen), *Diagnostizieren* (Zuschreiben von Defiziten), *Interpretieren* (eigenen Deutungen stärkeres Gewicht bemessen), *Intellektualisieren* (nur der Verstand wird angesprochen, abstrakte Sprache) genannt (Weinberger, 2008, S. 11–81; Galuske, 2009, S. 176–186; Rogers, 2004; Straumann, 2004, S. 641–654). Um es mit Martin Buber (1973), auszudrücken, steht dann eher eine Subjekt-Objekt-Beziehung im Vordergrund. Es geht dann weniger um den konkreten Menschen in all seinen Facetten, sondern lediglich um einen zu behandelnden Fall. Im Sinne der klient_innenzentrierten Beratung wäre dies ein Kunstfehler.

Bezugnahme auf das Beispiel: *Nondirektiv, klient_innenzentriert tätige Berater_innen greifen im Beratungsgespräch die Gefühlsebene mit der Technik des Verbalisierens emotionaler Erfahrungen auf. Sie spiegeln diese, indem anklingenden Prozessen der Trauer, Selbstzweifeln, aber auch positiven Gefühlen Raum gegeben wird. Sie teilen (kongruent und authentisch) eigene Wahrnehmungen in Bezug auf die von Klient_innen thematisierten Emotionen in der ICH-Form mit. Berater_innen nehmen beispielbezogen das schlichte Funktionieren der Familienmitglieder in den Blick, thematisieren die Trauer Anna Kühns um die entgangene Zeit mit den Söhnen, ihr Schuldgefühl, vielem nicht gerecht werden zu können, thematisieren Wünsche und Hoffnungen und begleiten ihre Klient_innen auf der Suche nach Veränderungsmöglichkeiten. So geraten die Rolle der Mutter und ihre Bedürfnisse als Frau, dass Sebastian Zeit für altersangemessene Unternehmungen benötigt, Roberts Zukunfts- und Berufspläne oder auch Tims Wunsch, Profifußballer zu werden, mithin die Diskrepanz zwischen den Sehnsüchten und Strebungen der Familienmitglieder und deren aktuell realisierten Möglichkeiten in den Blick.* Als Basisvariablen werden die Akzeptanz, die bedingungslose Wertschätzung, die Übereinstimmung mit eigenen Gefühlen und Empfindungen akzentuiert. Das Ziel besteht in der Begleitung der Zu-Beratenden im Ausloten von Veränderungsmöglichkeiten, welche die Diskrepanz zwischen den angestrebten Möglichkeiten der Selbstverwirklichung und den aktuellen Beschränkungen verringert.

Mit der themenzentrierten Interaktion wird folgend eine weitere, auf humanistischen Konzepten beruhende Methode der sozialpädagogischen Beratung vorgestellt, die insbesondere für Gruppen geeignet ist.

Themenzentrierte Interaktion

Die Entwicklung der Themenzentrierten Interaktion (TZI) geht auf Ruth Cohn (1912–2010) zurück. In großbürgerlichen Verhältnissen in Berlin aufgewachsen studierte sie Nationalökonomie und Psychologie. Aufgrund ihres jüdischen Glaubens bedroht flüchtete sie 1933 nach Zürich, schloss dort eine Ausbildung in Psychoanalyse an und emigrierte 1941 in die USA. Sie kehrte 1974 zurück und lebte bis zu ihrem Tod in Düsseldorf (Greving, 2010). In der Entwicklung der Methode wurde Ruth Cohn von der existentialistischen Philosophie, gestalttherapeutischen Einflüssen und den Ansätzen der nondirektiven, klienten_innenzentrierten Beratung beeinflusst. Rückblickend auf ihre psychoanalytische Ausbildung mit dem eher innengeleiteten Fokus erschien ihr die Couch als zu klein. Ruth Cohn ver-

Bildquelle: eigene Darstellung

folgte die Vision einer Methode, welche auf die gesellschaftliche Entwicklung Einfluss nimmt (Johach, 2010; Langmaack, 2009, S.125–133). Geprägt durch ihre Erfahrungen während ihrer Flucht und des Krieges formulierte Ruth Cohn wertgebundene Grundsätze für eine demokratische Pädagogik. Im *existentiell-anthropologischen Axiom* wird der Mensch als psychobiologische Einheit hervorgehoben. Der Mensch gilt gleichermaßen als autonom und als abhängig. Die Autonomie steigt, je stärker sich Menschen ihrer Abhängigkeiten bewusstwerden. Damit wendet sich Cohn gegen eine gesellschaftlich durchaus anerkannte rigorose Form der Selbstverwirklichung. In ihrem zweiten *ethisch-sozialen Axiom* nimmt sie darauf Bezug. Allem Lebendigen und seinem Wachstum werden Achtung und Ehrfurcht entgegengebracht. Inhumanes gilt als wertbedrohend. Dieses Axiom schließt Natur und Kultur gleichermaßen ein und wendet sich gegen reines Markt- und Machbarkeitsstreben. Im *pragmatisch-politischen Axiom* betont sie, dass freie Entscheidungen von inneren und äußeren Grenzen beeinflusst werden. Cohn geht es um das frühzeitige Erkennen möglicher Grenzüberschreitungen, die zu neuen Abhängigkeiten führen (Langmaack, 2009, S. 39–47). Im Kern liegt der TZI ein Balance-Konzept zwischen dem Einzelnen Subjekt (ICH), als Gruppenteilnehmende in Beziehungen mit anderen (WIR) und der Bezugnahme auf ein gemeinsames Thema (ES) zugrunde.

Für Beratungssituationen benannte Ruth Cohn situativ anzuwendende Hilfsregeln (Postulate). Als Grundlage jeder persönlichen und gesellschaftlichen Veränderung wird die Bedeutung der **Chairperson** hervorgehoben. Dabei geht es um das Bewusstsein, einerseits autonom zu sein, andererseits aber auch in Beziehungen zu leben und diesen Widerspruch zwischen Autonomie und der Angewiesenheit auf soziale Beziehungen auszubalancieren. Freiheitsgrade bedingen demnach einen verantwortungsbewussten Umgang mit sich selbst, anderen und der Welt (GLOBE). **Störungen haben Vorrang** und weisen darauf hin, dass Vordergründiges die Teilnehmenden an der themenbezogenen Zusammenarbeit hindert. Daher sollte Störendes zunächst geklärt werden. Für eine lebendige Kommunikation sind zudem Gesprächsregeln bedeutsam. Demnach soll *in der ICH-Form gesprochen* werden. *Vertritt dich Selbst:* Die verallgemeinernde MAN-Form gilt als verantwortungsvermeidend. *Sage, warum du fragst und was die Frage für dich bedeutet:* Bei Fragen sollen die dahinterliegenden Gründe offengelegt werden. *Halte dich mit Interpretationen weitgehend zurück:* Die Kommunikation soll authentisch und nicht (be-)wertend sein. Wird etwas über Teilnehmende mitgeteilt, dann soll die eigene Bedeutsamkeit des Geäußerten verdeutlicht werden. Niemand kann sich auf mehr als eine Äußerung gleichzeitig konzentrieren. Daher soll nacheinander gesprochen werden. *Das Herz und der Schmerz sprechen mit:* Der Wahrnehmung der Situation, der eigenen und fremden Körpersignale, Handlungen oder auch Gefühle wird mit diesem Postulat eine hohe Bedeutung beigemessen (Langmaack, 2009, S. 134–197). Im Beratungsprozess selbst geht es um das Gewahrsein der gegenwärtigen Situation, nicht einer imaginären Zukunft oder Vergangenheit. Die zu klärenden Themen oder auch das Zusammenspiel in der Gruppe sind zwar von vergangenen Erfahrungen und Erlebnissen beeinflusst. Sie können jedoch nur in der Gegenwart bearbeitet werden. Diese gegenwärtigen Problemlösungen beeinflussen zukünftige Entwicklungen. Die Gruppenleitung nimmt am Prozess teil. Sie ist auch für das Fortschreiten des Gruppenprozesses unter Hinweis auf die formulierten Regeln zuständig, die situativ und nicht diktatorisch angewendet werden. An die Gruppenleitung werden demnach jene Anforderungen gestellt, die unter dem Stichwort der Professionalität mit der Balance von beziehungsorientierter Nähe und prozessfördernder Distanz diskutiert wurden.

Bezugnahme auf das Beispiel: *An TZI orientierten Berater_innen kommt es auf die Balance zwischen einzel-, gruppen-, und themenbezogenen Anteilen sowie den externen Einflüssen auf das Geschehen an. So können unterschiedliche Handlungsoptionen in den Blick geraten. Zum einen kann der bzw. die Berater_in gemeinsam mit Roberts Mutter überlegen, ob ihre momentane Lebenssituation auch von anderen geteilt wird oder sich Interessent_innen an der Besprechung beruflicher und privater Überforderungstendenzen finden und sich der Einstieg in einen gemeinsamen Prozess zum Ausloten von Veränderungsmöglichkeiten lohnen kann. Gleichermaßen kann gemeinsam mit Robert, seinen Mitschüler_innen, Lehrer_innen oder Eltern für den Kontext der Schule nach Möglichkeiten für das Reduzieren der Fehltage, zur Verbesserung der Lehr-Lernbedingungen oder auch nach alternativen Unterstützungsmöglichkeiten beispielsweise durch Nachhilfe gesucht werden.*

Resümierend ist die Methode der TZI zur gemeinsamen Bearbeitung konsensfähiger Zielstellungen in Gruppenprozessen geeignet. Dabei werden Gemeinsamkeiten in der Unterschiedlichkeit von Kompetenzen entdeckt und gefördert. Für Soziale Arbeit ist TZI methodisch anschlussfähig aufgrund der Integration sämtlicher Lebensfelder. Dazu zählen die beziehungsorientierte Balance zwischen einzelnen und als Teil von Gruppen, die reflexive Bezugnahme auf beeinflussende Rahmenbedingungen und das Handeln in der gegenwärtigen Situation, durch den die Kompetenz zur situativen Veränderung gefördert wird. Mit der lösungsorientierten Beratung soll folgend ein Format diskutiert werden, welches systemtheoretische Zusammenhänge methodisch beleuchtet.

Systemisch-Lösungsorientierte Beratung

Die lösungsorientierte Beratung ist eng mit den Namen Steve de Shazer (1940–2005), seiner Frau Insoo Kim Berg (1934–2007) und deren psychotherapeutischer Tätigkeit im Brief Family Therapie Center in Milwaukee verbunden. Von Steve de Shazer ist folgende Geschichte überliefert: *In einer therapeutischen Sitzung reihten die Familienmitglieder ausgeweitet Problem an Problem. Nachdem de Shazer 27 unterschiedliche Problembereiche identifiziert hatte fragte er, ob in diesem todkranken System überhaupt etwas funktioniere. Nach einem betretenen Schweigen ließen sich die Familienmitglieder auf seine Hausaufgabe ein, bis zur nächsten Sitzung gelingende Situationen zu beobachten und diese zu protokollieren. Zu dieser Folgesitzung sprudelten die Familienmitglieder von positiven Berichten und dem Wunsch, als Familie zusammenzubleiben* (Bamberger, 2001, S. 12). Diese Erkenntnis wird als die Wende in Beratung und Therapie bezeichnet, sich fortan stärker der Suche nach

möglichen Lösungen zuzuwenden. De Shazer vertritt die These, dass ausgeweitete Problemanalysen die Hilflosigkeit der Klient_innen verstärken. Die lösungsorientierte Beratung ist konzeptuell den konstruktivistischen Denktraditionen zuzuordnen. Mit Berger & Luckmann (2003) wird die soziale Wirklichkeit als Prozess aufgefasst, in dem sich Menschen handelnd aufeinander und auf die Dinge ihrer Welt beziehen. In diesen Handlungsprozessen verleihen Menschen ihren Tätigkeiten und den Dingen Sinn. So entstehen beispielsweise verwendbare Produkte, Theorien mit Erklärungswissen oder auch Erkenntnisse, wie mit der Welt umzugehen ist. Menschen sind demnach fortwährend schöpferisch tätig. Sie schaffen und konstruieren ihre Kultur, mit der sie dann auch zurechtkommen müssen. Wirklichkeit wird demzufolge nicht als gegeben oder objektiv aufgefasst. Wie diese betrachtet und behandelt wird ist vielmehr standpunkt- und beobachtungsabhängig. Beispielsweise wird ein Arzt den gelegentlichen Cannabiskonsum aufgrund seines Wissens über hirnorganische Funktionen anders beurteilen als ein konsumierender Jugendlicher, für den es ein entspannendes Symbol und Ausdruck seiner Freiheit und Autonomie sein kann. Systemisch geht es um Erkenntnisse, wie und aufgrund welchen Wissens Gesellschaftsmitglieder zu ihren Auffassungen der Wirklichkeit kommen (Dekonstruktion) und welche Handlungsfolgen oder Konsequenzen daraus (Konstruktion) resultieren. Die dahinterliegende Denktradition wird aufgrund der Bezugnahme auf das Verhalten- und Handeln als *sozialer Konstruktivismus* bezeichnet (Berger & Luckmann, 2003). Mit ihrer Geburt treten Menschen in komplexe Beziehungsnetzwerke ein. Diese *Sozialen Systeme* werden anhand spezifischer Kommunikation und des aufeinander bezogenen Verhaltens der Mitglieder unterschieden. Ein typisches Beispiel dafür sind Familien, in denen nahezu unausgesprochen Rituale und Regeln das Verhalten aller beeinflussen. Als soziale Wesen sind Menschen auf diese Beziehungsnetzwerke angewiesen. Verkürzt kann es an Martin Buber anschließend mit dem Satz: „Der Mensch wird erst am Du zum Ich" (Schwing & Fryszer, 2014, S. 20) ausgedrückt werden. Verändert eine Person ihr Handeln, dann wirkt sich dies auf alle Beteiligten aus. Systemisch-lösungsorientierte Berater_innen sind Abenteuerreisende und zugleich Entdecker_innen der in Beziehungsnetzwerken wirkenden Regeln oder Muster. Sie betrachten die von den Zu-Beratenden beschriebene, problematische Wirklichkeit aus unterschiedlichen Blickwinkeln. Sie verhalten sich in der Beratung *neutral* und *allparteilich.* Die *Neutralität* dient dem professionellen Schutz vor einer allzu starken Übernahme einer Sichtweise (Koalition mit einer Person). Die *Allparteilichkeit* dient dem Verstehen, indem Situationen aus den Blickwinkeln aller Beteiligten beleuchtet werden. Die lösungsorientierte Beratung
n

folgt einem Phasenmodell. In der *ersten Phase* der *Synchronisation* geht es zunächst um das Herstellen einer vertrauensvollen Beziehung, die analog der humanistischen Beratungsmethoden von Respekt (für den Menschen in seiner problematischen Situation), Wertschätzung und Ermutigung geprägt ist. Zu dieser ersten Phase gehört weiterhin die Klärung des Auftrages beispielsweise anhand der Fragen: Wo soll die (Beratungs-)Reise hingehen? Welche Ziele sollen erreicht werden? Es gilt das Prinzip der Realisierbarkeit. Daher kann bereits eine evaluative Fragestellung eingebaut werden: Woran wird deutlich, dass Sie Ihr Ziel erreicht haben? In der *zweiten Phase* geht es um die Entwicklung einer *Lösungsvision*. Die zu formulierenden Fragestellungen beziehen sich auf eine problemfreie Zukunft, beispielsweise: Wie wird es sein, wenn Ihr Problem nicht mehr ist? Wem wird es auffallen, dass Ihr Problem gelöst ist? Woran werden es Außenstehende merken? Inwiefern werden Sie sich dann anders als bisher verhalten? Gibt es bereits heute Momente, in denen Ihr Problem nicht da ist? Was tun Sie in diesen Situationen? Die Beratungsstrategie zielt auf zwei Aspekte. Zum einen sollen Zu-Beratende sich selbst auch in problematischen Situationen als handlungsmächtig erfahren. Zum anderen sollen problemfreie Zeiten ausgeweitet werden. Zu diesem Zweck können Hausaufgaben aufgegeben werden, beispielsweise so *tun, als-ob* das Problem kleiner oder weg wäre und dann genau auf die eigenen Handlungen zu achten. Bekannt wurde Steve de Shazer insbesondere durch die *Wunderfrage*, die für Situationen geeignet scheint, in denen Zu-Beratende sich keine eigene Beteiligung zur Verbesserung ihrer Situation vorstellen können. Hier kann Zuflucht zu einer „guten Fee" oder je nach Leidenschaft zu anderen Fabelwesen genommen werden, die unbemerkt das Wunder der Problemfreiheit vollbringen. Daran anschließend wird detailliert mit den Klient_innen herausgearbeitet, anhand welcher Veränderungen die Erlösungstat festgestellt wird. In der *dritten Beratungsphase* geht es um das „Verschreiben" möglicher Lösungsschritte. Auch hier hilft die Metapher eines Weges. So kann beispielsweise auf einer am Boden ausgelegten Skala der bzw. die Klient_in festlegen, welchen Grad der Problemfreiheit er bzw. sie gerne erreichen möchte. Das Ziel besteht im Erheben von Unterschieden zwischen den einzelnen Skalenwerten anhand eines möglichst genauen Darstellens eigener Handlungen. Daran anschließende Hausaufgaben sollten die Erprobung konkreter Handlungen und die Wahrnehmung von Unterschieden in Bezug auf die angestrebte Verbesserung der Lebensqualität einbeziehen. In der *vierten Beratungsphase* geht es schließlich um die *Evaluation*, um die Schärfung des Blicks für eingetretene Verbesserungen. Dabei sind die Dimensionen der sozialen Beziehungen, der Gefühle, des situativen Verhaltens oder auch der subjektiven Wahrnehmungen einzubeziehen

(Bamberger, 2001; von Schlippe & Schweitzer, 2003, S. 35–38; Sickendiek et al., 2008, S. 84-90, de Shazer, 2015). Bezugnahme auf das Beispiel: *An den Beratungsgesprächen können alle teilnehmen, die ein Interesse an einer Veränderung der problematischen Situation kundtun. Eine lösungsorientierte Beraterin greift die unterschiedlichen Perspektiven der Beteiligten auf. Aus Sicht der Schule besteht im Hinblick auf die bestehende Schulpflicht ein legitimes Interesse an der Unterrichtsteilnahme Roberts. Aus Sicht der Mutter könnte es um die Sicherung des Familienunterhalts und mehr Zeit mit den Söhnen gehen. Aus Sicht von Robert kann es um die Bedürfnisse des Jugendlichen nach Autonomie und mögliche Zukunftsperspektiven gehen. Im Hinblick auf Sebastian könnte in Erwägung gezogen werden, dass dieser möglicherweise die Leerstelle des nie benannten Vaters einnimmt und sich nicht nur sehr um den Haushalt, sondern auch um Anne Kühn, seine Mutter kümmert. Aufgrund des Denkens in Wechselwirkungen werden die Möglichkeiten auf soziale Situationen Einfluss zu nehmen erweitert. Potentiell kann auch durch eine Veränderung des Lernklimas in der Schule die Bereitschaft zur Teilnahme am Unterricht gefördert werden. Perspektivisch wäre mit den Beteiligten auszuloten, welche Veränderungen diese anstreben und gegebenenfalls, welche Form der Unterstützung dafür in Frage käme.* Auch hier gelten uneingeschränkt die Prämissen der Partizipation (mögliche Lösungen sind mit den Beteiligten zu entwickeln, nicht zu verordnen) und der Koproduktion (die angestrebten Veränderungen sind in den Alltag der Zu-Beratenden zu integrieren und von diesen umzusetzen).

Beratungsethisches Resümee

Bereits angemerkt wurde, dass moderne Gesellschaften aufgrund ihrer Vielfalt an Handlungsoptionen zu einem Bedürfnis nach Beratung beitragen. Hinzu kommt, dass für die moralische Kontrolle des Handelns die Subjekte selbst in die Pflicht genommen werden. Die Entscheidungen für das eigene Verhalten können nicht wie in früheren Zeiten ausschließlich an institutionellen Vorgaben (Religionsgemeinschaften oder anderen Institutionen) ausgerichtet werden (McLeod, 2004, S. 342). Aus allen Entscheidungen resultieren Konsequenzen, die Gelingen oder mögliches Scheitern beinhalten. Damit sind durchaus Fragen mit existentiellem Charakter angesprochen: Darf ich meine Schwangerschaft oder langjährige Partnerschaft beenden? Was bedeutet Lebensglück für mich? Geht meine individuelle Freiheit so weit, dass ich assistierten Suizid (Sterbehilfe) in Anspruch nehmen darf? Beratungsleistungen dienen der Sinnsuche und Entscheidungshilfe in Gesellschaften, welche dafür allenfalls Rahmenbedingungen zur Verfügung stellen. Diese taugen für eine individuelle

Rechtfertigung nur begrenzt, denn nicht alles, was legal ist, erscheint auch moralisch gerechtfertigt. In der Vorstellung einzelner Methoden wurde deutlich, dass durch Beratung Unterstützung bei der Entscheidungsfindung geleistet wird, diese aber nicht abgenommen oder stellvertretend Lösungen vorgeschlagen werden. An welchen ethischen Prinzipien sind Beratungen auszurichten? Anhaltspunkte geben die konzeptuellen Ausrichtungen der einzelnen Beratungsmethoden (humanistisch, systemisch), die von autonomen, handlungskompetenten Personen ausgehen. Weitere Hinweise finden sich in den ethischen Richtlinien der Dachverbände für Beratung. Übereinstimmend weisen die Codes of Ethics and Practice for Counsellors der British Association for Counselling und der American Association for Counseling and Development auf die *Vertraulichkeit*, den Schutz persönlicher Daten in Fallbesprechungen und die Grenzen der *Schweigepflicht* bei Selbst- und Fremdgefährdung mit den entsprechenden Informationspflichten den Zu-Beratenden gegenüber hin. Die Erlaubnis zur Weitergabe von Informationen kann von Klient_innen durch eine Schweigepflichtentbindung eingeholt werden.

Darüber hinaus können in Anlehnung an Immanuel Kant wertethisch-philosophische Prinzipien der *Universalität*, der *Öffentlichkeitswirksamkeit* und der *Gerechtigkeit* herangezogen werden. Kann das eigene Vorgehen unter ähnlichen Umständen weiterempfohlen werden (Universalität)? Könnten die eigenen Handlungsgrundsätze veröffentlicht werden (Öffentlichkeitswirksamkeit)? Würden andere Klient_innen in derselben Situation anders behandelt (Gerechtigkeit)? Ferner zählen die Wahrung und Förderung der *Klient_innenautonomie* (Recht auf Handlungs- und Entscheidungsfreiheit sofern die Freiheit anderer nicht eingeschränkt wird), der *Unschädlichkeit*, der *Wohltätigkeit* und der *Vertrauenswürdigkeit* dazu. Mehrfachbeziehungen (persönlicher oder geschäftlicher Art) zu Klient_innen sind unzulässig, weil diese Abhängigkeitsverhältnisse verstärken können (McLeod, 2004; Buchinger, 2006). Insbesondere dem Aspekt der Autonomie gilt besondere Aufmerksamkeit.

In zahlreichen Arbeitsfeldern der Sozialen Arbeit kommen Beratungsbeziehungen unfreiwillig zustande. Dies trifft auf sämtliche Beratungen zu, die an Auflagen geknüpft sind (beispielsweise in der Bewährungshilfe oder bei der Gewährung öffentlicher Leistungen). Soziale Arbeit gerät hier in das Dilemma von Hilfe und Kontrolle. Mit Kähler (2005) gilt es, Transparenz herzustellen und zunächst über den Anlass der Beratung miteinander in ein Gespräch zu kommen. Klarheit sollte über die Ziele der Beratung, die Informationspflichten und die Bedingungen hergestellt werden, unter denen die Auflagen als erfüllt gelten. Klient_innen sollten wissen, was sie tun müssen, um ihre Unabhängigkeit wiederzugewinnen. Dies kann auch in der Frage: „Wie kann ich Ihnen helfen mich wieder loszuwerden?" verdichtet werden (Conen & Cecchin, 2013). Resümierend sind ethische Richtlinien als Orientierungshilfe für Berater_innen unverzichtbar. Sie sind vor dem Hintergrund der Fragestellungen der Klient_innen, deren Lebenssituation, den Beratungszielen und den konkreten und gesellschaftlichen Rahmenbedingungen zu reflektieren. Die Anwendung von Methoden und die Persönlichkeit der Berater_innen lassen fallangemessenes Beratungshandeln aufgrund seiner Komplexität zwischen helfender Beziehung und wissenschaftlicher Reflexion auch als *Kunstform* erscheinen (Welter-Enderlin & Hildenbrand, 1999, S. 26). Gerade deshalb muss dieses erlernt und geübt werden. Grundsätzlich hilft dabei der Standpunkt des doppelten Transfers. Berater_innen geben ihren Klient_innen nicht nur Unterstützung, sie sind gleichermaßen Lernende. Beratungsgespräche halten intensive Impulse zur Auseinandersetzung mit vielfältigen Lebensentwürfen bereit. Die Reflexion von Beratungsgesprächen trägt neben der professionellen- auch zur persönlichen Weiterentwicklung bei. Vermeintliche Sicherheiten werden hinterfragt, es findet eine Auseinandersetzung mit ethischen und existentiellen Fragestellungen statt, gleichsam gelten Berater_innen als Seismografen für gesellschaftliche und subjektive Problemlagen. Dahingehend bleibt Beratung eine Entdeckungsreise, die über den Rahmen einer konkreten Sitzung hinausweist.

Literatur

Bamberger, G. (2001). *Lösungsorientierte Beratung*. Praxishandbuch (2. überarbeitete und erweiterte Auflage). Weinheim: Beltz.

Belardi, N. (2005). *Supervision, Grundlagen, Techniken, Perspektiven* (2., aktualisierte Auflage). München: C. H. Beck.

Belardi, N., Akgün, L., Gregor, B., Neef, R., Pütz, T., & Sonnen, F. R. (1996/2011). *Beratung. Eine sozialpädagogische Einführung*. Weinheim und München: Juventa.

Berger, P. L., & Luckmann, T. (2003). *Die gesellschaftliche Konstruktion der Wirklichkeit. Eine Theorie der Wissenssoziologie*. Frankfurt am Main: Fischer.

Buber, M. (1973). *Das dialogische Prinzip*. Heidelberg: Lambert Schneider.

Buchinger, K. (2006). *Dimensionen der Ethik in der Beratung*. In: Heintel, P., Krainer, L., & Ukowitz, M. (Hrsg.), *Beratung und Ethik. Praxis, Modelle, Dimensionen* (S. 24–44). Berlin: Ulrich Leutner.

Conen, M. L., & Cecchin, G. (2013). *Wie kann ich Ihnen helfen, mich wieder loszuwerden? Therapie und Beratung mit unmotivierten Klienten und in Zwangskontexten*. Heidelberg: Carl-Auer.

de Shazer, S. (2015). *Der Dreh. Überraschende Wendungen und Lösungen in der Kurzzeitthera-pie* (13. Auflage). Heidelberg: Carl-Auer.

Der Bundesminister für Jugend, Familie, Frauen und Gesundheit (Hrsg.) (1990). *Achter Jugendbericht*. Bonn: Bonner Universitätsdruckerei.

Ende, M. (2002). *Momo*. München: Wilhelm Goldmann Verlag.

Funcke, D., & Hildenbrand, B. (2009). *Unkonventionelle Familien in Beratung und Therapie*. Heidelberg: Carl-Auer-Systeme Verlag.

Galuske, M. (2009). *Methoden der Sozialen Arbeit. Eine Einführung* (8. Auflage). Weinheim und München: Juventa.

Gehlen, A. (1940 / 1986). *Der Mensch. Seine Natur und Stellung in der Welt* (13. Auflage). Wiesbaden: Aula Verlag.

Geißler, K. A., & Hege, M. (1999). Konzepte sozialpädagogischen Handelns. Ein Leitfaden für soziale Berufe. Weinheim und Basel: Beltz.

Ginzburg, N. (1995). *Nie sollst Du mich befragen*. Frankfurt am Main: Fischer, S. 39-51.

Gordon, T. (1997). *Die neue Familienkonferenz. Kinder erziehen ohne zu strafen*. (6. Auflage). München: Wilhelm Heyne.

Greving, H. (2010). *Ruth C. Cohn*. In M. Schneider-Landolf, J. Spielmann, & W. Zitterbart (Hrsg.), *Handbuch themenzentrierte Interaktion* (2. durchgesehene Auflage) (S. 18–23). Göttingen: Vandenhoeck & Ruprecht.

Grunwald, K., & Thiersch, H. (2004). *Praxis Lebensweltorientierter Sozialer Arbeit. Hand-lungszugänge und Methoden in unterschiedlichen Arbeitsfeldern*. Weinheim und München: Juventa.

Harris, T. A., & Harris, A. B. (1973 / 2007). *Ich bin o.k. Du bist o.k. Einmal o.k. Immer o.k.* Reinbek bei Hamburg: Rowohlt.

Heiner, M. (2010). *Kompetent Handeln in der Sozialen Arbeit. Handlungskompetenzen in der Sozialen Arbeit 1*. München: Ernst Reinhardt.

Hildenbrand, B. (1999). Auftragsklärung und / oder Rahmung? – Zur Bedeutung der Anfangssequenz in Beratung und Therapie. *System Familie, 3*, 123–131.

Hildenbrand, B. (2005). *Familie als Ort sozialisatorischer Interaktion; Familie als Milieu*. In R. Bohnsack, C. Lüders, & J. Reichertz (Hrsg.), *Fallrekonstruktive Familienforschung* (2. Auflage) (S. 11–14). Wiesbaden: VS.

Johach, H. (2010). Der gesellschaftstherapeutische Anspruch der Themenzentrierten Interaktion. In M. Schneider-Landolf, J. Spielmann, & W. Zitterbart (Hrsg.), *Handbuch themenzentrierte Interaktion*. (2., durchgesehene Auflage) (S. 28–30). Göttingen: Vandenoeck & Ruprecht.

Kähler, H. (2005). *Soziale Arbeit in Zwangskontexten. Wie unerwünschte Hilfe erfolgreich sein kann*. München: Ernst Reinhardt.

Kierkegaard, S. (1849 / 1997). *Die Krankheit zum Tode*. Stuttgart: Reclam.

Kierkegaard, S. (1844 / 1992). *Der Begriff Angst*. Stuttgart: Reclam.

Kreft, D.; Müller, C. W. (2010). *Methodenlehre in der Sozialen Arbeit*. München und Basel: Ernst Reinhardt.

Langmaack, B. (2009). *Einführung in die Themenzentrierte Interaktion*. Weinheim und München: Juventa.

McLeod, J. (2004). Moral, Werte und ethische Fragen in der Beratungspraxis. In Derselbe, *Counselling – eine Einführung in die Beratung* (S. 341–374). Tübingen: dgvt.

Müller, B. (2009). *Sozialpädagogisches Können. Ein Lehrbuch zur multiperspektivischen Fallarbeit* (6., überarbeitete Auflage). Freiburg im Breisgau: Lambertus.

Nestmann, F., Engel, F., & Sickendiek, U. (Hrsg.) (2007). *Das Handbuch der Beratung. Band 1: Disziplinen und Zugänge* (2., überarbeitete Auflage). Tübingen: dgvt.

Oevermann, U. (1996). Theoretische Skizze einer revidierten Theorie professionalisierten Handelns. In A. Combe, & W. Helsper (Hrsg.), *Pädagogische Professionalität. Untersuchungen zum Typus pädagogischen Handelns* (S. 70–182). Frankfurt am Main: Suhrkamp.

Radatz, S. (2000 / 2013). *Beratung ohne Ratschlag. Systemisches Coaching für Führungskräfte und BeraterInnen* (8., unveränderte Auflage). Wien: literatur-vsm.

Rauen, C. (2003 / 2008). *Coaching* (2., aktualisierte Auflage). Göttingen: Hogreve.

Rogers, C. (2004). *Die nicht-direktive Beratung.* Frankfurt am Main: Fischer.

Schilling, J. (1995). *Didaktik/Methodik der Sozialpädagogik.* (2., überarbeitete Auflage). Neuwied: Luchterhand.

Schreyögg, A. (2012). *Coaching. Eine Einführung für Praxis und Ausbildung* (7., überarbeitete und erweiterte Auflage). Frankfurt am Main: Campus.

Schwing, R., & Fryszer, A. (2014). *Systemische Beratung und Familientherapie. Kurz, bündig, alltagstauglich.* Göttingen: Vandenhoeck & Ruprecht.

Sickendiek, U., Engel, F., & Nestmann, F. (1999 / 2008). *Beratung. Eine Einführung in sozialpädagogische und psychosoziale Beratungsansätze.* Weinheim: Juventa.

Straumann, U. (2007). Klientenzentrierte Beratung. In F. Nestmann, F. Engel, & U. Sickendiek (Hrsg.), *Das Handbuch der Beratung. Band 2: Disziplinen und Zugänge* (2. Auflage) (S. 641–654). Tübingen: dgvt.

Thiersch, H. (1989). Homo Consultabilis: Zur Moral institutionalisierter Beratung. In K. Böllert, & H.-U. Otto (Hrsg.), *Soziale Arbeit auf der Suche nach der Zukunft* (S. 175–193). Bielefeld: Böllert KT.

Thiersch, H. (1991). Soziale Beratung. In M. Beck, G. Brückner, & H. U. Thiel (Hrsg.), *Psychosoziale Beratung* (S. 23–34). Tübingen: dgvt.

Thiersch, H. (1992 / 2009). *Lebensweltorientierte Soziale Arbeit. Aufgaben der Praxis im sozialen Wandel* (7. Auflage). Weinheim und München: Juventa, S. 129–141.

Thiersch, H. (1993). Strukturierte Offenheit. Zur Methodenfrage einer lebensweltorientierten Sozialen Arbeit. In T. Rauschenbach, F. Ortmann, & M.-E. Karsten (Hrsg.), *Der sozialpädagogische Blick. Lebensweltorientierte Methoden in der Sozialen Arbeit* (S. 11–28) Weinheim und München: Juventa.

Thiersch, H. (2007). *Lebensweltorientierte Soziale Beratung.* In F.Nestmann, F. Engel & U. Sickendiek (Hrsg.), Das Handbuch der Beratung. Band 2: Ansätze, Methoden und Felder (2. Auflage). Tübingen: dgvt.

Trost, A. (2006). *Bindung anbieten, Halt geben, Lösungen finden. Ein etwas anderes Balancemodell für die Beratung mit TZI.* In U. Sauer-Schiffer, & M. Ziemons (Hrsg.), *In der Balance liegt die Chance. Themenzentrierte Interaktion in Bildung und Beratung* (S. 65–89). Münster: Waxmann.

von Schlippe, A., & Schweitzer, J. (2003). *Lehrbuch der systemischen Therapie und Beratung* (9. Auflage). Göttingen: Vandenhoeck & Ruprecht.

von Spiegel, H. (2008). *Methodisches Handeln in der Sozialen Arbeit* (3. durchgesehene Auflage). München: Ernst Reinhardt.

Watzlawick, P., Beavin, J.H., & Jackson, D.D. (1972). *Menschliche Kommunikation. Formen, Störungen, Paradoxien* (3., unveränderte Auflage). Bern: Hans Huber.

Weinberger, S. (2008). *Klientenzentrierte Gesprächsführung. Lern- und Praxisanleitung für psychosoziale Berufe.* Weinheim und München: Juventa.

Welter-Enderlin, R., & Hildenbrand, B. (1999). *Systemische Therapie als Begegnung* (3. verbesserte Auflage). Stuttgart: Klett-Cotta, S. 23–64.

Zwicker-Pelzer, R. (2010). *Beratung in der Sozialen Arbeit.* Bad Heilbrunn: Julius Klinkhardt.

NADIA KUTSCHER / SALVADOR CAMPAYO

Handlungsmethoden in der digitalisierten Gesellschaft

Die Digitalisierung der Gesellschaft

Gesellschaften und Kulturen befinden sich in einem ständigen Wandel, der von unterschiedlichen Dynamiken und Prozessen begleitet wird, die sich in unterschiedlichen Intensitätsgraden entfalten. Digitale Informations- und Kommunikationstechnologien prägen in den vergangenen Jahren und künftig den privaten wie beruflichen Alltag von Fachkräften und Adressat_innen Sozialer Arbeit auf vielfache Weise. Dabei lassen sich Veränderungsprozesse beobachten, deren Auswirkungen sich nicht nur in einem veränderten Mediennutzungsverhalten niederschlagen, sondern auch die Gesellschaft insgesamt, und auch Normen und Werte und Handlungsformen auf weitreichende Weise transformieren. Das betrifft auch den Bereich der Handlungsmethoden in der Sozialen Arbeit. Ein solch grundlegender medienbezogener Wandel wird unter dem Terminus der Mediatisierung gefasst und diskutiert. In dem von Friedrich Krotz (z. B. 2001, 2007) entwickelten Verständnis von Mediatisierung sind „nicht nur einseitige Wirkungen oder reziproke Effekte der Medien auf Personen(-gruppen) [ge]meint, sondern dass sich die Strukturen, Abläufe und Prozesse von Öffentlichkeit, Politik und (Arbeits-)Organisationen, von Alltag und Identität, sozialen Beziehungen, Erwerbsarbeit und Konsum sowie gesellschaftlichen Institutionen und Geschlechterverhältnissen zusammen mit den Medien und der darauf bezogenen Kommunikation wandeln" (Hepp & Hartmann, 2010, S. 13). Der von der Gesellschaft erfahrene „Mediatisierungsschub" wird insbesondere durch seine gegenwärtige Form der Digitalisierung vorangetrieben und zeichnet sich dadurch aus, dass die heutigen Medien zu einem universellen „Netz" zusammenwachsen. Auf diese Weise entsteht eine umfassende Medienumgebung, innerhalb derer sich räumliche, zeitliche und soziale Verhältnisse neu ordnen (Krotz, 2008, S. 55). Diese Medienkonvergenz, die nach Friedrich Krotz als „Integration bisher getrennt voneinander praktizierter Kommunikationsformen und Funktion" zu verstehen ist, bezeichnet er als „mediale und funktionale Integration", die einhergeht mit Veränderungen der „auf die Medien bezogenen Alltagspraktiken" (Krotz, 2007, S. 97).

Gerade für die Lebenswelten junger Menschen, aber mittlerweile auch für die meisten Menschen in digitalisierten Gesellschaften resultiert aus dem gesellschaftlichen und technologischen Wandel eine Vielzahl von Veränderungen. Dies umfasst u. a. „die Digitalisierung und Globalisierung vieler Lebensbereiche, die elektronischen Kommunikationsformen, virtuelle soziale Netzwerke und die Komprimierung der Bildungsverläufe, die einerseits Freiräume junger Menschen einschränken, andererseits eine Vielzahl von Optionen eröffnen und frühzeitige Entscheidungen von lebensbestimmender Tragweite erfordern" (BMFSFJ, 2013, S. 10). Durch die heutigen technisch-medialen und sozialen Bedingungen, in denen insbesondere die digitalen Medien eine hohe Bedeutung für das Alltagshandeln und für nahezu sämtliche Alltagskontexte haben, findet die Sozialisation von Kindern und Jugendlichen unter anderen Bedingungen statt, als dies für frühere Generationen der Fall war. Doch nicht nur die junge Generation ist von der Digitalisierung betroffen. Die meisten privaten wie beruflichen Kontexte sind heute mit der Nutzung digitaler Medien verbunden. Somit hat Bedeutung der Medien mittlerweile nicht nur für Kinder und Jugendliche, sondern für alle Altersgruppen – und damit auch für Fachkräfte der Sozialen Arbeit – zugenommen (s. z. B. Paus-Hasebrink, Schmidt & Hasebrink, 2011, S. 16; Krotz, 2007, S. 32).

So stellen Paus-Hasebrink und Trültzsch (2012, S. 30) fest: „Es [das Internet] unterstützt Menschen, mit veränderten gesellschaftlichen Anforderungen und Kontexten umzugehen, treibt gleichzeitig aber auch die Veränderungen der sozialen Organisation voran." Dies bedeutet, dass auch Vollzüge von Teilhabe und Mitgestaltung sozialen und gesellschaftlichen Lebens zunehmend in medialen Räumen, auf medialen Wegen und somit mit medialen Mitteln geschehen (Wagner, Theunert, Gebel & Schorb, 2012, S. 314). Nach Martina Löw (2001, S. 265) hat dabei auch ein Wandel in der räumlichen Sozialisation stattgefunden, da die durch digitale Medien möglichen neuen Vergemeinschaftungsformen Räume „als einzelne funktionsgebundene Inseln erfahrbar mach[en, die] durch Syntheseleistungen zu Räumen verknüpft werden." Räume werden „nun auch als diskontinuierlich konstituierbar und bewegt erfahren. An einem Ort können sich verschiedene Räume herausbilden" (ebd., S. 266). Dies wird beispielsweise im Kontext virtueller sozialer Netzwerke erfahrbar, innerhalb derer sich viele Räume sozialer Beziehungen aufspannen.

Mediatisierung der Sozialen Arbeit

Die hier beschriebenen Digitalisierungsentwicklungen betreffen auch die Rahmenbedingungen innerhalb derer sich die Soziale Arbeit bewegt, die Anlässe auf die sie reagiert, und auch die Form, in der sie ihren Gegenstand bearbeitet (Kutscher, Ley & Seelmeyer, 2015, S. 3). So hat es die Soziale Arbeit nicht nur mit den mediatisierten Lebenswelten ihrer Adressat_innen und der Fachkräfte zu tun. Es haben auch digitalisierte Formen von Kommunikations- und Verwaltungsprozessen innerhalb von Institutionen, Fachsoftware in der Diagnostik, (Interventions-)Planung und Dokumentation in Form elektronischer Fallakten, die Verlagerung professioneller Angebote in den virtuellen Raum als hybride Dienstleistungen (z. B. Onlineberatung) oder die Nutzung Sozialer Medien (z. B. WhatsApp) für den Adressat_innenkontakt zunehmend in der Sozialen Arbeit an Bedeutung gewonnen. Diese Entwicklungen konfrontieren sozialpädagogische Fachkräfte mit Logiken der Digitalisierung in der professionellen Leistungserbringung. Betroffen sind damit fachliche Kerntätigkeiten, die das professionelle Handeln nicht nur berühren, sondern eben auch beeinflussen und verändern können. Auch innerhalb der Sozialen Arbeit wird daher nach neuen konzeptionellen Antworten gesucht, die einerseits über „klassische medienpädagogische" Sichtweisen hinausgehen (z. B. Steiner & Goldoni, 2013) und andererseits in „klassischen sozialpädagogischen" Kontexten adäquat diese „neuen" Rahmenbedingungen berücksichtigen.

Handlungsmethoden in der Sozialen Arbeit im Kontext der Digitalisierung

Neben Theorien gelten Handlungsmethoden als zentrales Element beruflich bzw. professionell geleisteter Tätigkeit in der Sozialen Arbeit (Galuske, 2015, S. 1021; Stimmer, 2012, S. 24ff.). Im Zusammenhang der Diskussion um Methoden dient methodisches Handeln dazu, „die spezifischen Aufgaben und Probleme der Sozialen Arbeit situativ und eklektisch wie auch strukturiert und kriteriengeleitet zu bearbeiten, wobei man sich an Charakteristika des beruflichen Handlungsfelds sowie an der wissenschaftlichen Arbeitsweise orientieren sollte" (von Spiegel, 2013, S. 104). Michael Galuske weist darauf hin, dass Methoden jeweils in ihrem Verwendungszusammenhang, d. h. im Kontext der lebensweltlichen Zusammenhänge der Adressat_innen und der konzeptionellen Einbettung sowie insgesamt in ihren zeitlichen und gesellschaftlichen Bezügen zu reflektieren sind. Ebenso unterliegen Handlungsmethoden in der Sozialen Arbeit Rahmenbedingungen, die durch spezifische Anforderungen, aber auch Widersprüche gekennzeichnet sind und somit Handlungsbedingungen schaffen, die für das methodische Handeln eine Einflussgröße darstellen. Für Galuske (2011, S. 37ff.) charakterisieren grundsätzlich vier Merkmale die Rahmenbedingungen methodischen Handelns in der Sozialen Arbeit in Abgrenzung zu anderen Professionen. Neben „dem geringen Grad an Spezialisierung" (ebd., S. 38), der Alltagsorientierung und der daraus resultierenden „fehlenden Monopolisierung von Tätigkeitsfeldern" (ebd., S. 40) und dem Status der Adressat_innen als Ko-Produzent_innen agiert die Soziale Arbeit auch immer in Abhängigkeit von bürokratischer und rechtlicher Einbindung innerhalb staatlicher Steuerung. Vor diesem Hintergrund gilt es somit immer, im Kontext methodischen Handelns die Aspekte, die eine planvolle Realisierung von Hilfeprozessen sowie deren Rahmenbedingungen – hier: die Digitalisierung – beeinflussen, zu thematisieren. Vor dem Hintergrund der Durchdringung auch sozialpädagogischer Handlungszusammenhänge mit digitalen Medienformen verändern sich somit auch methodische Ansätze. Dabei zeigen sich Veränderungen bzw. Erweiterungen von Methoden in den *interventionsbezogenen* Konzepten und Methoden (z. B. virtuell-aufsuchende Arbeit, Onlineberatung oder Risikoprognosen) sowie in den *struktur- und organisationsbezogenen* Konzepten und Methoden (hier z. B. im Kontext von Fundraising, wenn der virtuelle Raum als potenzielle Erweiterung gesehen wird oder im Kontext von Fachsoftware, die auch Beratungssettings mit formt). Diese Veränderungen sind mit entsprechenden Rahmen- und Strukturbedingungen verbunden, die im Folgenden umrissen werden.

Fachkräfte der Sozialen Arbeit sind im Kontext der Digitalisierung mit einer veränderten (Technik-)Logik konfrontiert, die die Interventionspraxis, d. h. die Handlungsabläufe, die Binnenstrukturen der Deutung von lebensweltlichen Schwierigkeiten in Einzelfällen und die Fallkonstruktion beeinflussen.

So finden soziale Situationen nach Einspänner-Pflock und Reichmann (2014, S. 54) an einem physikalischen Ort statt, an dem im Rahmen der physischen Umgebung von zumindest einem Akteur irgendeine Art von Handlung vollzogen wird. Erving Goffman konzipiert die Interaktion als „situational". Dabei geht es um eine spezielle Form von Aktivität, das Miteinander-Sprechen, und um die Interaktion bzw. die Interaktionsordnung, die sich dabei konstituiert (s. ebd.). „Wer wie und unter welchen Umständen an der Situation teilnehmen oder wer Leitungs- oder Führungsfunktion übernehmen darf, wird kulturell und sozial ausgehandelt und stabilisiert" (ebd.). Die sich im virtuellen Raum konstituierende soziale Situation ist hingegen zumindest teilweise entkoppelt von körperlicher Präsenz und der in einer Face-to-Face Interaktion impliziten Interaktionsordnung. Damit unterliegen die digitalisierten Interaktionen den Konstitutionsbedingungen einer „synthetischen Situation" (Knorr Cetina, 2012, S. 90). Das heißt, mediatisierte Situationen beinhalten synthetische Elemente, die eine Veränderung der Bedingungen der Interaktionsordnung in den alltäglichen Handlungssituationen mit den Adressat_innen bewirken. Dabei ist „erstens […] die synthetische Situation vollständig informatisiert; zweitens ist sie ontologisch fließend; drittens kann sie eine Partei zur Interaktion hinzu projizieren" (ebd., S. 90). Das bedeutet, das, was üblicherweise face-to-face stattfindet (z. B. Beratungskommunikation) findet als digitale Daten statt, die Situation körperlicher Ko-Präsenz ist nicht an physischräumliche Bedingungen gebunden. Inwiefern es sich bei digitalisierten Erbringungsformen Sozialer Arbeit um eine vollständige Informatisierung handelt, wäre jedoch jeweils zu prüfen. Während jedoch für soziale (face-to-face) Situationen eine gewisse Stabilität konstitutiv ist und sie sich im Rahmen einer Zeitachse im Raum verorten, verlangt eine synthetische Situation von den Teilnehmenden dauernde Aufmerksamkeit, Aktion und Reaktion; sie ist auch zeitlich anders strukturiert (Einspänner-Pflock & Reichmann, 2014, S. 56). Dies trifft bspw. auf den Bereich der Onlineberatung mit synchronen Formen wie dem Chat zu.

Die digitalisierte „synthetische" Situation wird durch ein skopisches Medium geprägt. Nach Knorr Cetina (2012a, S. 170) setzen skopische Medien „eine Lebenswelt zusammen und bilden sie zugleich ab. Zudem […] projizieren sie Kontexte und Horizonte, die sich außerhalb der Reichweite gewöhnlicher Lebenswelten befinden". Der Begriff steht somit „für die Konstellation technischer, visueller und verhaltensbezogener Komponenten, […] [die], den Teilnehmern [einer synthetischen Situation] eine globale Welt übermitteln, an der sie auf einer gemeinsamen Plattform – eben ihren Computerbildschirmen – partizipieren können" (ebd., S. 171). Damit verbunden sind oftmals algorithmische Manipulationen, die die Interaktionssituationen beeinflussen und gleichzeitig auch von den Involvierten beeinflusst werden (Knorr Cetina, 2012, S. 94). Das bedeutet, die Einbettung sozialpädagogischen Handelns in digitale Kontexte wie bspw. virtuelle Soziale Netzwerke, deren Struktur durch Algorithmen gesteuert wird, umfasst die Einlagerung dieses Handelns in technisierte Logiken. Diese strukturieren dann die Interaktionssituation mit, werden in der Regel nicht oder nur mittelbar sichtbar und durch das Handeln der Beteiligten mitstrukturiert (wobei diese Mitstrukturierung zumeist nicht auf der Basis bewusster Handlungsentscheidungen erfolgt, sondern automatisiert stattfindet). Fachkräfte der Sozialen Arbeit befinden sich somit in einer sozialen Situation mit den Adressat_innen, die durch synthetische Komponenten angereichert ist und die räumliche und zeitliche Struktur einer sozialen Situation neu arrangiert. Konstitutiv ist in diesem Zusammenhang, dass die Interaktions- und Verhaltensmuster in dieser virtualisierten Räumlichkeit zwar in ihrer Reichweite global sein können, ihrem Wesen nach aber auf der Mikroebene verortet bleiben: Teilnehmende an einer digitalen Beratungssituation können über die ganze Welt verteilt sein, das, was in der Situation passiert, ist die Mikro-Interaktion ‚Beratungsgespräch‘. Um jedoch einen Interaktionsprozess zu initiieren, stehen Fachkräfte der Sozialen Arbeit vor der Aufgabe, nicht „nur" Informationen bzw. das Angebot bereitzustellen und über einen digitalen Dienst bzw. eine virtuelle Plattform erreichbar zu sein oder dort Projekte anzubieten. Sie stehen darüber hinaus bspw. vor der Aufgabe, die Onlinepräsenz kontinuierlich zu aktualisieren, um auch in späteren Verläufen von ihren Adressat_innen, die erreicht werden sollen, wahrgenommen zu werden bzw. der (sozialen) Verbindung Stabilität und Verlässlichkeit zu geben. Vor diesem Hintergrund stellt sich die Herausforderung für eine Methodendiskussion so dar, dass eine analytische Differenzierung zwischen der Online- und Offlinesphäre vorgenommen werden muss. Der Grund liegt in den unterschiedlichen performativen Anforderungen an die Fachkräfte der Sozialen Arbeit, die sich in den jeweils unterschiedlichen Handlungskontexten „aufgrund unterschiedlicher Encodierungs- und Decodierungsschemata, Differenzen hinsichtlich der symbolischen Repräsentation von Personen, unterschiedlicher Aushandlungsmöglichkeiten von Rahmengültigkeit sowie unterschiedlicher Formen der On- und Offline-Identitätspräsentation" (Steiner, 2013, S. 20) ergeben. Gerade im Hinblick auf aktuelle Entwicklungen ist eine solche Differenzierung im Kontext einer Methodendiskussion unter der Einflussgröße der Digitalisierung nicht nur analytisch sinnvoll, sondern sie ermöglicht die Schärfung des Blicks auf unterschiedliche Strukturbedingungen, unter denen methodisches Handeln vollzogen wird.

Ansätze digitalisierter Methoden in der Sozialen Arbeit

Im Folgenden werden exemplarisch einige methodische Zugänge digitalisierter Sozialer Arbeit dargestellt, an denen die zuvor theoretisch ausgearbeiteten Dimensionen methodischen Handelns unter Digitalisierungsbedingungen sichtbar werden.

Onlineberatung

Beratung ist eine der zentralen Methoden in der Sozialen Arbeit. Onlineberatung stellt mittlerweile eine etablierte Erbringungsform sozialer Unterstützungsleistungen dar, die seit Beginn der 2000er Jahre inzwischen in vielen Feldern der Sozialen Arbeit zum Spektrum digitalisierter Methoden gehört (Klein, 2013, S. 9). Virtuelle Beratungsformen werden dabei sowohl alternativ (z. B. als reine Onlineberatung) oder im Vorlauf wie auch parallel zur face-to-face-Beratung (z. B. Kontaktaufnahme und Kommunikation per E-Mail) angeboten (Wenzel, 2014, S. 91). Die methodische Besonderheit im Kontext der Onlineberatung liegt darin, dass bei reduzierten Kanälen (abgesehen von Videotelefonie-Formen zumeist rein schriftliche, textbasierte Kommunikation) die Herausforderung für Fachkräfte darin besteht, die Kommunikationsbasis so aufrechtzuerhalten, dass trotz prekärer Themen und der permanenten Möglichkeit auszusteigen, die Adressat_innen „bei der Stange" bleiben. Dies bedeutet, durch entsprechende Gesprächstechniken den Gesprächsfaden kontinuierlich zu pflegen und auf diese Weise die Bereitschaft zu befördern, das Beratungsgespräch fortzusetzen. Das umfasst neben ausdrücklicher Kommunikation anerkennender und bestätigender Rückmeldungen sowohl behutsames Nachfragen zu relevanten Informationen als auch die bewusste Motivation dazu, sich wieder zu melden. So merkt Alexander Brunner (2006) an, dass das virtuelle Setting eine Transformation von Beratungsmethoden im digitalen Setting erfordert. Zentral dabei ist, so Brunner, dass eine „Schärfung der Bewusstheit, des / der Schreibenden am vorliegenden Text" stattfindet. Dabei wird das Gegenüber nicht als identisch mit dem erhaltenen Text verstanden, sondern es ist zu reflektieren, dass dieser Text unter bestimmten medial vermittelten Umständen entstanden ist, mit einem bestimmten Zweck verbunden formuliert und mitgeteilt wurde und dabei ein „Dazwischen" (Brunner, 2006, S. 3) mit in den Blick genommen werden muss. In diesem Zusammenhang verweist Brunner auf das Erfordernis, sich ausdrücklich mit digitalem Lesen bzw. Verstehen und Schreiben bzw. Mitteilen zu befassen (ebd., S. 5ff.). Birgit Knatz und Bernard Dodier beschreiben, dass alleine die Tatsache, das Problem als Ratsuchende_r selbst niederzuschreiben, damit es für den bzw. die Berater_in mitteilbar wird, schon ‚heilende' Wirkung hat, da die Selbstexploration, die Reflexion, die dem Schreibprozess innewohnt, schon ein methodisches Element der Beratung darstellt (Knatz & Dodier, 2003, S. 123ff.). Das von ihnen entwickelte sogenannte Vier-Folien-Konzept (ebd., S. 142ff.) für den Umgang mit Onlineberatungsanfragen stellt dabei einen methodischen Zugang zur reflexiven Auseinandersetzung der Berater_innen mit der Anfrage sowie einen Ansatz für eine beratungsfördernde Form des Antwortens dar, indem 1) die eigene Resonanz, 2) der psychosoziale Inhalt / das Anliegen, 3) die Einschätzung seitens der Berater_innen und 4) die Beratungsintervention strukturiert werden.

Verschiedene Publikationen orientieren sich in ihrer methodischen Ausrichtung an systemischen Beratungskonzepten (Fieseler & Hentschel, 2011) oder kreativtherapeutischen Methoden des Schreibens (Primus, 2007), aber auch andere „interaktive Elemente" wie webbasierte Programme oder Online-Games werden genutzt (Risau & Riesenbeck, 2011). Unter der Perspektive der Qualitätssicherung guter Onlineberatung werden ebenfalls verschiedene methodische und konzeptionelle Fragen diskutiert (Reindl, 2015, Verein Wiener Sozialprojekte, CheckIT, 2006).

Insbesondere der prinzipielle niedrigschwellige Zugang zur Onlineberatung gerade bei asynchronen, d. h. zeitunabhängigen Angeboten (wie z. B. webbasierte und forenbasierte Beratung) wird vielfach – neben der prinzipiellen Anonymität des Settings – als Vorteil betrachtet (Klein, 2013, S. 33). So können gerade Zielgruppen, die für ihre Themen keine Ansprechpartner_innen außerhalb des Internets haben oder deren Probleme in einem Bereich angesiedelt sind, in dem es für sie erforderlich ist, nicht erkennbar zu sein (Mädchenhaus Bielefeld, 2010), auf diese Weise Zugang zu Beratungsangeboten bekommen, ohne einen bestimmten öffentlichen Ort aufsuchen zu müssen. Jedoch weist Klein (2013, S. 33) darauf hin, dass „Niedrigschwelligkeit im Sinne leichter Verfügbarkeit und Zugänglichkeit […] nicht zwangsläufig durch die Verortung professioneller Angebote im Internet eingelöst zu werden" scheint. Darüber hinaus stehen Onlineberatungsangebote wie andere virtuelle Unterstützungsangebote im Kontext Sozialer Arbeit vor der Frage, wie sich das Problem lösen lässt, dass mittlerweile der lebensweltliche Raum durch digitale Medien – Apps und mobile Medien sowie virtuelle Soziale Netzwerke – durchdrungen ist und somit die Zielgruppen in dieser digitalisierten Lebenswelt erreicht werden müssten. Gleichzeitig zeichnen sich jedoch die meisten Apps durch einen in der Regel nicht hinreichenden Datenschutz aus und es werden beispielsweise Metadaten von Facebook und WhatsApp zusammengeführt.[1] Auf diese Weise werden Beratungsinhalte innerhalb dieser Kontexte zu prekären Informationen, die sich im Zuge der Metadatenauswertung zu be-

---

[1] Der Kommunikationsdienst WhatsApp wurde im Jahr 2014 vom Unternehmen Facebook übernommen. Seit Frühjahr 2016 ist bekannt, dass entgegen der Ankündigung, dass die Daten der jeweiligen Dienste separiert würden, diese Daten zusammengeführt und entsprechend aggregiert genutzt werden.

lastenden Informationen über die Adressat_innen transformieren können (Kutscher, 2015).

Virtuell-aufsuchende Soziale Arbeit

Der Begriff der virtuell-aufsuchenden Arbeit kommt aus dem Kontext der mobilen Jugendarbeit bzw. Streetwork und stellt eine Fortsetzung dieser Handlungsansätze im virtuellen Raum dar. „Die Idee einer virtuell-aufsuchenden Arbeit basiert zum einen auf beobachtbaren Veränderungen im Verhalten von Jugendlichen im öffentlichen Raum und zum anderen auf dem vielfach geäußerten Wunsch der Zielgruppe, die Mitarbeiter / innen auch online zu kontaktieren" (Bollig, 2015, S. 48). Dabei werden die Orte, an denen die Adressat_innen aufgesucht werden, um eine mediale Komponente erweitert. Dieses dann in den virtuellen Raum ausgeweitete Angebot hat zum Ziel, die Adressat_innen, zu denen bereits Kontakt besteht, auch online zu erreichen und für diese auch online erreichbar zu sein, „sie in ihrem (zunehmend) medial gestalteten Alltag zu begleiten, bei der Aneignung medialer Angebote zu unterstützen und sie zur kompetenten Nutzung von Bildungs- und Beteiligungsprozessen zu befähigen" (ebd., S. 49). Die konzeptionelle Erweiterung von Handlungsoptionen durch eine virtuell-aufsuchende Arbeit erfolgt dabei anhand der folgenden vier Methodenbausteine, die in der mobilen Jugendarbeit eingesetzt werden:

I.   Streetwork,

II. Einzelfallhilfe bzw. individuelle Begleitung und Beratung,

III. Gruppen- und Cliquenarbeit und

IV. Gemeinwesenarbeit.

Vor allem im Kontext virtueller Sozialer Netzwerke und ihrer Möglichkeit des niedrigschwelligen Kontaktangebots kommt die virtuell-aufsuchende Arbeit zum Einsatz. Konkret gestaltet sich dies wie folgt:

Die Kernidee des Streetworks, das gezielte Aufsuchen im öffentlichen Raum, wird dabei als Leitidee für den virtuellen Raum genutzt, indem Sozialarbeiter_innen durch eine Online-Präsenz – bspw. in virtuellen Sozialen Netzwerken wie Facebook o. ä. – sichtbar werden, Interesse an den virtuellen Lebenswelten und den Aufenthaltsorten der Jugendlichen zeigen und gleichzeitig so eine niedrigschwellige Kontaktmöglichkeit für die Jugendlichen und jungen Erwachsenen im lebensweltlich relevanten digitalisierten Raum vorhanden ist. Gedacht ist diese Form der Kontaktaufnahme bzw. der Kontaktpflege als Brückenfunktion zwischen (online) „virtuellem" und (offline) „realem" Raum (Bollig & Keppeler, 2015, S. 103).

In der individuellen Beratung und Unterstützung fungiert die virtuell-aufsuchende Arbeit als ergänzendes Kommunikationsmittel, das sowohl zum Kontakthalten als auch für Terminabsprachen oder zur Bekanntmachung von informativen und Unterstützung ermöglichenden Angeboten genutzt wird (Bollig, 2015, S. 50).

In der virtuellen Gruppen- und Cliquenarbeit kann der virtuelle Raum Potenziale für gruppenbezogene Handlungsmöglichkeiten bereitstellen, indem die virtuell-aufsuchende Arbeit an bereits vorhandenen Gruppen und Cliquen ansetzt, gezielt eine Austausch-, Informations- und Beteiligungsplattform anbietet und sie auch im Kontext von projektbezogenen Angeboten begleitet (Bollig & Keppeler, 2015, S. 105).

Beteiligungsverfahren

Im Kontext von Jugendarbeit, aber auch in anderen Feldern der Sozialen Arbeit, werden im Sinne einer Teilhabe an demokratischen Prozessen sowie an deliberativen Diskursen und als innovative Formen der Beteiligung von Adressat_innen in Hilfezusammenhängen neben „analogen" auch digitale Formen von Beteiligungsverfahren relevant. Ansätze der „E-Partizipation" (Poli, 2010, S. 38) versuchen hierbei, auf virtuellem Wege Partizipationsmöglichkeiten zu etablieren, die die Mediennutzungsgewohnheiten einer digitalisierten Gesellschaft berücksichtigen und verschiedene Kommunikationsformen auf unterschiedlichen online und offline Kommunikationskanälen einbeziehen. Vor diesem Hintergrund werden im Rahmen von Gemeinwesenarbeit, Stadtteilentwicklung und Stadtplanung „durch virtuell-aufsuchende Elemente, bspw. im Rahmen von Online-Beteiligungsverfahren" (Bollig & Keppeler, 2015, S. 106) neue E-Partizipationsmöglichkeiten geschaffen, die wiederum auch im Kontext einer virtuell-betriebenen Lobby- und Öffentlichkeitsarbeit für die Zielgruppe zum Einsatz kommen (Bollig, 2015, S. 51). Leitend ist hier die These, dass sich über digitale Medien und insbesondere über Soziale Medien „zielgerichtete Diskurse in neuer vernetzter Form über das Internet generieren und in Zukunft mehr und mehr als Formen politischer Willensbildungsprozesse etablieren" (Poli, 2010, S. 39). Des Weiteren sollen räumliche und zeitliche Restriktionen von Kommunikation dabei überwunden und kommunikative Möglichkeiten im Kontext von Beteiligungsverfahren vervielfältigt werden (Kubicek & Lippa, 2009, S. 306). Unterschiedliche, auch politische Diskussionsprozesse sollen darüber hinaus bspw. mithilfe digitaler Instrumente initiiert, begleitet und strukturiert werden (Poli, 2010, S. 42). Dabei ist jedoch zu berücksichtigen, dass die Bandbreite der Verfahren auch unterschiedliche Ausmaße und Wirkmächtigkeitsgrade von Beteiligung abbildet: „Es gilt pädagogische, methodische, mediale und politische Partizipationsmöglichkeiten zu unterscheiden und von Öffentlichkeit erzeugendem Marketing abzugrenzen. Gerade ‚partizipative' Methoden sind nicht gleichzusetzen mit Anliegen bezogenen Verfahren der Partizipation: Ein ‚Flashmob', eine Umfrage oder der ‚Runde Tisch' sind noch kein Garant für wirksame Beteiligung" (Ertelt, 2012, S. 83). Neben dem Befund, dass sich in digitalen Beteiligungsformen soziale Ungleichheiten reproduzieren, die längst bekannt sind (Smith, 2013; Forschungsverbund DJI / TU Dortmund, 2011), verweist dies darauf, dass allein der Einsatz digitaler Instrumente keine hinreichende Voraussetzung für faktische Partizipation im Rahmen eines Beteiligungsverfahrens ist. In diesem Zusammenhang ist darüber hinaus von Bedeutung, dass partizipative Interaktionsformen von Heranwachsenden als Handlungsrepertoire erst im Prozess der Sozialisation angeeignet werden (Brüggen & Ertelt, 2011, S. 7). Das bedeutet, dass virtuelle Räume als Plattform zur Gestaltung von Beteiligungsverfahren strukturierende und begrenzende Wirkmechanismen besitzen (hierzu auch Punkt 3), soziale Ungleichheit sich auch innerhalb digitaler Beteiligungsformen reproduziert und / oder fortsetzt (z. B. Kutscher & Otto, 2014) und die Aneignung bestimmter partizipativer Interaktionsformen weiterhin in Abhängigkeit vom sozialen Milieu erfolgt (z. B. Wagner & Brüggen, 2012, S. 26; Wagner & Eggert, 2013, S. 29). Demokratische Willensbildungsprozesse und mediale Partizipation bedürfen somit auch einer non-medialen Begleitung, einer Reflexion der Rahmenbedingungen virtueller Räume sowie der strukturierten und geplanten Kombination von Beteiligungsmethoden und medialen Nutzungskontexten. Beteiligungsprojekte, die konzeptionell in Verbindung von Online- und Offline-Beteiligungsmethoden realisiert werden, ermöglichen dabei potenziell die größte Effektivität und Erreichung der relevanten Zielgruppe.[2]

Digitale Medien in der Arbeit (nicht nur) mit Geflüchteten

Vor dem Hintergrund der Befunde, dass digitale Medien für Geflüchtete eine spezifische Rolle nicht nur in der Bewältigung von Fluchtmigration,

---

[2] z. B. laut-nuernberg.de, strukturierter-dialog.de, ichmachepolitik.de und wiandyou.de

sondern insbesondere auch hinsichtlich des Hineinfindens in die und des Aneignens der Aufnahmegesellschaft spielen, erscheinen Angebote für diese Zielgruppe besonders wichtig (Kutscher & Kreß, 2015; Gillespie et al., 2016). Verschiedene Initiativen haben Apps für Flüchtlinge entwickelt, in denen es vor allem um Informationen zur nahräumlichen Orientierung, zum Asylverfahren, aber auch um die Darstellung der Perspektive der Geflüchteten auf die Aufnahmegesellschaft geht.[3] Spezifische methodische Ansätze bedürfen dabei der Reflexion der Frage, wie sehr das, was medial möglich und dokumentiert ist, auch einem pädagogischen Zugriff ausgesetzt sein soll. Dies hängt mit verschiedenen Aspekten zusammen. Zum einen finden sich auf den Smartphones von Geflüchteten häufig Videos oder Bilder von Fluchtsituationen, die zwar für eine pädagogische Bearbeitung von Interesse sein mögen, jedoch gleichzeitig hoch sensible Inhalte verbunden mit besonderen, oft schweren Erfahrungen darstellen. Darüber hinaus handelt es sich bei mobilen Medien – nicht nur bei Geflüchteten! – um etwas, das dem privatesten Bereich zugeordnet ist. Das bedeutet, dass in entsprechenden methodischen Zugängen, die sich mediale ‚Eigenprodukte' zunutze machen, vieles prinzipiell möglich und materiell verfügbar ist, gleichzeitig jedoch genau zu reflektieren ist, welche Dinge einem Privatbereich angehören, der als solcher zu respektieren ist und nicht einer unbegrenzten pädagogischen Bemächtigung ausgesetzt sein sollte. Im Fall von Geflüchteten kann eine solche Nutzung sogar zu Retraumatisierungen führen. Diese hier angesprochene „Adiaphorisierung" (Bauman, 1996, S. 48), d. h. die zunehmende Befreiung unseres Handelns von moralischen Skrupeln im Zuge technischer Machbarkeit, stellt eine besondere ethische Herausforderung für pädagogisches Handeln dar, das nahe an die Privatsphäre von Menschen heranreicht (Kutscher, 2017).

Einbettung medienpädagogischer Inhalte und Methoden in der Sozialen Arbeit

Neben den im Rahmen der Digitalisierung neueren methodischen und konzeptionellen Entwicklungen innerhalb der Sozialen Arbeit, spielen weiterhin auch „klassische medienpädagogische" Methoden und Inhalte in verschiedenen Feldern Sozialer Arbeit eine Rolle. Im besten Falle wer-

---

[3] z.B. lokale Informationsblogs von Geflüchteten für Geflüchtete: stadtgrenzenlos.de, http://bildungsblogs.net/wp/big-welcome/de/; Refugee Radio: http://www.alex-berlin.de/mediathek/radio.html?category=41&a=rsc_276; Informationsfilm über die Anhörung im Asylverfahren: www.asylindeutschland.de; Vernetzungs-App für Unterstützung: https://www.willkommen-bei-freunden.de/helfen/

den diese in Anlehnung an das jeweilige Praxisfeld und den Arbeits-
schwerpunkt der Fachkräfte der Sozialen Arbeit methodisch und konzeptionell ausgearbeitet und angewendet. „Wenn Sozialpädagoginnen und
Sozialpädagogen lebensweltorientiert arbeiten, nutzen sie Medien z. B. als
Werkzeug zur Sozialraumerkundung; liegt der Schwerpunkt im ästheti-
schen-kulturellen Bereich, entsteht ggf. ein künstlerisches Produkt wie ein
Tanzfilm. Ist der Fokus auf den Bereich der politischen Bildung gerichtet,
wird die journalistische Eigenproduktion gefördert und Öffentlichkeit für
eigene Belange hergestellt. Spiel- und erlebnispädagogische Angebote
stellen das spielerische Lernen mit Medien in den Vordergrund und setzen
z. B. Computerrollenspiele als Live-Rollenspiele um" (Tillmann, 2013,
S. 56). Vor allem in der Kinder- und Jugendhilfe und dort wiederum in der
offenen Jugendarbeit sind bspw. Medienangebote in Form von Medien-
werkstätten vertreten. Diese Medienangebote folgen dabei differenten
konzeptionellen und methodischen Grundverständnissen und Zielper-
spektiven.

So fokussieren *„bewahrpädagogische" Konzepte* insbesondere die Risiken der
Mediennutzung und sind präventiv-normativ ausgerichtet. Im Mittelpunkt stehen dabei Präventiv- und Reglementierungsmaßnahmen, wie
z. B. Initiativen des Jugendmedienschutzes, die Heranwachsende vor
einem ‚gefährlichen' Medienkonsum schützen bzw. präventiv zu einem
bestimmten Medienverhalten anregen sollen. An diesen bewahrpädagogi-
schen Haltungen wird kritisiert, „dass sie einem einseitigen Wirkungsver-
ständnis folgten und die potenzielle Mündigkeit des Rezipienten kaum in
den Blick" (Hoffmann, 2008, S. 42) kommt. *Aufklärende Zugänge* zielen
darauf ab, Medienwirkungen abzuschwächen, indem möglichst viel Wissen über die Strukturen, Inhalte und Funktionsweisen der Medien vermittelt wird (Süss, Lampert & Wijnen, 2013, S. 96). *Alltagsorientierte, reflexive
Konzepte* verfolgen das Ziel, den Medienalltag selbst reflexiv zu gestalten,
durch bspw. die Dokumentation von Medienerfahrungen (positive wie
negative) und ihre anschließende Reflexion. *Handlungsorientierte, partizipa-
torische Konzepte* stellen „die Entwicklung der Fähigkeit der Subjekte,
Medien produktiv zur Artikulation eigener kollektiver Interessen zu nutzen, in den Mittelpunkt ihrer Bemühungen. Die Subjekte sollen die Medien
‚in-Dienst-nehmen', d.h. sie als Mittel zur aktiven, mitgestaltenden Auseinandersetzung mit ihrer Lebenswelt gebrauchen" (Schorb, 2008, S. 78).
Sichtbar wird dabei, dass sich „medienpädagogische" und „sozialpädagogische" Felder und methodische Zugänge im Zuge der zunehmenden
Digitalisierung an verschiedenen Stellen immer weniger voneinander
abgrenzen lassen bzw. sich eine stärkere Verschränkung dieser beiden

Zugänge entwickelt, die potenziell sowohl spezifische Feldlogiken als auch medienbezogene Kenntnisse zusammenbringt (Kreß & Kutscher, 2016).

Die sogenannte *„aktive Medienarbeit"* stellt einen methodischen Zugang der Medienpädagogik dar, in dem Medien produktiv und kreativ genutzt werden mit dem Ziel der „Be- und Erarbeitung von Gegenstandsbereichen sozialer Realität mit Hilfe von Medien wie Druck, Foto, Ton, Video, Computer, Multimedia und Internet" (Schell & Demmler, 2013, S. 243). Neben informationeller Selbstbestimmung, Datenschutz, Privatsphäre oder medienethischen Fragestellungen lassen sich mittlerweile eine Vielzahl an thematischen Ausrichtungen der aktiven Medienarbeit in der Sozialen Arbeit finden.

Aktive Medienarbeit versteht sich dabei normativen Zielen verpflichtet, der „Emanzipation ihrer Adressat / innen" und der „(Wieder)Herstellung authentischer Erfahrungen" sowie dem „Erwerb kommunikativer Kompetenz, insbesondere Medienkompetenz" (ebd., S. 244). Die Lernprinzipien aktiver Medienarbeit als Methode sind nach Fred Schell und Kathrin Demmler das 1.) „handelnde Lernen", 2.) das „exemplarische Lernen" und 3.) die „Gruppenarbeit", die basierend auf dem interaktionistischen Ansatz davon ausgehen, dass Denken, Handeln und die Generierung neuen Wissens und neuer Einsichten sich durch neue Erfahrungen in der Interaktion entwickeln (ebd., S. 245). Gruppenarbeit, exemplarisches Lernen und handelndes Lernen bilden als Lernprinzipien auf methodischer Ebene die Grundlagen aktiver Medienarbeit. Medien werden dabei als Mittel zur Reflexion und zur Erweiterung der Kommunikations- und Interaktionsrepertoires und -fähigkeiten als auch zur intensiven Befassung mit Gegenständen sozialer Realität genutzt. Durch „kreativ gestaltende" Medienproduktion, durch die Heranwachsende lernen sollen, sich öffentliche und virtuelle Räume zur Artikulation zu erschließen, soll auch die Reflexion der Manipulationsmöglichkeiten von Medien, die durch Medien vermittelte Realität und somit eine medienanalytische Arbeit ermöglicht werden.[4]

Neben der ‚allgemeinen' aktiven Medienarbeit, existieren auch die *themenzentrierte Medienarbeit* (Keilhauer, 2013) und die *intergenerative Medienarbeit* (Kuttner, 2013). Die themenzentrierte Medienarbeit ist dabei eine spezifische Form der aktiven Medienarbeit, in deren Rahmen gesellschaftlich relevante Themen, ausgehend von den Interessen der Teilnehmer_innen, erschlossen werden sollen und „ethische Reflexion und Bewertungen von

---

[4] Ein Beispiel hierfür stellt u.a. das Alternative Reality Game Data-Run von mediale pfade dar.

(eigenen) Medienangeboten, das Erkennen gesellschaftlicher Funktionen von Medien und ihre selbstbestimmte Nutzung" (Keilhauer, 2013, S. 252) angeregt werden soll. Innerhalb der intergenerativen Medienarbeit, sollen wechselseitige Reflexionsprozesse und kritisch-reflexive intergenerative Dialoge angestoßen werden, die sich auf das Medienhandeln ebenso beziehen können wie auf das Generationsverhältnis im Allgemeinen (Kuttner, 2013, S. 262).

Fazit und Ausblick

Die Digitalisierung der Gesellschaft und die daraus resultierenden neuen konzeptionellen und methodischen Ansätze stellen den Rahmen einer zunehmend mediatisierten bzw. medienbezogenen Soziale Arbeit dar. Virtuelle Räume bzw. digitale Medien als Orte und Dienste sozialpädagogischen Handelns und hybride Formen, die mediale Zugänge mit ‚klassischen' sozialpädagogischen Handlungskontexten verbinden, gehören mittlerweile auch zum methodischen Repertoire Sozialer Arbeit. Gleichzeitig ist jedoch festzustellen, dass die Studiengänge der Sozialen Arbeit diese Entwicklungen bislang nur partiell, wenn überhaupt in der Methodenausbildung reflektieren und auch Forschungen hierzu noch ein weitgehendes Desiderat darstellen. Sozialpädagogisches Handeln vor dem Hintergrund „Medien" zu reflektieren, ist umso bedeutsamer, als mit der Einführung digitaler Medien und methodischer Ansätze Fragen relevant werden, die – wie an verschiedenen Stellen angemerkt – fachliche Standards berühren. So fordern Metadatensammlung („Big Data"), ungleiche Nutzungsweisen und Teilhabeoptionen sowie feldspezifische Voraussetzungen und Anforderungen eine fachlich sensible Reflexion von Kinder- und Jugendschutz-, Datenschutz- und Teilhabefragen, die sich einerseits auf ähnliche Weise wie bisher, gleichzeitig jedoch mit teils neuen Formen und Qualitäten verbunden zeigen.

Literatur

Bauman, Z. (1996). Gewalt – modern und postmodern. In M. Miller, & H.-G. Soeffner (Hrsg.), *Modernität und Barbarei. Soziologische Zeitdiagnose am Ende des 20. Jahrhunderts* (S. 36–67). Frankfurt a. M.: Suhrkamp.

Bollig, C. (2015). Sozialarbeiter / in online. Virtuelle-aufsuchende Arbeit in der Mobilen Jugendarbeit. *Archiv für Wissenschaft und Praxis der Sozialen Arbeit* (Themenheft *Mediatisierung der Kinder- und Jugendhilfe*), 46(2), 46–57.

Bollig, C., & Keppeler, S. (2015). Virtuell-aufsuchende Arbeit in der Jugendsozialarbeit. In N. Kutscher, T. Ley, & U. Seelmeyer (Hrsg.), *Mediatisierung (in) der Sozialen Arbeit* (S. 94– 114). Baltmannsweiler: Schneider Verlag.

Brunner, A. (2006). Methoden des digitalen Lesens und Schreibens in der Online-Beratung. In e-beratungsjournal.net, 2(2). Abgerufen von http:/ / www.e-beratungsjournal.net / ausgabe_0206 / brunner.pdf (06.08.2016)

Brüggen, N., & Ertelt, J. (2011). Jugendarbeit ohne social media? Zur Mediatisierung pädagogischer Arbeit. *Merz. Medien thema online. „Jugendarbeit und social networks".* Grundlagen sowie Beiträge zur Momentaufnahme, 5–10. Abgerufen von www.merz-zeitschrift.de / jugendarbeit (08.08.2016)

Bundesministerium für Familie, Senioren, Frauen und Jugend (BMFSFJ) (2013). *14. Kinder- und Jugendbericht. Bericht über die Lebenssituation junger Menschen und über Leistungen der Kinder- und Jugendhilfe in Deutschland.* Berlin.

Einspänner-Pflock, J., & Reichmann, W. (2014). „Digitale Sozialität" und die „synthetische Situation". Konzeptionen mediatisierter Interaktion. In F. Krotz, C. Despotović, & M.-M. Kruse (Hrsg.), *Die Mediatisierung sozialer Welten. Synergien empirischer Forschung* (S. 53–72). Wiesbaden: VS.

Ertelt, J. (2012). Mehr Beteiligung realisieren durch digitale Medien und Internet. ePartizipation schafft gestaltende Zugänge für Jugendliche zur Demokratieentwicklung. In K. Lutz, E. Rösch, & D. Seitz (Hrsg.), *Partizipation und Engagement im Netz. Neue Chancen für Demokratie und Medienpädagogik* (S. 81–90). München: Kopaed.

Fieseler, K., & Hentschel, K. (2011). Online systemisch beraten. In e-beratungsjournal.net, 7(2). Abgerufen von http:/ / www.e-beratungsjournal.net / ausgabe_0211 / fieseler_hentschel.pdf (03.12.2016).

Forschungsverbund DJI / TU Dortmund (2011). Jugendliche Aktivitäten im Wandel. Gesellschaftliche Beteiligung und Engagement in Zeiten des Web 2.0. Endbericht. Dortmund. Abgerufen von www.forschungsverbund.tu-dortmund.de / fileadmin / Files / Engement / Abschlussbericht_Engagement_2_0.pdf (07.08.2016).

Galuske. M. (2011). *Methoden der Sozialen Arbeit. Eine Einführung* (9. erg. Aufl.). Weinheim und München: Juventa.

Galuske, M. (2015): Methoden in der Sozialen Arbeit. In H.-U. Otto, & H. Thiersch (Hrsg.), *Handbuch Soziale Arbeit.* (5. erweiterte Auflage) (S. 1021–1035). München und Basel: Ernst Rheinhardt Verlag.

Gillespie, M., Ampofo, L., Cheesman, M., Faith, B., Iliadou, E., Issa, A., Osseiran, S., & Skleparis, D. (2016). Mapping Refugee Media Journeys. Smartphones and Social Media Networks. Abgerufen von http:/ / www.open.ac.uk / ccig / sites / www.open.ac.uk.ccig / files / Mapping%20Refugee%20Media%20Journeys%2016%20May%20FIN%20MG_0.pdf (18.08.2016).

Hepp, A., & Hartmann, M. (2010): Mediatisierung als Metaprozess. Der analytische Zugang von Friedrich Krotz zur Mediatisierung der Alltagswelt. In M. Hartmann, & A. Hepp (Hrsg.), *Die Mediatisierung der Alltagswelt* (S. 9–22). Wiesbaden: VS.

Hoffmann, B. (2008). Bewahrpädagogik. In U. Sander, F. von Gross, & K.-U. Hugger (Hrsg.), *Handbuch Medienpädagogik* (S. 42–50). Wiesbaden: VS.

Keilhauer, J. (2013). Themenzentrierte Medienarbeit. In A. Hartung, A. Lauber, & W. Reissmann (Hrsg.), *Das handelnde Subjekt und die Medienpädagogik* (S. 251–258). München: kopaed.

Klein, A. (2013). Umgang der Kinder- und Jugendhilfe mit verstärkter Mediennutzung am Beispiel Online-Beratung. Materialien zum 14. Kinder- und Jugendbericht. Abgerufen von http://www.dji.de/bibs/14-KJB-Expertise-Klein.pdf (06.04.2016).

Knatz, B., & Dodier, B. (2003). *Hilfe aus dem Netz. Theorie und Praxis der Beratung per E-Mail.* Stuttgart: Klett-Cotta.

Knorr Cetina, K. (2012a). Die synthetische Situation. In R. Ayaß, & C. Meyer (Hrsg.), *Sozialität in Slow Motion. Theoretische und empirische Perspektiven* (S. 81–110). Wiesbaden: VS.

Knorr Cetina, K. (2012b). Skopische Medien: Am Beispiel der Architektur von Finanzmärkten. In F. Krotz, & A. Hepp (Hrsg.), *Mediatisierte Welten. Forschungsfelder und Beschreibungsansätze* (S. 167–196). Wiesbaden: VS.

Kreß, L.-M., & Kutscher, N. (2016). Medienpädagogische Handlungsfelder. In B. Schorb, A. Hartung, & C. Dallmann (Hrsg.), *Grundbegriffe Medienpädagogik*. München: koaped (i. E.)

Krotz, F. (2001). *Die Mediatisierung kommunikativen Handelns. Der Wandel von Alltag und sozialen Beziehungen, Kultur und Gesellschaft durch die Medien.* Wiesbaden: Westdeutscher Verlag.

Krotz, F. (2007). *Mediatisierung. Fallstudien zum Wandel von Kommunikation.* Wiesbaden: VS.

Krotz, F. (2008). Kultureller und gesellschaftlicher Wandel im Kontext des Wandels von Medien und Kommunikation. In T. Thomas (Hrsg.), *Medienkultur und soziales Handeln* (S. 43–62). Wiesbaden: VS.

Kubicek, H., & Lippa, B. (2009). Der doppelte Medienmix in der Bürgerbeteiligung, Befunde und Schlussfolgerungen aus einer vergleichenden Untersuchung. *Verwaltung und Management*, 15(6), 305–316.

Kutscher, N. (2015). Mediatisierung der Kinder- und Jugendhilfe – Herausforderungen der digitalen Gesellschaft für professionelle Handlungskontexte. In Arbeitsgemeinschaft für Kinder und Jugendhilfe – AGJ (Hrsg.), *Gesellschaftlicher Wandel – Neue Herausforderungen für die Kinder- und Jugendhilfe?!* (S. 39–58). Berlin.

Kutscher, N. (2017). Geflüchtete als Zielgruppe medienpädagogischer Arbeit in der digitalisierten Gesellschaft – Erkenntnisse, Potenziale und Herausforderungen. In S. Eder, R. Fries, & A. Tillmann (Hrsg.), *Software takes command*. München: kopaed. (i. E.).

Kutscher, N., Kreß, L.-M. (2015). Internet ist gleich mit Essen. Empirische Studie zur Nutzung digitaler Medien durch unbegleitete minderjährige Flüchtlinge. Projektbericht in Zusammenarbeit mit dem Deutschen Kinderhilfswerk. Abgerufen von http://bit.ly/1OAnwtI (19.08.2016).

Kutscher, N., & Otto, H.-U. (2014). Digitale Ungleichheit – Implikationen für die Betrachtung medialer Jugendkulturen. In K.-U. Hugger (Hrsg), *Digitale Jugendkulturen* (2., erweiterte und aktualisierte Auflage) (S. 283–298). Wiesbaden: VS.

Kutscher, N., Ley, T., & Seelmeyer, U. (2015). Mediatisierung (in) der Sozialen Arbeit. In N. Kutscher, T. Ley, & U. Seelmeyer (Hrsg.), *Mediatisierung (in) der Sozialen Arbeit* (S. 3–15). Baltmannsweiler: Schneider.

Kuttner, C. (2013). Intergenerative Medienarbeit. In A. Hartung, A. Lauber, & W. Reissmann (Hrsg.), *Das handelnde Subjekt und die Medienpädagogik* (S. 259–266). München: kopaed.

Löw, M. (2001): *Raumsoziologie*. Frankfurt a. M.: Suhrkamp.

Mädchenhaus Bielefeld (2010). Online-Beratung zum Schutz vor Zwangsheirat. Ein Angebot des Mädchenhauses Bielefeld e. V. *e-beratungsjournal.net*, 6(1). Abgerufen von http:/ / www.e-beratungsjournal.net / ausgabe_0110 / maedchenhaus.pdf (07.08.2016).

Paus-Hasebrink, I., & Trültzsch, S. (2012). Heranwachsen in den Zeiten des Social Web. In U. Dittler, & M. Hoyer (Hrsg.), *Aufwachsen in sozialen Netzwerken. Chancen und Gefahren von Netzgemeinschaften aus medienpsychologischer und medienpädagogischer Perspektive* (S. 29–46). München: kopaed.

Paus-Hasebrink, I., Schmidt, J., & Hasebrink, U. (2011). Zur Erforschung der Rolle des Social Web im Alltag von Heranwachsenden. In J. Schmidt, I. Paus-Hasebrink, & U. Hasebrink (Hrsg.), *Heranwachsen mit dem Social Web. Zur Rolle von Web 2.0-Angeboten im Alltag von Jugendlichen und jungen Erwachsenen* (S. 13–40). Düsseldorf: Landesanstalt für Medien Nordrhein-Westfalen.

Poli, D. (2010). ePartizipation 2.0. Strategien dezentraler Beteiligung in sozialen Netzwerken. *Merz. Zeitschrift für Medienpädagogik*, 34(5), 37–43.

Primus, A. (2007). Kreativität in der psychosozialen Online-Beratung. *e-beratungsjournal.net*, 3(2). Abgerufen von http:/ / www.e-beratungsjournal.net / ausgabe_0207 / primus.pdf (7.08.2016).

Reindl, R. (2015). Psychosoziale Onlineberatung von der praktischen zur geprüften Qualität. *e-beratungsjournal.net*, 11(1). Abgerufen von http:/ / www.e-beratungsjournal.net / ausgabe_0115 / reindl.pdf (07.08.2016).

Risau, P., & Riesenbeck, G. (2011). Virtuelle Beratungsräume. Multimedia Tools und interaktive Elemente in der Online-Beratung. *e-beratungsjournal.net*, 7(1). Abgerufen von http:/ / www.e-beratungsjournal.net / ausgabe_0111 / risau_riesenbeck.pdf (06.08.2016).

Schell, F., & Demmler, K. (2013). Aktive Medienarbeit. Theoretische Einordnung, Ziele, Empirie und Individuum. In A. Hartung, A. Lauber, & W. Reissmann (Hrsg.), *Das handelnde Subjekt und die Medienpädagogik* (S. 243–250). München: kopaed.

Schorb, B. (2008). Handlungsorientierte Medienpädagogik. In U. Sander, F. von Gross, & K.-U. Hugger (Hrsg.), *Handbuch Medienpädagogik* (S. 78–86). Wiesbaden: VS.

Smith, A. (2013). Civic Engagement in the Digital Age. Abgerufen von http://www.pewinternet.org / 2013 / 04 / 25 / civic-engagement-in-the-digital-age/ (07.08.2016).

Steiner, O. (2013). Soziale Arbeit und kritische Medientheorie. Zur Grundlegung einer medienbezogenen Kinder- und Jugendarbeit. In O. Steiner, & M. Goldoni (Hrsg.), *Kinder- und Jugendarbeit 2.0. Grundlagen, Konzepte und Praxis medienbezogener Sozialer Arbeit* (S. 18–42). Weinheim und Basel: Beltz Juventa.

Steiner, O., & Goldoni, M. (Hrsg.) (2013). *Kinder- und Jugendarbeit 2.0. Grundlagen, Konzepte und Praxis medienbezogener Sozialer Arbeit*. Weinheim und Basel: Beltz Juventa.

Stimmer, F. (2012). *Grundlagen des Methodischen Handelns in der Sozialen Arbeit*. (3., völlig überarbeitete und erweiterte Auflage). Stuttgart: Kohlhammer.

Süss, D., Lampert, C., & Wijnen, C. (2013). *Medienpädagogik. Ein Studienbuch zur Einführung* (2., überarbeitete und aktualisierte Auflage). Wiesbaden: VS.

Tillmann, A. (2013). Vermittlung von Medienkompetenz in der Praxis für Kinder und Jugendliche: Außerschulische Jugendarbeit. In Bundesministerium für Familie, Senioren, Frauen und Jugend (BMFSFJ) (Hrsg.), *Medienkompetenzförderung für Kinder und Jugendliche. Eine Bestandsaufnahme* (S. 53–64). Berlin.

Verein Wiener Sozialprojekte, CheckIT (2006). Standarts der Onlineberatung. Abgerufen von http:/ / www.e-beratungsjournal.net / ausgabe_0106 / checkit_layout.pdf (06.08.2016).

von Spiegel, H. (2013). *Methodisches Handeln in der Sozialen Arbeit* (5. Auflage). München und Basel: Ernst Reinhardt Verlag.

Wagner, U., & Brüggen, N. (2012). Von Alibi-Veranstaltungen und „Everyday Makers". Ansätze von Partizipation im Netz. In K. Lutz, E. Rösch, & D. Seitz (Hrsg.), *Partizipation und Engagement im Netz. Neue Chancen für Demokratie und Medienpädagogik* (S. 21–42). München: Kopaed.

Wagner, U., & Eggert, S. (2013). Das Medienhandeln von Heranwachsenden. Konstanten und Veränderungen. Materialen zum 14. Kinder- und Jugendbericht. Abgerufen von http:/ / www.dji.de / 14_kjb / 14-KJB-Expertise-Wagner-ua.pdf (06.03.2016).

Wagner, U., Theunert, H., Gebel, C., & Schorb, B. (2012) Jugend und Information im Kontext gesellschaftlicher Mediatisierung. In F. Krotz, & A. Hepp (Hrsg.), *Mediatisierte Welten. Forschungsfelder und Beschreibungsansätze* (S. 306–329). Wiesbaden: VS.

Wenzel, J. (2014). Wandel der Beratung durch neue Medien. Ergebnisse und mögliche Konsequenzen aus einer Studie. *Blätter der Wohlfahrtspflege*, 161(3), 91–93.

Rita Braches-Chyrek

Perspektiven für die Zukunft von Handlungsmethoden der Sozialen Arbeit

In der heterogenen Methodenlandschaft der Sozialen Arbeit spiegeln sich die Grundgedanken der Professionalisierungsdebatten in der Sozialen Arbeit wider, in denen es darum geht, unterschiedliche Wissensbestände zu integrieren und reflektiert zu „verwenden". Nur durch ein produktives Miteinander und die systematische Verflechtung theoretischer und praktischer Wissensformen kann Handlungswissen entwickelt werden, welches es ermöglicht, auf die Ambivalenzen, Paradoxien, Unwägbarkeiten, Unsicherheiten, Unvorhersagbarkeiten, Risiken und Problematiken zu reagieren, die insgesamt das Feld der Sozialen Arbeit und damit die Interaktionen von professionell Tätigen und Adressat_innen kennzeichnen. Dabei erscheint eine Eingrenzung der vielfältigen Konzepte, Techniken und methodischen Vorgehensweisen im Hinblick auf eine „richtige" Methode oftmals als wenig sinnvoll (Friedländer & Pfaffenberger, 1966). Es lässt sich vielmehr eine Entgrenzung, vielleicht sogar eine Eigenschaftslosigkeit des methodischen Handelns in der Sozialen Arbeit erkennen, was dazu führt, dass die Anwendung von Methoden sowohl in der Praxis als auch im Kontext theoretischer Auseinandersetzung immer wieder intensiv diskutiert wird. Die Fragen danach, welche Funktionen Handlungsmethoden erfüllen, bei welchen sozialen Problem welche Methoden angewendet werden können, wie sich Handlungsautonomie sowie (Eigen-)verantwortung formt, wie zur Entwicklung, Veränderung und Selbststeuerung der Adressat_innen in Bezug auf die (Neu-)Gestaltung ihrer Lebensführungsmuster beigetragen werden kann, kennzeichnen die Entwicklungstrends (Galuske & Müller, 2002).

Daher müssen die Bewegungen in der Methodenlandschaft der Sozialen Arbeit immer wieder kritisch hinterfragt werden, um zu verhindern, dass Soziale Arbeit insgesamt – als Profession und Disziplin – in die Rolle eines sozialen Dienstleisters gedrängt wird. Deutlich zeigt sich dies, wenn zum einen über die Anwendung und Verinnerlichung von ökonomischen Prinzipien diskutiert wird und zum anderen, wenn Soziale Arbeit aufgefordert wird, jederzeit, sofort und adäquat auf gesellschaftliche und individuelle Entwicklungen zu reagieren. Im Kontext perspektivischer Überlegungen können demzufolge vier große Themenfelder und Problemzusammenhänge benannt werden, die aktuell die Methodenlandschaft in der Sozialen Arbeit prägen und in den Kontroversen über den Umgang mit ökonomischen Einflussnahmen, sozialer Ungleichheit, Heterogenität und Digitalisierung offenkundig werden.

Die Debatten um die **Ökonomisierung Sozialer Arbeit** sind nicht neu. Schon in der Entstehungsgeschichte von Sozialer Arbeit als Profession und Disziplin wurden diese Auseinandersetzungen geführt als bspw. erste Organisations- und Managementkonzepte in Wohlfahrtsorganisationen eingeführt und umgesetzt wurden wie auch grundlegende Überlegungen zur Systematisierung von Sozialer Arbeit ihren Eingang in die wissenschaftlichen Debatten fanden (Braches-Chyrek, 2013). Ziel war es, einerseits Rahmenbedingungen zu schaffen, um soziale und individuelle Risiken durch staatliche Organisationen und Institutionen im Sinne einer Grundversorgung und temporären Nothilfe abzusichern und andererseits zielgerichtete Hilfsangebote zur Verfügung zu stellen, die es möglich machten, den Einsatz der zur Verfügung stehenden finanziellen Mittel effektiv und effizient zu gestalten. Jedoch entwickelten sich aus diesen Anfängen der methodischen Überlegungen neue und veränderte Vorstellungen über den Auftrag und das Mandat Sozialer Arbeit. Die Versorgung der Hilfebedürftigen war nicht mehr alleiniger Zweck, sondern wurde eingebunden in eine Professions-, Organisations- und Institutionenentwicklung. Es konnten sich Wohlfahrtsorganisationen und -institutionen herausbilden, die neben einer sinnvollen Versorgung der Bedürftigen auch immer daran interessiert sind, ihren eigenen Bestand zu sichern. Soziale Dienstleistungen waren von nun an das Produkt, das wirtschaftlichen Erfolg ermöglicht. Dies hatte zur Folge, dass Handlungsmethoden auch danach ausgewählt und daraufhin überprüft wurden, in welcher Weise sie dazu beitragen können, wirtschaftliche Ziele zu erfüllen. Sichtbar werden diese Entwicklungen in den aktuellen Auseinandersetzungen um Managementkonzepte, um Möglichkeiten des Kontraktmanagements, um Zielvereinbarungen, um Effektivität und Effizienz wie auch um betriebswirtschaftlich orientierte Angebotssteuerung. Diese Ausformungen haben nachweislich das Angebot der Sozialen Arbeit verändert und damit auch die Auswahl von Handlungsmethoden, denn es soll neben der Herstellung von Marktfähigkeit der Anbieter_innen der Sozialen Dienste auch sichergestellt werden, dass die gewährte Hilfe eine Weiterentwicklung der

Lebensführungsmuster der Adressat_innen ermöglicht, d. h. nur „erfolg-versprechende" Handlungsmethoden kommen zum Einsatz. Demzufolge steht die Aktivierung des Einzelnen im Mittelpunkt der Interventionen, was eine nach wie vor starke Fokussierung auf die Einzelfallhilfe – im klassischen Sinn – in der Sozialen Arbeit nur zu deutlich macht. Zwar sind hier vielfältige methodische Ausdifferenzierungen zu verzeichnen, wie bspw. die multiperspektivische Fallarbeit, sozialpädagogische Diagnosen, sozialpädagogische Familienhilfe und Beratung, biografische Einzelfallhilfe, Meditation oder Coaching. Im Kern beinhalten diese Interventionen vielfach sehr selbstaktivierende Handlungsaufforderungen und haben zu einer Verlagerung der sozialen Risiken auf die Adressat_innen geführt. Im Kontext dieser Methodenentwicklungen sind zwei Bewertungen möglich: zum einen kann die verstärkte Individualisierung in der methodischen Ausrichtung der Sozialen Arbeit als „Abschied" von solidarischen Formen des Sozialen betrachtet werden und zum anderen entspricht die starke Fokussierung auf die private Vorsorge und Sorge als staatliches Programm dem Bild vom modernen Menschen, welches grundsätzlich davon ausgeht, dass der Einzelne gestaltungsfähig, autonom, eigenverantwortlich und zu ökonomischem Handeln in der Lage ist. In der Methodenentwicklung der Sozialen Arbeit haben diese Projektierungen ihre eigene Dynamik entfaltet. Eine beharrliche Ausrichtung an betriebswirtschaftlichen Vorgaben und Zwängen ist von vielen Institutionen und Organisationen gewünscht und wird im Rahmen von Professionalisierungsstrategien vorgegeben. Beispiele hierfür sind Steuerungsmodelle, Leistungs- und Zielvereinbarungen, Wirkungskontrollen, internes Monitoring, Controlling, Qualitätsstrategien und -dokumentationen, Akkreditierungsmaßnahmen, Managementstrategien, Eingliederungs- und Leistungsvereinbarungen, Budgetverwaltung, Evaluationen sowie Positionierungen in der „Wettbewerbsarena" durch verstärkte Öffentlichkeitsarbeit. In diesem Zusammenhang offenbart sich ein neues und gleichzeitig auch altes „Selbstverständnis" in der methodischen Ausrichtung von Sozialer Arbeit. Adressat_innen werden vorrangig als souveräne Nutzer_innen wahrgenommen, als Leistungsabnehmer_innen und Fragen der Ethik wie auch Fragen der individuellen Voraussetzungen für ein „gutes" Leben werden in den Hintergrund gerückt. Dies zeigt sich an der zunehmenden Etablierung von Trainingsmaßnahmen für Eltern, Familien, Jugendliche oder Kinder, die darauf ausgerichtet sind, schon frühzeitig – präventiv – Stärken und Schwächen zu analysieren und durch eine intensive Beratung und Intervention die Adressat_innen zu motivieren, Fähigkeiten zu (re)aktivieren oder zu entwickeln, um ihr Leben eigenverantwortlich zu gestalten. Dabei könnte die Ausrichtung und Auseinandersetzung mit ökonomischen Prinzipien und Vorgaben auch dazu führen, das eigene methodische Selbstverständnis immer wieder zu reflektieren wie die „Nebenwirkungen", bspw. das doppelte Mandat, die Dichotomie von Hilfe und Kontrolle, zu überwinden und sich nicht dem Postulat einer „aktivierenden" oder „neuprogrammierten" Sozialen Arbeit bedingungslos zu unterwerfen.

Auch das zweite große Themenfeld, **Armut bzw. Armutsforschung**, ist ebenfalls permanenter Gegenstand sozialpädagogischer Auseinandersetzungen und Interventionen. Ziel methodischen Handelns ist es für Menschen, die nicht über die erforderlichen Mittel verfügen, ein würdevolles Leben zu führen und die notwendige Basisversorgung sicher zu stellen. Da nach wie vor die Hauptadressat_innen Sozialer Dienste Familien und insbesondere Frauen mit Kindern sind, wird versucht, durch lebensweltthermeneutische und sozialräumliche Orientierungen und Fundierungen sozialpädagogische Angebote zu gestalten (Galuske, 2011). Fundierte methodische Programme, die die Armutsursachen in den Blick nehmen, wie bspw. fortwährende Arbeitslosigkeit, Krankheit, Berufsunfähigkeit, Trennung und Scheidung, Behinderung, geringes Einkommen aufgrund niedriger Löhne (working poor) – insbesondere von Frauen – prägen insgesamt eher weniger das sozialpädagogische Denken und Handeln (Lutz, 2008). Vielmehr lässt sich erkennen, dass Armut normalisiert wird, d. h. Armutszustände werden nicht verändert, sondern versucht in ihren Auswirkungen zu begrenzen. In diesem Zusammenhang wird von einer Zwei-Klassen-Sozialarbeit gesprochen, die mit den Begriffsformationen „weiche" und „harte" Soziale Arbeit gefasst werden, d. h. zum einen gibt es Unterstützung, professionelle und individuelle Beratung, Betreuung und Intervention, um Hilfe zur Selbsthilfe, Selbstentfaltung und Autonomie zu ermöglichen. Und zum anderen wird die Grundversorgung der Adressat_innen durch Tafeln, Kleiderkammern und kommunale Notunterkünfte sichergestellt. Die letztgenannte eher karitativ organisierte Notversorgung ist mittlerweile eine Daueraufgabe, zumeist ehrenamtlich und auf niedrigem professionellen Niveau organisiert mit Angeboten, die vielfach nicht an der Aktivierung und Integration der Adressat_innen orientiert sind. In diesem Zusammenhang wird von einem „Geschäft" mit der „Disziplinierung" und „Kontrolle" der Ausgegrenzten gesprochen (ebd.). Ein sichtbares Ergebnis ist, dass sich Armutszustände weiter verfestigen und viele Menschen in ihren marginalisierten Lebensführungsmustern verharren. Im Kontext dieser Grundversorgung, Verwaltung und Kontrolle der Adressat_innen kommt es sehr häufig zu wenig kompatiblen mandats- und menschenrechtskonformen Handlungsformen, wenn z. B. Sozialleistungen gekürzt oder Partizipationsrechte ignoriert werden

(Prasad, 2016). Die „weiche" Soziale Arbeit hat hingegen eher die Funktion, die „Fähigen" und „Erfolgversprechenden" zu aktivieren (Lutz, 2008). Zwar verspricht angesichts der komplexen Anforderungen an professionelles Handeln, dass durch die Orientierung an den Ressourcen und Bedarfslagen der Adressat_innen ein Zugewinn an Handlungssicherheit auch in unübersichtlichen Situationen des Berufsalltages gegeben sein kann, jedoch werden strukturelle Veränderungen und strategische Prozessführungen vielfach nicht angestrebt.

Ein drittes großes Thema in der Auseinandersetzung mit sozialpädagogischen Handlungsmethoden ist die **Analyse von und der Umgang mit Heterogenität**. In den praktizierten methodischen Überlegungen hat die Entwicklung und Verbreitung von Konzepten zu mehr Chancengerechtigkeit einen großen Stellenwert und das nicht nur, weil in gesellschaftlichen Debatten unterschiedliche Lebensweisen, Milieus, Fragen der Zuwanderung, Integration und Bildung eine große Rolle spielen, sondern auch, weil der Umgang mit der Unterschiedlichkeit von Menschen ein Kernaspekt sozialpädagogischen Handelns ist. In den Blick genommen werden daher die etablierten Methodenmodelle und die damit verbundenen Herausforderungen, die die Arbeit mit heterogenen Gruppen mit sich bringt. Dabei geht es nicht nur darum, Heterogenitätsdimensionen in ihrer Interpendenz zu soziodemografischen und soziokulturellen Merkmalen zu analysieren, sondern auch darum, zu reflektieren, inwiefern diese mit den Ungleichheitsdimensionen von Geschlecht, Behinderung, Migration und Generation einhergehen. Allein schon die hier vorgenommene Benennung führt zu Kategorisierungen der Verschiedenheit und Vielschichtigkeit von menschlichen Lebenszusammenhängen. Zwar ist Soziale Arbeit darauf ausgerichtet, auch die Veränderlichkeit von Lebensführungsmustern in den Blick zu nehmen, jedoch wird weniger darauf aufmerksam gemacht und danach gefragt, was diese Einordnung für die Adressat_innen bedeutet. Daher ist es unabdingbar, die Konzepte, Methoden und Techniken in der Sozialen Arbeit daraufhin zu überprüfen und weiterzuentwickeln, dass sie der zunehmenden Vielschichtigkeit und Veränderlichkeit der Lebensführungsmuster gerecht werden können. Rassistischen, antisemitischen, ausländerfeindlichen, frauenfeindlichen, homophoben, behindertenfeindlichen und altersfeindlichen Einstellungen sollte daher immer entgegengetreten und der Nicht-Anerkennung von Menschenrechten und Demokratie offensiv begegnet werden. Inhumane Denkweisen müssen aufgedeckt sowie im Kontext einer kritischen Überprüfung des methodischen Handelns möglich machen, dass aggressives Tun verhindert und die Rechte von Betroffenen sichtbar eingefordert werden. Handlungsmethoden bieten als Bezugs-, Orientierungs- und Referenzrahmen vielfältige Optionen, um Dilemmata zu benennen und immer wieder auf die Umsetzung von sozialen, wirtschaftlichen und kulturellen Rechten eines jeden Einzelnen zu bestehen. Mandatswidrige oder menschenrechtsverletzende Forderungen sollten trotz gegenläufiger Tendenzen benannt und öffentlich thematisiert werden, auch wenn dies sich aufgrund der strukturellen hierarchischen Organisation Sozialer Arbeit oftmals sehr schwierig gestaltet. Mit der Weiterentwicklung von Handlungsmethoden in der Sozialen Arbeit muss daher ein Zugang zu dem komplexen Thema der Heterogenität immer wieder ermöglicht, wie auch Konzepte und Modelle entworfen werden, die die Verschiedenheit der Einzelnen und der Gruppen akzeptiert, jedoch auch die Gemeinsamkeiten betonen. Zusammenfassend kann demzufolge festgehalten werden, dass in Relation zu den drei hier genannten Bezugsrahmen Differenz als Ausgangspunkt sozialpädagogischer Normalisierungsarbeit, als Vielfalt der Lebenswelten uns als Ausdruck einer machtvollen Differenzordnung zu begreifen ist (Mecheril & Plößer, 2011). Getragen werden diese Überlegungen von der Frage danach, wer von der Einordnung und den Festlegungen auf bestimmte Kategorien profitiert und inwiefern machtvolle Organisationsverhältnisse und Handlungsmuster sich verändern können.

Digitalisierung ist ein vierter relevanter Themenbereich und zentrale Angelegenheit der Methodenentwicklung der Sozialen Arbeit. Sie ist ein soziales, politisches, technologisches und ökonomisches Problemfeld gleichermaßen. Hier ist die Frage zu stellen, wo die zukünftigen Handlungsansätze und Forschungsfelder liegen werden. Der Digitalisierung wird das Potential zugeschrieben, das menschliche Zusammenleben in Gesellschaften massiv zu verändern. Soziale Arbeit als ein relevanter Akteur in der Umsetzung von Chancengleichheit und als Bildungsverantwortliche hat sich als Profession und Disziplin noch nicht auf die mit der zunehmenden Etablierung der digitalen Technologien einhergehenden Veränderungen vorbereitet. Dabei wird es ihre Aufgabe sein zu verhindern, dass Menschen aufgrund begrenzter Zugangsmöglichkeiten, wie bspw. nicht ausreichend vorhandener digitaler Ressourcen, ausgegrenzt und abgehängt werden. Soziale Arbeit muss also eine digitale Spaltung verhindern. Und dies ist nicht nur eine Frage der Generationen, sondern auch die bisher benannten Themenfelder der Ökonomisierung, sozialen Ungleichheit und Heterogenität sind unmittelbar von diesen Entwicklungen beeinflusst. Eine veränderte Ausrichtung der Handlungsmethoden in der Sozialen Arbeit kann dazu beitragen, dass ein neuer Umgang mit Informationen und Wissen möglich wird. Die Vermittlung und Aufbereitung von Informationen, die

Schaffung von Orientierungsmöglichkeiten in Bezug auf soziale, politische und kulturelle Themenfelder können Bildungsprozesse nachhaltig befördern und Teilhabe ermöglichen. Es sollte darüber nachgedacht werden, wie mit Wissen und Information zukünftig umgegangen werden kann, wie Wissensvermittlung zu organisieren ist, wie Wissen verwertet und kompetent angewendet die Lebenswelten der Adressat_innen verändert. Netzwerke – und nicht nur soziale Netzwerke – entfalten in diesem Kontext eine ganz neue Wirkung, da es darum geht, Zugänge zu Informationen und Wissen zu ermöglichen und zu erhalten. Unmittelbar verknüpft ist mit dieser Entwicklung die Verantwortung, Wissen zu priorisieren, einzuordnen, zu verarbeiten und allen Menschen zugänglich zu machen. Gleichzeitig hat Soziale Arbeit die Verantwortung, der teilweise sehr polarisierenden Wissensvermittlung durch die „Informationsgiganten" durch faktenbasierte Veröffentlichungen entgegenzutreten. Dabei muss es ein Ziel sein, immer mehr Menschen zu erreichen und deren Teilhabe zu organisieren. Digitale Angebote in der Sozialen Arbeit sollten demzufolge immer und überall für jeden verfügbar sein. Insbesondere die Konzeption von personalisierten Angeboten und spielerisch gestalteten Bildungsinhalten, die sich den Bedürfnissen und den sozialen Problemlagen der Adressat_innen anpassen, motivierend wirken und den Austausch mit anderen ermöglichen, sind in diesem Zusammenhang relevant. Aufeinander aufbauende Angebote, gesteuert von intelligenten Algorithmen sowie die Ermöglichung von kontinuierlichem Feedback erhöhen die Nutzbarkeit und Attraktivität. Dabei sind die Chancen der Digitalisierung sehr vielfältig. Zum einen bieten digitalisierte Informations- und Beratungsplattformen veränderte Möglichkeiten der Interessensartikulation, der Kritik und Kontrolle des öffentlichen Raumes. Sie stellen zum anderen eine Ressource dar für die Gewinnung von Informationen, zeigen an, welche Themen relevant sind und welche Probleme gelöst werden müssen. Sie tragen also nicht nur zur Meinungs- und Willensbildung bei, sondern auch zur politischen Mobilisierung, zur Vermittlung von Normen, Werten und Traditionen. Mit der Entwicklung von standardisierten Formen digitaler Kompetenz werden gesellschaftliche Strukturen mitgeformt.

Zu überprüfen sind daher nicht nur die methodischen Handlungsformen in der Sozialen Arbeit, sondern auch Fort- und Weiterbildungsangebote. Es ist danach zu fragen, ob und wie die digitalen Möglichkeiten umgesetzt und wie zukünftig dazu beigetragen werden kann, Informations- und Wissensmanagementprogramme auszugestalten. Dies betrifft auch die Organisationsstrukturen und -kulturen der Institutionen Sozialer Arbeit. Welche Vernetzungen sind möglich und nötig, wie kann der sinnvolle Aus-

tausch von Wissen und Innovation gelingen, wie können Handlungsmethoden und Öffentlichkeitsarbeit gestaltet werden, um auf soziale Problemlagen aufmerksam zu machen bzw. sie zu verändern. Viele aktuelle
Beispiele wie bspw. Apps für Obdachlose, Hashtags, Netzwerke für
Flüchtlingsinitiativen, Fundraising, Sprach-Lern-Apps, Internetberatun-
gen, online Weiterbildungsangebote oder Landkarten für Rollstuhlzu-
gänge zeigen, dass die Verarbeitung und Bereitstellung von Informationen
dazu beitragen kann, Fragen nach den Auswirkungen der digitalen Entwicklung auf die gesellschaftlichen und individuellen Lebensführungsmuster, des Umgangs mit Differenzverhältnissen an machtkritische und
transformative Positionen in der Sozialen Arbeit anzubinden.

Literatur

Braches-Chyrek, R. (2013). *Jane Addams, Mary Richmond und Alice Salomon: Professionalisierung und Disziplinbildung Sozialer Arbeit*. Opladen: Barbara Budrich.

Galuske, M. (2011). *Methoden der Sozialen Arbeit. Eine Einführung* (9. erg. Aufl.). Weinheim
und München: Juventa.

Galuske, M., & Müller, C. W. (2002). Handlungsformen in der Sozialen Arbeit. Geschichte
und Entwicklung. In W. Thole (Hrsg.), *Grundriss Soziale Arbeit. Ein einführendes Handbuch* (S. 485-508). Opladen: Leske + Budrich.

Friedländer, W. A., & Pfaffenberger, H. (1966). *Grundbegriffe und Methoden der Sozialarbeit*.
Neuwied und Berlin: Luchterhand.

Lutz, R. (2008). Perspektiven der Sozialen Arbeit. *Aus Politik und Zeitgeschichte*, 12–13,
3–10.

Mecheril, P., & Plößer, M. (2011). Diversity und Soziale Arbeit. In H.-U. Otto, & H.
Thiersch (Hrsg.), *Handbuch Soziale Arbeit* (5., erweiterte Auflage) (S. 278–287).
München und Basel: Ernst Rheinhardt.

Prasad, N. (2016). Das Werk von Silvia Staub-Bernasconi. In M. Leideritz, & S. Vlecken
(Hrsg.), *Professionelles Handeln in der Sozialen Arbeit – Schwerpunkt Menschenrecht*
(S. 13–28). Opladen: Barbara Budrich.

Autorenverzeichnis

Böwer, Michael, Prof. Dr., Jg. 1972, Diplom-Pädagoge und Diplom-Sozialarbeiter / Sozialpädagoge mit langjähriger beruflicher Praxis in den Hilfen zur Erziehung, Professor für Theorien und Konzepte Sozialer Arbeit am Fachbereich Sozialwesen der Kath. Hochschule Nordrhein-Westfalen, Abteilung Paderborn, Arbeitsschwerpunkte: Kinder- und Jugendhilfe, Hilfen zur Erziehung, Methodenlehre, Kinderschutz, Organisationen und Bedingungen gelingenden Aufwachsens. Kontakt: m.boewer@katho-nrw.de

Braches-Chyrek, Rita, Dr. Professorin für Sozialpädagogik an der Otto-Friedrich-Universität Bamberg. Forschungsschwerpunkte: Theorie und Geschichte Sozialer Arbeit, Generationen-, Geschlechter- und Kindheitsforschung. Mitredakteurin der Zeitschrift „Soziale Passagen" und der „Sozialwissenschaftlichen Literaturrundschau", Mitherausgeberin der Buchreihen „gilde soziale arbeit e. V." wie auch Kindheiten. Gesellschaften, Handbuch frühe Kindheit. Kontakt: rita.braches@uni-bamberg.de

Campayo, Salvador, staatl. anerkannter Sozialarbeiter / -pädagoge, M. A. Soziale Arbeit, Doktorand an der Universität zu Köln. Assoziiertes Mitglied des Forschungsschwerpunktes „Digitale Technologien und Soziale Dienste" der Technischen Hochschule Köln. Arbeitsschwerpunkte: Mediatisierung und Digitalisierung der Sozialen Arbeit, Soziale Medien / Social Media, Professionsforschung. Kontakt: SCampayo@smail.uni-koeln.de

Fischer, Jörg, Prof. Dr., Jg. 1975, Professor für Bildungs- und Erziehungskonzepte und Leiter des Instituts für kommunale Planung und Entwicklung (IKPE) an der Fachhochschule Erfurt sowie Visiting Researcher an der Temple University in Philadelphia. Arbeitsschwerpunkte: Kinder- und Jugendhilfe, Kinderschutz und Kinderarmut, Politische Steuerung in der Sozialen Arbeit, Bedarfsanalysen und Planungsansätze in der kommunalen Sozial- und Bildungspolitik, Lokales Netzwerkmanagement im Sozial-, Bildungs- und Gesundheitswesen. Kontakt: joerg.fischer@fh-erfurt.de

Hinte, Wolfgang, Prof. Dr., Dipl.-Pädagoge, Jg. 1952, ist geschäftsführender Leiter des „Institut für Stadtteilentwicklung, Soziale Arbeit und Beratung" (ISSAB) an der Universität Duisburg-Essen. Arbeitsschwerpunkte: Sozialraumorientierung in der kommunalen Sozialpolitik, Quartiermanagement, Finanzierungsformen im Sozialwesen sowie Lern- und Qualifizierungsprozesse in Aus- und Fortbildung. Kontakt: wolfgang.hinte@uni-due.de

Kutscher, Nadia, Prof'in Dr., Jg. 1972, Universitätsprofessorin für Erziehungshilfe und Soziale Arbeit am Department Heilpädagogik und Rehabilitation an der Humanwissenschaftlichen Fakultät der Universität zu Köln. Arbeitsschwerpunkte: Normative Fragen Sozialer Arbeit, Jugendhilfe- und Bildungsforschung, Digitalisierung der Sozialen Arbeit, Kindheit, Jugend und digitale Medien, Bildung und soziale Ungleichheit. Kontakt: nadia.kutscher@uni-koeln.de

Lampert, Andreas, Prof. Dr., Jg. 1970, Professor für Theorie und Praxis der Methoden der Sozialen Arbeit, Mitglied des Instituts für Coaching und Organisationsberatung (ICO) an der Ernst-Abbe-Hochschule Jena, systemischer Therapeut (DGSF) und Coach (DGFC). Arbeitsschwerpunkte: Biographieforschung, (Fall-)Rekonstruktive Forschung, soziale Diagnostik, Theorie-Praxis-Transfer als Anbieter von Weiterbildungen mit den Schwerpunkten Methoden der Sozialen Arbeit insbesondere Beratung. Kontakt: andreas.lampert@eah-jena.de

Möller, Thorsten, Prof. Dr., Jg. 1967, Professor für Methodisches Handeln und Soziale Diagnostik und Dekan der Fakultät Angewandte Sozialwissenschaften der Fachhochschule Erfurt. Arbeitsschwerpunkte: Methodisches Handeln in der Sozialen Arbeit, Diagnostik in der Sozialen Arbeit, Systemische Soziale Arbeit und Management in der Sozialen Arbeit. Kontakt: thorsten.moeller@fh-erfurt.de

Rätz, Regina, Prof. Dr., Jg. 1970, Professorin für Soziale Arbeit an der Alice Salomon Hochschule Berlin. Arbeits- und Forschungsschwerpunkte: Gesellschaftlicher Wandel und Soziale Arbeit, Kinder- und Jugendhilfe, Rekonstruktive Soziale Arbeit, Biografische Fallrekonstruktionen, Fallverstehen und Biografiearbeit. Leiterin des konsekutiven Masterstudiengangs Praxisforschung in Sozialer Arbeit und Pädagogik sowie des weiterbildenden Masterstudiengangs Kinderschutz. Kontakt: raetz@ash-berlin.eu